Rita Bake · Birgit Kiupel
Unordentliche Begierden

Rita Bake · Birgit Kiupel

Unordentliche Begierden

Liebe, Sexualität und Ehe
im 18. Jahrhundert

Kabel

© 1996 Ernst Kabel Verlag GmbH, Hamburg

Umschlag: Theodor Bayer-Eynck
Satz: KCS GmbH, Buchholz/Hamburg
Papier: Fortuna Werkdruckpapier »Pegasus« chlorfrei, säurefrei
Steinbeis Temming Papier GmbH & Co., Glückstadt
Druck und Bindung: Clausen & Bosse, Leck

ISBN 3-8225-0365-7

1 3 5 7 9 10 8 6 4 2

Inhalt

Vorwort

»Den Männern in der Welt haben wir so viel seltsame Erfindungen in der Dichtkunst zu danken, die alle ihren Grund in dem Erzeugungstrieb haben, alle die Ideale von Mädchen und dergleichen«, notierte 1764 der Göttinger Professor Georg Christoph Lichtenberg, einer der bekanntesten Publizisten seiner Zeit, in eines seiner *Sudelbücher*, Heften mit privaten Bemerkungen und Beobachtungen. Der »Erzeugungstrieb« der Männer sei also die Triebkraft aller literarischen Idealbilder, die man sich von weiblichen Wesen machte. Aber was war mit den Mädchen und Frauen selbst, was trieb sie, welche Vorstellungen hatten sie vom idealen Mann? Hier mußte der Professor leider passen:

»Es ist schade, daß die feurigen Mädchen nicht von den schönen Jünglingen schreiben dürfen wie sie wohl könnten, wenn es erlaubt wäre. So ist die männliche Schönheit noch nicht von denjenigen Händen gezeichnet, die sie allein recht mit Feuer zeichnen könnten.«

Lichtenberg lieferte nur eine gesellschaftliche Zustandsbeschreibung. Wir hätten allerdings auch gern gewußt, warum Mädchen nicht ebenso wie Jünglinge die Schönheit des anderen Geschlechtes beschreiben durften und wer es ihnen aus welchen Gründen verbot. Was Lichtenberg auf solche Fragen geantwortet hätte, ist ungewiß – hier in seinem *Sudelbuch* beschränkt er sich auf Vermutungen:

»Es ist wahrscheinlich, daß das Geistige, was ein paar bezauberte Augen in einem Körper erblicken, der sie bezaubert hat, ganz von einer andern Art sich den Mädchen in männlichen Körpern zeigt, als es sich dem Jüngling in weiblichen Körpern entdeckt.« Lichtenberg beobachtete tagtäglich eine Differenz der Geschlechter – ohne nun genau zu wissen, was Mädchen und Frauen im Unterschied zu Männern etwa über männliche Schönheit dachten – was er bedauerte.

Fragen wie die, die wir gern an Lichtenberg stellen würden, sollen hier in diesem Buch verfolgt werden. Wie und wen durften junge Mädchen und Frauen begehren? Bedeutete Eros und Liebe für beide Geschlechter dasselbe?

Das 18. Jahrhundert gilt vielen als ein Fundus erotischer Sehnsüchte. Es wurde und wird von manchen Historikern als »Jahrhundert der Frauen« gefeiert, in dem das »Weib dieser Zeit aus Wollust« bestanden und Frauen und Männer den Spielarten der Liebe ungehindert nachforschen durften. Aber diese Epoche ist auch berühmt für eiskalt inszenierte Liebesintrigen, an denen letztlich alle Beteiligten zerbrechen – wie in Choderlos de Laclos erfolgreichem, 1782 erschienenen Buch *Gefährliche Liebschaften* – das rund 200 Jahre später zum Kinoerfolg wurde.

Doch bei aller vielfach beschworenen sinnlichen Schwelgerei: Wie sah die Lebensrealität von Frauen konkret aus, welche Handlungsspielräume hatten sie? Wie mußten sie ihre »Gefühle« gesellschaftlichen Normen gemäß modellieren? Welche Rolle durften sie in dem allgemein gültigen heterosexuellen Modell von »Liebe« übernehmen? Wir möchten hier der Frage nachgehen, wie überhaupt »Liebe« definiert wurde und welche Rolle dabei die Erotik spielte. Von zentraler Bedeutung ist dabei ein heute vielfach benutzter Begriff: die Konstruktion der Geschlechter. Was zeichnete damals einen »echten« Mann, was eine »echte« Frau aus? Denn die eindeutige Zuordnung eines Menschen zu einem Geschlecht war existentiell wichtig für seinen/ihren Platz in der Gesellschaft. Dorothea Friederika Baldinger, Ehefrau eines Professors für Medizin und eine der wenigen Frauen, mit denen der Professor Lichtenberg korrespondierte, faßte knapp zusammen: »Ich glaube, ich wäre gelehrt geworden, wenn mich die Vorsehung nicht für den Kochtopf bestimmt hätte.«

Aufklärerische Pädagogen, Theologen, Philosophen hatten sich sehr mit den Geschlechtern, ihrem Verhältnis zueinander, der Liebe und Erotik auseinandergesetzt. Diese theoretischen

Vorstellungen und die Lebensrealität von Frauen sollen in diesem Buch in Zusammenhang gebracht werden. Wir begleiten Frauen zum Beispiel beim ersten Rendezvous, beim Ablegen des Schnürleibs und klammern auch nicht die oft verheerenden Folgen von vor- und außerehelicher Wollust aus, wie die strafrechtlichen Folgen einer Abtreibung und die gesellschaftliche Ächtung lediger Mütter. Aber auch der Alltag einer Ehefrau zwischen Ehebett und Geburtsstuhl soll rekonstruiert werden.

Der Blick von heute aus auf weibliche Lebensrealitäten damals ist allerdings mehrfach gefiltert. So gibt es zwar reichlich Quellen, wozu unter anderem auch die vielzitierten Traktate der Aufklärer zur Erziehung und Verbesserung der Sitten gehören. Jedoch läßt sich nicht eindeutig nachweisen, wie solche normierende propagandistische Literatur tatsächlich gewirkt hat. Da das 18. Jahrhundert auch das Zeitalter der »Lesewut« – die insbesondere das Bürgertum ab Mitte des Jahrhunderts erfaßte – ist, kann davon ausgegangen werden, daß Bestseller wie *Werthers Leiden* oder *Das Fräulein von Sternheim* eine neue Gefühlskultur formten und beeinflußten; moralische Wochenschriften, die sich auch explizit an Frauen richteten, verbreiteten neue Tugend- und Moralmodelle, und weite Kreise zogen die Erziehungsschriften von Rousseau und Campe. Diese allgemeinen literarischen, religiösen und philosophischen Debatten über Moral, Erziehung, Liebe und Eros wirkten auch in den Briefen und Lebenserinnerungen bürgerlicher Frauen nach.

»Den Männern in der Welt haben wir so viele Erfindungen in der Dichtkunst zu verdanken« – erkannte Lichtenberg. So sind es in der Hauptsache Männer, die als Reiseschriftsteller, Juristen, Ärzte, Philosophen ihre Vorstellungen, Überlegungen, Beobachtungen und Wünsche zu Liebe und Lust schriftlich niederlegten. Und es waren auch Männer, die eine Trennung von Liebe und Sinnlichkeit durchsetzten, die Frauen in Hure und Heilige einteilten, in »liederliche Mädchen« und »tugendhafte« Frauen. Doch gibt es ebenfalls Zeugnisse von Frauen, wie Briefe oder Lebenserinnerungen, aus denen sich ihre Sicht auf die Realität herausarbeiten und nachzeichnen läßt.

Einen weiteren Blick auf die Realität eröffnen Gerichtsprotokolle, Aufzeichnungen von Armenanstalten, Zeitungsannoncen. Und – nicht zu vergessen – die Oper, das multimediale Ereignis der Zeit mit seinen Textbüchern, den Libretti, die noch zu selten als zeitgeschichtliche Dokumente herangezogen werden. Denn in den damals vielfach beachteten Opernlibretti spiegeln sich auch die gesellschaftlichen Vorstellungen von Liebe und dem Verhältnis der Geschlechter. Doch bei aller Rede über Tugend, Moral, Liebe und Galanterie wurden bestimmte Bereiche nur spärlich behandelt. So gibt es wenig Berichte über so intime Themen wie Menstruation, Wechseljahre oder Verhütung.

In diesem Buch können wir nur Tendenzen aufzeigen. Denn da Schichtzugehörigkeit, soziale, ökonomische, aber auch geographische und religiöse Bedingungen, unter denen Frauen lebten, sehr unterschiedlich waren, kann nicht ein allgemeingültiges Bild für Ehe, Liebe, Galanterie, Moral, Erziehung etc. gegeben werden. Konzentriert haben wir uns auf die bürgerlich-städtische Kultur, wobei das Leben der erwerbstätigen Frauen aus den Unterschichten, der weiblichen Landbevölkerung und adliger Damen nur angerissen werden konnte.

Aber selbst in der von uns hauptsächlich betrachteten Gesellschaftsschicht handelten nicht alle Frauen gleich. Manche Frauen fügten sich mit Seufzen und Murren, andere übernahmen ihre Rolle, weil sie diese so für richtig und wichtig hielten, wieder andere leisteten ihre ganz individuelle Form von Widerstand. So bekam manche frustrierte Frau denn auch das Prädikat »Xanthippe« aufgedrückt, während die andere ihren Ärger mit heimlichem Alkoholkonsum herunterspülte. Viele Frauen ließen Dampf ab beim Damenkränzchen und Klatsch, auch über Männer, verweigerten den »Beyschlaf« und täuschten die bis heute berühmten Kopfschmerzen vor – so ließe sich diese Liste der kleinen Fluchten und Verweigerungen endlos fortsetzen.

Wie unterschiedlich sie ihre »Rolle des Lebens« meisterten, läßt sich in erster Linie bei den exponierten Frauen nachzeichnen, die als Schriftstellerinnen, Musikerinnen, Malerinnen, Schauspielerinnen, Botanikerinnen, Ärztinnen, Forscherinnen gearbeitet haben. Sie waren eher in der Lage, über sich zu schreiben, und über sie finden sich häufiger Berichte und Dokumente. Das erhöhte die Chance, daß ihre Lebensspuren der Nachwelt überliefert werden konnten. Und auch hier ergibt sich kein einheitliches Bild – einige von ihnen traten vehement gegen ihre traditionellen Rollen auf, andere arrangierten sich und beließen es bei der Klage, und wieder andere stabilisierten geschlechtsspezifische Machtverhältnisse.

Und zum Schluß dieses Vorwortes soll nicht unerwähnt bleiben, daß uns beim Blick auf die historischen weiblichen Lebenswelten oftmals eine Ähnlichkeit zu den Lebenszusammenhängen heutiger Frauen auffiel. So gibt es schon verblüffende Parallelen, wenn es etwa um sexuelle Belästigung im Erwerbsleben oder die mangelnde Bereitschaft von Kindsvätern geht, Alimente zu zahlen. Das 18. Jahrhundert hat unsere Zeit geprägt, was sich zum Beispiel an der Gesetzgebung ablesen läßt. Von Frauenleben in der Geschichte zu schreiben bedeutet eben auch, Brüche oder Kontinuitäten zur heutigem Zeit aufzuzeigen, um, wie der bekannte französische Geschichtsprofessor Georges Duby erklärte, »den Gefahren unserer Zeit klarsichtiger begegnen zu können«. Auf solche Querverbindungen haben wir aber nicht immer explizit hingewiesen, das überlassen wir Ihnen, liebe Leserinnen und Leser. Und möchten hier nur der Hoffnung Ausdruck verleihen, daß die »feurigen Mädchen« und Frauen heute und in Zukunft »von den schönen Jünglingen« (oder wen auch immer sie lieben) schreiben werden – und das selbstverständlich und bereichernd für Liebe und Sexualität.

Womit alles beginnt:
Unordentliche Begierden

Die ersten zarten Liebesbande – tugendhaft geknüpft

Die erste große Liebe: Sie war 20 Jahre alt und Tochter eines Hamburger Kaufmanns – er ein 24jähriger Handlungsbediensteter und bei ihrem Vater angestellt. Eine der vielen Liebesgeschichten ohne Happy-End – und einer der wenigen Berichte über Liebe, der von einer »ganz normalen« Frau, eben keiner Fürstin, Adligen oder Schriftstellerin, aufgezeichnet wurde – von der Hamburger Kaufmannstochter Margarethe Elisabeth Milow geb. Hudtwalcker. Diese erste Liebe übertraf alle bisherigen Erfahrungen, die die junge Frau gemacht hatte: »Die Geschichte des Hausstandes besorgte ich so, daß meine Mutter nichts zu sagen haben konnte. Im übrigen aber hätte die Welt untergehen können, ohne daß ich's bemerkt.«[1]

Margarethe und ihre große Liebe Octav Nolte konnten ihre Gefühle einander jedoch nur schüchtern erklären und heimlich leben: Bei Spaziergängen auf dem Hamburger Jungfernstieg, verschwiegenen Treffs auf dem elterlichen Grundstück, der Lektüre empfindsamer Literatur und Briefen, die immer neu gelesen und auswendig gelernt wurden. Die Liebenden schafften sich ihre Welt, die jedoch permanent bedroht war von klatschsüchtigen Nachbarn, moralisierenden Verwandten, von Bekannten und Hausangestellten. Denn bei Flirts, ersten Liebesversuchen riskierten bürgerliche Mädchen und Frauen des 18. Jahrhunderts viel: Für Margarethe Elisabeth stand ihre Tugend und gesellschaftliche Stellung auf dem Spiel.

Gestanden sich zwei Menschen ihre Liebe, war damit jedoch

noch lange nicht gesagt, daß sie mit diesem Wort auch dasselbe meinten. Oft war die Liebe ein Schauplatz von Mißverständnissen, unter anderem bedingt durch die unterschiedlichen Erziehungsmuster für Jungen und Mädchen. Jean Paul erläuterte 1793 passende Liebesvorstellungen für den gesellschaftlich akzeptierten Mann: »Die Liebe ist für die Frau Ziel, bei uns ist sie Spaliergewächs an den Schranken zum Ziel. Ein Mann hat Freundschaft, Beruf, Ideen der Philosophie, politische Verhältnisse füllen sein Herz aus – im weiblichen Herzen ist bloß ein Ehebett und eine Wiege aufzustellen.«[2]

Manchmal war die Liebe sogar ein Kriegsschauplatz, wie er zum Beispiel in Gesellschaftsspielen wie den beliebten »Festungsspielen« inszeniert wurde. Um eine gedruckte Spielvorlage versammelt, wurde mittels Würfeln und Karten versucht, eine Festung zu belagern und zu erobern oder zu verteidigen. Da gemeinhin über die Liebe auch als militärisches Ereignis geredet wurde, mit dem Mann als Belagerer und letztendlich »siegreichen Eroberer« der weiblichen Festung, gab es auch Brettspiele wie: »Symbolische sinnreiche in einer Belagerung und Bombardierung entworfene Vorstellung wie man den Anfällen und Versuchungen der Liebe klug und tapfer zu begegnen hat – zur Belustigung und Belehrung«. Hier konnten sie erprobt werden, die »Methoden sein Herz wider die Angriffe der Liebe zu bewahren«. Das Instrumentarium kam aus dem Fundus der Festungsbauer und Kriegstechniker: Es wurden Bollwerke, Kanonen und Bomben auf dem Spielfeld aufgemalt und durch entsprechende, allegorisch zu verstehende Erklärungen ergänzt: »Bomben, die von den Damen geworfen werden: verliebte Blicke, die Kunst zu gefallen, verliebte Gebärden, Tugend, guter Verstand.«[3]

Strategisches Geschick gehörte nicht nur bei Gesellschaftsspielen dazu – es war auch notwendig bei den ersten Kontaktversuchen. Zum Beispiel beim sonntäglichen Kirchgang. Er war nicht ausschließlich der frommen Selbstbesinnung gewidmet, sondern diente nebenher der Begegnung und der Selbstinszenierung – ein beliebtes Thema der satirischen Literatur. Da lästert Trintjen, »ein Nieder-Sächsisches Mädgen«, im Jahr 1707 in einer Opernarie (die als populäre Dienstmädchenklage auf fliegenden Blättern gedruckt verbreitet wurde) auf Plattdeutsch über den Aufwand, den ihre Herrin beim Kirchgang zu betreiben pflegt und von dem auch die Dienstmädchen nicht ausgeschlossen wurden, denn sie hatten als Statussymbole ihrer Herrin zu fungieren. Doch Trintjen mußte die eigene Kleidung von ihrem geringen Lohn bezahlen: »Ich sag, der Lohn ist nur ein Quark, nun müssen wir Hauben tragen, von 20, ja von 30 Mark, sind wir nicht aufgeputzt, so sieht uns nicht ein Schlingel an, wenn wir neben unsern Jungfern gehen. Die Frau sagt selbst: was sind denn das für Ferkel, die da mit mir zur Kirche gehen?«[4] Dieses sind nun allerdings keine authentischen Auszüge aus dem Tagebuch eines Dienstmädchens, denn als Autor zeichnet vielmehr ein Mann, Mauritz Cuno, der sein Brot als Kassierer bei der Hamburger Bank verdiente.

Auch das Theater konnte für Männer und Frauen ein Treffpunkt sein, ohne daß der gute Ruf einer bürgerlichen Frau sogleich auf dem Spiel stand. Obwohl es insbesondere aus der ersten Hälfte des Jahrhunderts Hinweise darauf gibt, daß Frauen, die in Opern und Ballette gingen, zweifacher Versuchung ausgesetzt schienen: eifersüchtige Ehemänner und eifrige Tugendwächter glaubten darauf hinweisen zu müssen, daß den Opernbesucherinnen die Sinne durch die vielen dargebotenen Liebesabenteuer auf der Opernbühne so verwirrt würden, daß sie nach der Vorstellung eine »leichte Beute« leibhaftiger Galane werden könnten.

Der Opern- und Theaterbesuch gehörte zu den üblichen gesellschaftlichen Verpflichtungen und Amüsements. Für adlige Frauen waren Opernbesuche selbstverständlich, und manche Fürstin sah sich in einem Prolog, einem Vorspiel zur Oper des Abends, als segensreiche Landesmutter gefeiert. Jedoch oftmals erschien den Besuchern und Besucherinnen das Geschehen im Publikum weitaus interessanter als das, was auf der Bühne geschah. Jedenfalls gibt es recht viele Beobachtungen bürgerlicher Autoren über die zahllosen kleinen Dramen und Schwätzchen im auch während der Aufführung mit Kerzen erleuchteten Zuschauerraum: »Da schäkerte und schnatterte die schlanke und zärtliche Amaryllis mit dem schönen, geputzten Narcis und vergaß mit ihm Theater, Zuschauer, ja wohl auch

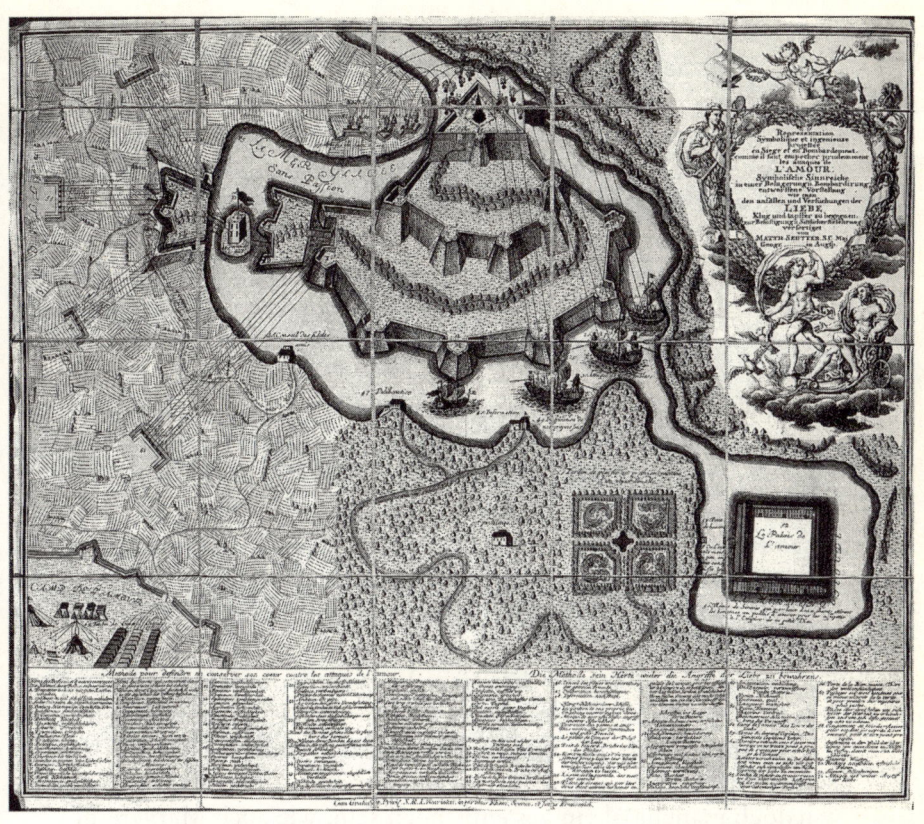

»Die Methode sein Hertz wider die Angriffe der Liebe zu bewahren«. Spielplan für eines der Festungsspiele, mit denen die Strategie der Liebe geübt wurde. Staatsarchiv Hamburg.

sich selbst.«[5] Für die Oper als Kontaktbörse spricht ebenfalls der Aufdruck auf den Eintrittskarten des alten Wiener Burgtheaters, der aufdringliche Mannspersonen mit den Worten ermahnt: »Das unzüchtige Berühren der Damen ist verboten.«[6]

Auch der Ball bot Gelegenheit für erste – und wiederholte – Versuche, mit Menschen des anderen Geschlechts »anzubandeln« und so vielleicht sogar den zukünftigen Ehepartner auszuspähen. Wie aufregend und folgenreich zugleich solch ein Tanzfest sein konnte, hatte Gerdrut Lucia Mutzenbecher erlebt und in ihrer »kurtzgefaßten Erzählung der Geschichte unserer Liebe von der ersten Stunde unserer Bekanntschaft« aufgeschrieben. Sie hatte auf einem Ball einen netten jungen Mann und ein unbekanntes, verwirrendes Gefühl kennengelernt: »(…) den gantzen Abend war er sehr höflich und freundlich gegen mir, ohne daß ich ihn kannte; erst gegen Ende der Versammlung erfuhr ich, wer er war, und fühlte gleich etwas für ihn, das ich mir selber nicht erklären konnte.«

Doch wurden derartige Anbahnungsversuche von diversen Tugendwächterinnen beobachtet. Vielfach hämmerte eine Tante, meist eine unverheiratete Verwandte, auf dem Klavier. Und die richtete die Augen nicht nur auf die Noten der einfachen und wenig melodiösen Tanzstücke, sondern auch auf das sittsame Betragen der Tanzenden. Ihrem scharfen Blick muß jedoch manchmal einiges entgangen sein, wie auch Margarethe Elisabeth Milow sich erinnert: »Die Mannsleute nehmen sich auch da Freiheiten, die sich mit der reinen, zarten Knospe jungfräulicher Keuschheit nicht vertragen. Sie sehen die Mädchen, die so viel auf Bälle gehen, wie eine freiwillige Beute an.«[7]

Margarethe Elisabeth Milows Tugendhaftigkeit in Ehren, aber auch die Mädchen gingen auf »Jungensfang«, durften dabei allerdings nicht ebenso offensiv vorgehen, wie es jungen Männern erlaubt war. Sie mußten statt dessen im für Mädchen und Frauen streng abgesteckten Rahmen für Anstand und Sitte bleiben. Dazu wurden die Mädchen in ein Korsett geschnürt, das ihnen den Körper, aber auch, im übertragenen Sinne, das Gefühl und den Verstand einzwängte. Aufkeimende Liebesgefühle sollten nicht freudig begrüßt, sondern mit Angst und Selbstkontrolle unterdrückt werden.

16

Dennoch suchten Mädchen und junge Frauen immer wieder Auswege und Gelegenheiten, Gefühle zu entdecken und zu zeigen. Solche oftmals heimlichen Expeditionen ins Reich der Sinne und »Herzensergießungen« fanden auf Zusammenkünften Gleichaltriger statt. Margarethe E. Milow erinnert sich mit einer Mischung aus Freude und Schuldgefühl an so ein Treffen, an dem die Aufpasserin natürlich nicht anwesend war: »Gegen das Ende dieses Sommers wurden wir von unserer Kirchennachbarin, einem Mädchen mit uns von gleichem Alter, zu einem kleinen Feste auf dem Fortificationshaus gebeten. Mamsell ging (…) nicht mit, wir wurden durch ein Mädchen hingebracht. Doch der Übergang vom Kinde zum Mädchen ging hier vor, ganz plötzlich, mit meiner Schwester, die noch ein Jahr jünger war, mit meinem Bruder und mir. Ich sah einen Knaben von meinen Jahren, mit roten Backen, schwarzen Haaren, und meine Kindheit war vorbei. Das Spielen der Kindheit ward in etwas andres verwandelt, das für uns alle hätte gefährlich werden können, wenn Gottes Hand uns nicht behütet, über unsre Unschuld gewacht hätte. Es waren nur noch wüste, verwirrte, durch das Übergewicht der Kindheit noch unentwickelte Begierden und Gedanken, aber die uns doch unsre ruhige fröhliche Kindheit nahmen.«[8]

Kontakt mit dem anderen Geschlecht knüpften junge Mädchen auch dann, wenn der Hauslehrer mit anderen Kindern aus dem gesellschaftlichen Umfeld ein kleines Theaterstück aufführen wollte. Über solche Gelegenheiten berichtet Margarethe E. Milow: »Und wenn dann Probe gehalten war, so entfernten sich die Alten und man gab uns, die man Alle noch für Kinder hielt, Kinderspiele zur Unterhaltung: aber wir ließen Spiel Spiel sein, oder benutzten es höchstens als Vorwand, wenn wir überwacht wurden, jeder wählte sich ein Mädchen und dann war Küssen oder Pfänder-Einlösen unser Spiel.«[9]

Wurden die jungen Leute bei solchem verbotenen Spielen jedoch entdeckt, hatten die Mädchen mit harten Sanktionen zu rechnen – mit Sanktionen, die ins Herz trafen. Margarethes Erzieherin flößte ihr Angst und Beschämung ein – denn erst durch zwanghafte Unterdrückung der Gefühle entstand Keuschheit und Tugend. Margarethe E. Milow gesteht: »Ich kann mit Wahrheit sagen, daß ich nun strenge tugendhaft ward. (…) Ob es wirkliche Tugend bei mir war, mag Gott beurteilen, genug, seit der Geschichte mit der Aufführung hatte ich keine Neigung zu Mannspersonen. Die wenigen, die ich kennenlernte, gefielen mir gar nicht, und sah ich einmal einen, bei dem das Herz warm werden wollte, so unterdrückte ich diesen Gedanken.«[10]

Der reglementierte Umgang mit Liebesgefühlen

Was sollte und konnte eine junge Frau tun, wenn sie mit der Zuneigung eines männlichen Wesens konfrontiert wurde, das mehr Feuer gefangen zu haben schien als sie? An so ein Gefühlsdilemma erinnert sich Margarethe E. Milow, als sie ihre erste Liebeserklärung ausgerechnet von ihrem Hauslehrer erhielt. Sie schätzte ihn, fand ihn sympathisch, doch lieben? Nein. Sie berichtet, daß sie in ihrer Verzweiflung keinen anderen Ansprechpartner als Gott wußte: »Thränen und Gebet waren meine erste Zuflucht, wenn mirs Herz voll war, aber so voll wars noch nie, ich betete kräftig, Gott möchte mir helfen, und er thats. Ich entwarf einen Plan, wie ich mich gegen ihn benehmen wollte, aber nicht ich, Gott lenkte meine Seele. Gott regierte mich. Es war: Alle möglichen Gelegenheiten, mit ihm allein zu sein, zu meiden, ihm mit noch mehr Höflichkeit und Ehrfurcht zu begegnen, und mich täglich, wenn mir das Herz warm werden wollte, mit Gebet zu waffnen.«[11]

Gerade die Hauslehrer, die sogenannten Kandidaten, Theologen mit abgeschlossenem Studium, aber ohne feste Stellung als Prediger, wurden oft zu Zielscheiben von zweideutigem Klatsch und Spott. Denn sie hatten engen Kontakt auch zu ihren weiblichen Schülern, waren oft die einzigen fremden Männer im heiratsfähigen Alter, denen die jungen Mädchen und Frauen regelmäßig begegneten. Kein Wunder, daß sie als potentielle Verführer galten, die angeblich lieber Unterricht in »Liebessachen« als in Sprachen und Geographie gaben. So heißt es in einem satirischen Gedicht: »Ein junger weiser Candidat (…) fuhr neulich durch die Straßen. Ein Mädchen schön, saß ihm zur Seit (…) Ganz nahe war's beim Küssen.«[12]

Es konnte aber tatsächlich schon mal passieren, daß sich zwischen Schülerin und Hauslehrer zarte Liebe entwickelte. Was tun? Offen zeigen durfte die junge Frau ihre Zuneigung nicht. Die gesellschaftlichen Rollenerwartungen zwangen sie oftmals zu paradoxen Verhaltensmustern. Sie hatte, um als keusch und tugendhaft zu gelten, die Scheue und Abweisende zu spielen und hätte, wenn sie ihren und seinen Wünschen nachgegeben hätte, als »gefallenes Mädchen« gegolten.

Aber auch die jungen Männer wurden gezwungen, ihr Gefühlsleben zu disziplinieren. Sie erhielten zwar keine strikt auf das Haus bezogene Erziehung wie die Mädchen, denn schließlich wurden sie auf ihre späteren Rollen in der Öffentlichkeit, im Berufs- und Geschäftsleben vorbereitet, aber ihre Lüste und Sehnsüchte hatten auch sie einzuschränken und unter ein Diktat der genau verplanten Arbeitszeit zu stellen. So mußte ein Kaufmannslehrling eine sieben- bis achtjährige Lehrzeit durchstehen, deren Tage ausgefüllt waren mit Geld zählen, dem Abschreiben zahlloser Briefe oder Botengängen. Hier gab es kaum Platz für Träumereien, geschweige denn die Möglichkeit, sich zu einer Liebsten davonzuschleichen.

Allerdings, da Jungen durch ihre Bestimmung für eine aktive Rolle in der Öffentlichkeit zum energischen Handeln getrimmt wurden, konnten sie sich in »Liebessachen« anders als Mädchen äußern. Wenn zum Beispiel ihre Liebe nicht erwidert wurde oder etwa wegen Standesunterschieden nicht in eine Ehe münden konnte, brauchte er nicht bloß still und heimlich in sein Kissen zu weinen, wie dies Mädchen taten. Er konnte seiner Enttäuschung freien Lauf lassen. So wie der Hauslehrer der jungen Margarethe E. Milow, Herr Flügge. Als er abgewiesen wurde, drohte er Margarethe. »Oft verkündigte er mir, wie bittre Reue mir auf dem Fuß folgen, was ich an ihm versündigte, mir würde auf den Kopf wieder vergolten werden; ich nie einen Mann bekommen würde, der mich liebte, und dann an ihn und seine Prophezeiung denken würde. Was das dann für Kämpfe bei mir kostete, wenn ich allein war, wie ich weinte und rang im Gebete.«[13]

Auch im Nachgehen und -geben seiner sexuellen Wünsche hatte der Mann größere Möglichkeiten als die Frau. Obwohl das Bürgertum auch für seine Söhne Keuschheit forderte, konnten die jungen Männer Wege finden, ihren »unordentlichen Begierden« zu folgen. Ein anschauliches Beispiel dafür, wie manches junge Mädchen erschak, wenn der bisher charmant um sie werbende Mann Begehren zeigte, liefert Margarethe Milow. Sie schildert einen Ausflug mit ihrem Hauslehrer: »Einmal fuhren wir in der Woche mit Flügge auf der Alster aus, und weil er diese Ausfahrt anstellte, so konnten wir nicht absagen. Es waren noch einige seiner Freunde da, und Octav beim Zurückweg. Flügge war wieder ganz der alte, ganz Liebe, er bestürmte mein Herz und schon wollt es wanken; aber er küßte mich, wie wir ausstiegen, auf eine solche Art, mit solchem Feuer, daß ich wieder zurückschreckte.«[14]

Welche Möglichkeiten hatten Frauen, um sich bei den Männern ihres Herzens bemerkbar zu machen? Eine Frau, die ihren Liebsten aufsuchte, ihn zum Tee einlud und von ihrer Liebe sprach – die hatte ihren Ruf gründlich verspielt. Doch wußten manche junge Bürgersfrauen diese Anstandsregeln zu unterlaufen. Mit Geduld und Witz arrangierte zum Beispiel Gerdrut Lucia Mutzenbecher wie zufällig ein Treffen mit ihrem Liebsten. Dann mußte sie allerdings warten, bis er den nächsten Schritt tat – so wollte es schließlich die Konvention: »Da es mir verboten war, so ließ ich mich auch nichts an meinem Liebsten mercken, hier war es, wo er zu mir sagte, der Sommer würde auch seine Freuden für uns haben, und überhaupt konnte ich aus allen seinen Reden mercken, welchen Entschluß er gefaßt« – nämlich den, daß er sie heiraten wollte.

Die beiden hatten Glück. Standesunterschiede, oft die größten Ehehindernisse, standen nicht im Wege. Und so konnten sie hoffen, endlich in der Ehe ihre Liebe zu leben. Denn die Ehe allein war der Ort, wo legitim geliebt werden durfte. Das 18. Jahrhundert kannte zwar die unterschiedlichsten Liebesauffassungen: die eheliche, die leidenschaftliche (hauptsächlich propagiert in der französischen galanten Literatur und in der deutschen Anakreontik), die freundschaftliche und die romantische Liebe. Aber Kirche und Gesellschaft akzeptierten nur die Liebe in ihrer »vernünftigen« Variante, und die hieß: Ehe. Der Philosoph Christian Thomasius sprach für viele, wenn er erklärte,

20

was er unter vernünftiger Liebe verstand: das Verlangen des menschlichen Willens, sich nur mit dem Menschen zu verbinden, der den Eltern genehm ist und den der menschliche Verstand für gut befindet, anstatt der Liebe stattzugeben, die nur aus dem Verlangen entspringt, die Eltern entsetzt und vom Verstand abgelehnt wird. Die Vorstellung von »vernünftiger« Liebe setzte sich in der bürgerlichen Gesellschaft durch – auch wenn viele Liebende daran zerbrachen. Dieses Modell ehelicher Liebe korrespondierte mit der calvinistisch nüchternen asketischen Auffassung von der Ehe, die meist nicht im siebten Himmel geschlossen wurde.

Wie weit verbreitet die Vorstellung von der sogenannten vernünftigen Liebe in der Ehe war, zeigt auch der von Wilhelmine Karoline von Wobeser 1795 geschriebene Roman *Elisa oder das Weib wie es sein sollte*. Er erschien 1800 schon in der 5. Auflage und wurde in viele Sprachen übersetzt. Karoline von Wobeser predigte den Frauen den völligen Verzicht auf eine Liebe zu einem Mann, der von den Eltern nicht akzeptiert wurde. Als Rezept gegen das Zerbrechen an einer unerlaubten Liebe bot sie die Vernunft an. Sie gebe der Frau die Kraft, auch einen ungeliebten Mann zu heiraten – und sollte der Gatte außerhalb der Ehe die Liebe suchen, so habe die Ehefrau ihm zu verzeihen. Denn die Frau hatte sich in allen Dingen dem Manne unterzuordnen. Auch Jean-Jacques Rousseau faßte entsprechende Erziehungsgrundsätze zusammen: »Die ganze Erziehung der Frauen muß sich auf die Männer beziehen, ihnen gefallen, ihnen nützlich sein, sich von ihnen lieben und ehren lassen, sie aufziehen, solange sie jung sind, sie umsorgen, wenn sie groß sind, ihnen das Leben angenehm und süß machen, das sind die Pflichten der Frauen zu allen Zeiten, und das muß man sie von Kindheit an lehren.«[15]

Manche Zeitgenossinnen fanden solche Maximen empörend, wie 1791 Emilie von Berlepsch: »Der Grundsatz, daß nur um der Männer Willen, nur ihnen zu gefallen, nur von ihnen geachtet, gepriesen, vorgezogen zu werden, die Weiber suchen müßten, liebenswürdige Eigenschaften, Talente und Kenntnisse zu erwerben; dieser von Müttern und Erzieherinnen zur Ungebühr gepredigte, und von den Männern selbst nur zu oft angepriesene Grundsatz, taugt meiner Meynung nach, nur für den Orient.«[16] (Interessant, wie die Erziehung und Unterdrückung von Frauen nur typisch für fremde Völker, insbesondere für den Orient, zu sein schien. Die eigene Nation hingegen wurde oft als fortschrittsfähiger gesehen.)

Auch Marianne Ehrmann, Verfasserin der *Philosophie eines Weibes,* übte Kritik an der Vormachtstellung des Mannes, ohne ihm diese aber nehmen zu wollen. Ihre Äußerungen zielten in erster Linie auf ein vernünftiges, auf Freundschaftsbasis beruhendes Umgehen der Geschlechter ab. Ihrer Meinung nach war es möglich, eine Kameradschaftsehe zu führen, in der vernünftige Liebe und mäßige Sinnlichkeit vorherrschten.

Doch scheinen Emilie von Berlepschs kritische Analysen hiesiger Zustände wie auch Marianne Ehrmanns taktischer Versuch, den Männern nicht die Vormachtstellung zu nehmen, sondern das Miteinander und die wechselseitige Anerkennung der Geschlechter zu betonen, keine tiefgreifenden Veränderungen in der allgemeinen Erziehung der Mädchen bewirkt zu haben – wurden doch Erziehungstheoretiker wie Campe und Rousseau auch massiv von Frauen unterstützt. So betrug der Anteil der weiblichen Subskribenten an Campes Buch *Väterlicher Rath für meine Tochter* rund 39 Prozent: »111 adlige Frauen, darunter allein 21 Gräfinnen und 179 Frauen aus dem gehobenen Bürgertum verpflichteten sich durch Unterschrift zur Abnahme dieses Jugendbuches.«[17] Campes *Väterlicher Rath* verkaufte sich gut und wurde in viele Sprachen übersetzt.

Trotz aller erzieherischen Anstrengungen ließen sich die leidenschaftlichen Aspekte der Liebe nicht immer unter das Joch der Vernunft zwingen. Diese Erfahrungen verarbeiteten Thomasius und Zeitgenossen wie der vielgelesene Schriftsteller Gellert zu einem Plädoyer für einen vernünftigen Mittelweg: für eine wohldosierte Liebe in einer standesgemäßen und von Eltern erlaubten Ehe, die auch der Sinnlichkeit einen Platz einräumte. Denn Liebe ohne Sinnlichkeit und Sinnlichkeit ohne Liebe erschienen keineswegs als ideal: »Die sinnliche Liebe, die bloß auf den Körper geht, ist eine Beschäftigung kleiner und unfruchtbarer Seelen. Und die geistige Liebe, die sich nur mit den Eigenschaften der Seele gattet, ist ein Hirngespinst hochmütiger Schulweisen, die sich schämen, daß ihnen der Himmel einen Körper gegeben hat.«[18] Allerdings waren die Probleme vorprogrammiert, wenn Liebesbeziehungen junger Menschen stets von deren Eltern akzeptiert werden mußten, denn, auch wenn dieser Hinweis banal erscheinen mag, es kam immer wieder vor, daß sich zwei Menschen ineinander verliebten, die vom Stand her nicht zueinander paßten und deren Eltern solch eine Verbindung nicht duldeten.

Ein besonders anschaulicher Fall ist die bereits erwähnte unglückliche Liebe zwischen der Kaufmannstochter Margarethe Elisabeth Hudtwalcker und Octav Nolte. Er war zwar ebenfalls der Sohn eines Kaufmannes, aber da sein Vater bankrott gemacht hatte, konnte er weder ein standesgemäßes Vermögen noch entsprechendes Renommee vorweisen. Kein Wunder, daß Margarethe Elisabeths Eltern gegen diese Verbindung waren und der Vater seine Tochter mit Liebesentzug und Hausarrest bestrafte, nachdem er die beiden Liebenden bei einem Gespräch belauscht hatte. Trotz aller Zwänge und Drohungen blieben Margarethe und Octav einander treu, lebten dabei aber in ständiger Angst, einmal in einer sogenannten schwachen Stunde »zu fallen«: »Lange hieß unsere Empfindung Freundschaft, wir wagten nicht, sie Liebe zu nennen und sie wars doch im höchsten Grade, so hoch, so stark, so edel, daß sie Tugend gewesen wäre, wenn sie hätte von Eltern erlaubte Liebe werden können. Kein unkeuscher niedriger Gedanke, dessen wir uns hätten schämen dürfen, stieg in unserer Seele auf, wie sich die Engel, wie wenig Edle sich auf dieser Erde lieben, so liebten wir uns – und doch war diese reine, edle hohe Liebe Sünde, war unrecht, weil sie heimlich war, wir mit Gewißheit wußten, daß meine Eltern sie nie zugeben würden und weil die beste, edelste, reinste Liebe, wenn nicht Ehe ihr Ziel ist und sein kann, ihrer Natur nach schlechterdings fällt, von ihrer Höhe, ihrem Adel oft in einer schwachen Stunde fällt.«[19]

Die von den Aufklärern gegen Ende des Jahrhunderts propagierte Liebesehe – als Norm für die bürgerliche Gesellschaft – setzte sich nur sehr langsam durch und zunächst auch nur bei denen, die sich den Luxus einer Liebesheirat leisten konnten. Doch verstanden die Menschen von damals das gleiche unter

»Liebe« wie wir heute? Mit dem Begriff »Liebe« wurden schon immer unterschiedliche Vorstellungen und Empfindungen verbunden. So stellte zum Beispiel Marianne Ehrmann fest, daß Männer nicht richtig lieben könnten. Sie schrieb 1784 in ihrem Buch *Philosophie eines Weibes*, dessen Verbreitung allerdings gering gewesen war: »Zwar folgt ihr Männer nur gar zu gerne der Stimme eures Temperaments, und die meisten unter euch können Liebe nur nachaffektiren, weil ihnen ihre fingerdicken Nerven [im Gegensatz zu den Frauen nachgesagten sehr dünnen Nerven, d. Autor.] dieß heilige Gefühl nicht wirklich zuzulassen scheinen.«

Lesend von der Liebe träumen

Beim Lesen konnten Frauen und Männer von einer Liebe auch außerhalb der Konventionen träumen. Liebe war ein zentrales Thema vieler Schriftsteller des 18. Jahrhunderts. Auf privaten Lesefesten lasen junge Leute gemeinsam Werke von Friedrich Gottlieb Klopstock, Christian Fürchtegott Gellert oder dem Offizier Ewald Christian von Kleist. Ihre Texte boten auch Orientierungshilfen für persönliche Liebesprobleme, wie Margarethe E. Milow bekennt: »Ich sah Kleists Werke vor mir liegen, ein Verzweifelnder wird darin geschildert (…), ›*Das* ist mir‹, sagte ich. (…) ›Das halte nicht länger aus.‹«[20]

Daß sich auch junge Männer ein Beispiel am Schicksal ihrer Romanhelden nehmen konnten, machte eine beängstigende Serie von Selbstmorden deutlich, die im Zuge der allgemeinen Begeisterung über Goethes skandalösen Bestseller *Werthers Leiden* die Mittelschichten erschütterte. In so eine unglückliche Liebe, wie sie der junge Werther zur leider bereits vergebenen Lotte empfand, konnte man sich wohl leicht hineinversetzen. Doch derart dramatische Wirkungen erzeugten zum Glück nur wenige Bücher und literarische Texte.

Deshalb konnten Hauslehrer jungen Damen Lesestoff zuspielen, ohne dabei in große Gewissensnöte zu kommen. Es sei denn, sie fürchteten die allgegenwärtige Zensur – oft in Gestalt der Erzieherin, wie Margarethe Elisabeth Milow erfahren mußte, die den Autor Gellert, welcher sich der Themen Freundschaft und Empfindung annahm, der verordneten Lektüre durchaus vorzog: »Gellerts Werke verschlang ich. Die Aufseherin nahm sie wieder weg, gab mir den Katechismus zu lesen.«[21]

Trotz aller Ermahnungen, durch das Lesen nicht die »weiblichen Pflichten« zu vernachlässigen und – schlimmer noch – Phantasien zu entwickeln, die als schamlos galten, berichteten Frauen immer wieder von ihren kleinen Fluchten mittels Büchern oder Zeitschriften. So liebte Margarethe E. Milow das Lesen und kämpfte selbst noch mit 19 Jahren um dieses Refugium, um unbeobachtetes Lesen in ihrem Zimmer, wie sie sich zwar schuldbewußt, aber doch gern erinnert: »Im Winter fing ich an stricken zu lernen. Weil diese Arbeit Ruhe erforderte, bekam ich Erlaubnis, auf meinem Zimmer alleine zu sitzen. Dies war meine güldene Zeit, die Hälfte des Tages las ich, ich stahl meiner Mutter Zeit, handelte wider ihren Willen, weil sie das Lesen verboten hatte. Und wenn ich nicht solchen Bruder gehabt hätte, durch dessen Hände ich alle Bücher bekam – oh, wie leicht hätte ich dann durch sie verführt werden können.«[22]

Doch welche Verführungen lauerten da zwischen den Bücherdeckeln? Etwa Träume von einer Liebe, die gegen die Tugend verstieß? Von dieser Einschätzung aus argumentierte unter anderem Friederike Helene Unger 1784 in ihrem Roman *Julchen Grünthal*, einer literarischen Warnung vor den angeblich verderblichen Einflüssen der Literatur. Julchens moralischer und sozialer Fall scheint durch das Lesen vorprogrammiert, wird doch ihre »Einbildungskraft aufs höchste gespannt«. Sie kann kaum noch zwischen realem Leben und Literatur unterscheiden, läßt sich von fiktiven Strategien der Liebe zu eigenem Handeln beeinflussen. Verleitet durch Rousseaus Briefroman *Julie oder die neue Heloise*, den sie ihrer Dienstherrin vorzulesen bestellt ist, schreibt sie sogar einen Liebesbrief, der dann Auslöser einer – selbstverständlich – verhängnisvollen Affäre wird. (Nomen est omen: daß Ungers und Rousseaus Romanheldinnen den gleichen Vornamen tragen, wird hier zum Wink des Schicksals.) Durch die Lektüre solcher Romane, sonst heimlich gelesen, von Julie aber laut vorgetragen, kann sie Empfindungen benennen und bisher ungeahnte Lust entdecken: »Mein Herz – meine Sinnlichkeit entwickelte sich mit Schnellkraft (...).«[23] Romanfigur Julie im Strudel romanhafter Liebesabenteuer, solche bösen Folgen bestätigten allgemeine Vorurteile gegen die angebliche »Vielleserei« und »Lesewuth« der Frauen, gegen die Ende des Jahrhunderts ebenso massiv zu Felde gezogen wurde wie gegen die Onanie der Knaben und jungen Mädchen.[24]

Doch trotz aller Warnungen organisierten sich die jungen Mädchen und Frauen ihren Lesestoff, wenn auch unklar ist, ob sie zum Beispiel alleine eine Buchhandlung besuchen und dort nach Liebesromanen stöbern durften. Literaturtips konnten Anzeigen und Rezensionen in Zeitungen und Zeitschriften entnommen werden. So kündigte 1789 das *Adreß Comptoir* in Hamburg neue Bücher an wie: »Pauline Frankini oder Täuschungen der Leidenschaft und Freuden der Liebe. 3 Mark. Geschichte Abälards und der Heloise, nebst beyder ächten Briefen, nach des d'Amboise Ausgabe, aus dem Englischen des Herrn Joseph Berington übersetzt von D. Samuel Hahnemann, 4 Mark 80 Pfennig.«

Heirat mit einem ungeliebten Mann

Die Menschen hatten anscheinend nur selten das Glück, ähnlich wie manche ihrer Romanheldinnen und -helden, ihre Liebe auch heiraten zu dürfen. Zwangsverheiratungen sind durchaus keine Erfindung von Theaterautoren und Opernlibrettisten, denn die Väter entschieden, oft unterstützt von ihren Ehefrauen, über das Lebensglück der Töchter, das wirtschaftlichen Interessen und gesellschaftlichem Ansehen selbstverständlich untergeordnet wurde.

Daß so eine Ehe unter dem Zeichen der »Liebe« stand, war die Ausnahme. Das mußte auch Margarethe E. Milow erfahren. Sie durfte nicht ihren geliebten Octav heiraten, sondern mußte einen anderen nehmen, den ehrbaren Pastor Milow. Und trotz Ehe liebte sie im Innersten ihres Herzens Octav weiter. Sie berichtet schonungslos von ihrer inneren Zerrissenheit, ausgelöst vom Widerspruch zwischen ihren Wünschen und der unerbittlichen Konvention: »Ich gewann meinen Bräutigam von Tage zu Tage lieber, hielt es nun für Pflicht, ihn von meinen Leiden nichts entgelten zu lassen, seine Tage ihn so glücklich zu machen, wie ich konnte: hoffte, Gott würde mir das Opfer, so ich meinen Eltern gebracht, belohnen; und dieser Gedanke, meine Pflicht gegen sie gethan zu haben, besänftigte oft das durch innerliche Gährung aufbrausende Herz.«[25]

Manchmal waren sich die Eltern bei der Wahl des Bräutigams nicht einig, und es wurde um eine Eheschließung verbissen gekämpft, wie Wilhelmine, die Schwester Friedrichs des Großen, erfahren mußte. Ihre Eltern, die eine sehr schwierige Ehe führten, stritten sich um den passenden Ehepartner für ihre Tochter. Ihr Vater, Friedrich Wilhelm I., versuchte sogar mittels der Bibel zu beweisen, »daß Väter das größere Recht auf ihre Kinder hätten«.[26] Mit Schaudern berichtete Wilhelmine von einem Heiratskandidaten, den ihr Vater »zum Herren über mich machen will«.[27] Die Mutter wollte sie mit dem Prinzen von Wales verheiraten, ihre Tochter als Königin von England sehen. Damit wäre Preußen enger an das hannoveranisch-englische Elternhaus mütterlicherseits gebunden worden. Wilhelmine geriet in die Heiratsmühlen.

Die familiären Auseinandersetzungen wurden immer brutaler. Der König quälte die Kinder, verweigerte ihnen das Essen, schlug sie, zog sie an den Haaren durch das Zimmer, machte einen Selbstmordversuch. Schließlich übermittelten drei Günstlinge des Königs der Königin den Willen ihres Mannes: Wenn das englische Königshaus, von der Königin favorisiert, nicht entsprechend antworte, habe der König für seine Tochter zwei weitere Heiratskandidaten bereit, nur zwischen diesen dürfe sie wählen.

Die Eltern einigten sich nach langem Hin und Her auf einen der Anwärter, Markgraf Friedrich von Bayreuth, nicht gerade eine glänzende Partie, aber zunächst ein passabler Retter aus familiären Querelen, den Wilhelmine zärtlich liebte. Doch wählte er sich später die Gräfin von Marwitz zur Mätresse, eine enge Freundin Wilhelmines. Diese Verbindung war für die Markgräfin keineswegs leicht zu ertragen: »Die wahre Liebe duldet keine Teilung. Ein Mann, der Mätressen hat, schließt sich an diese an; und in dem Maße verringert sich in ihm die Liebe für die rechtmäßige Gemahlin. Welche Achtung und Rücksicht könnte man einem Manne erzeigen, der sich gänzlich beherrschen läßt und das Wohl seines Landes vernachlässigt, um sich wilden Vergnügungen hinzugeben? Ich wünschte nur einen wirklichen Freund, dem ich mein Herz und mein ganzes Vertrauen zu schenken vermöchte; dem ich Neigung und Zuversicht entgegenbrächte und der mein Glück, wie ich das seine, machen könnte.«[28]

Widerstand gegen Zwangsverheiratungen

Manche junge Frauen widersetzten sich ihrer Zwangsverheiratung per Flucht ins Kloster. So meldete der *Hamburgische Reichspostillion* am 23. Januar 1728: »Lissabon, vom 25. Dec. Verwichenen Donnerstag ist in dem Kloster von St. Mo., Donna Violanta da Gloria, Nonne des Augustiner=Ordens aus Evora gebürtig und eine Tochter des Vicomten Rebeiro de Barres mit Tode abgegangen, welche als die eintzige Erbin derer Güter und Tituln ihres Hauses im 17. Jahre ihres Alters aus ihres Vaters Hause in dieses Kloster ging, weil man selbige gegen ihren Willen mit einem reichen Edelmann verheyrathen wollte, da dan selbige in diesem Kloster gantz eingezogen, nebst einem Geruch von Heiligkeit ihr Leben geendiget hat.«[29]

Es gab nur wenige bürgerliche Frauen, die sich durchsetzten und einen Mann ihrer Wahl heiraten konnten. Solch eine Frau war Meta Clara Friederike Moller, die sich in den Dichter Friedrich Gottlieb Klopstock verliebt hatte. Klopstock war erwerbslos, was die Familie Meta Mollers verschreckte. Trotzdem setzte Meta die Heirat mit Klopstock durch und sah dies als eine Art Triumph in ihrer Zeit. Sie schrieb über ihre Freundinnen: »Keiner hatte den Mut zu heiraten, wie ich es tat. Sie heirateten, wie man eben heiratet und sind glücklich wie man eben glücklich ist.«

Gelegentlich wird auch von Paaren berichtet, die mutig genug waren, die gesellschaftlichen Hindernisse ihrer Liebe aktiv zu

Erste verbotene Erfahrungen in Liebesdingen. Illustration von 1788.

überwinden. Der äußerste und gleichzeitig gefährlichste Schritt war die Entführung der Braut, ein beliebtes Motiv auf der Theater- und Opernbühne – und in der Literatur – und ein oft und ausführlich diskutierter Fall für Gesetzgeber und Juristen: Denn wurde ein Mädchen, selbst mit ihrem Einverständnis, entführt, so bedeutete dies einen fundamentalen Angriff auf die Ehre der Familie, hauptsächlich die des Vaters. Die junge Frau war nicht mehr an den Mann zu bringen, sprich: zu verheiraten.

Ein glimpfliches Ende nahm ein »echtes« Entführungsdrama aus den Jahren 1768 bis 1772. Der Schauplatz: Hamburg. Unser Chronist aus dem 19. Jahrhundert hat lediglich die Namen des Liebespaares geändert, weil zu seiner Zeit noch Angehörige des Paares lebten.

Ende 1768 kam »als commandirter Officier zu der hiesigen Preußischen Werbungsstation« der junge Baron Hans von

Waldau nach Hamburg. Er wird als Sohn eines »in Schlesien begüterten Edelmannes« geschildert, der als »Lieutenant in einem Cürassier-Regiment in Breslau diente«. Der Chronist konnte sich außerordentlich gut in den jungen Haudegen hineindenken und beschreibt voller Sympathie die erotische Wirkung des Soldaten: »Man wird nicht fehlschließen, wenn man diesem jungen Cavalier die ganze Fülle einnehmender Eigenschaften zutraut, welche mit den äußeren Vorzügen einer schönen kriegerischen Gestalt auch die feine Bildung der höheren Kreise und ein gewisses ritterliches Benehmen verbindet, wodurch solch ein junger Held so unwiderstehlich für weibliche Herzen zu werden pflegt.«

Dieser fesche Lieutenant verliebte sich nach angeblich etlichen Liebesabenteuern in die Hamburger Kaufmannstochter Elisabeth Arnold. Die Musik war die Brücke zur Familie Arnold – und das erste Band der Liebe zwischen dem Lieutenant und der Bürgerstochter Elisabeth, die sich bei den wöchentlichen Konzerten im Arnoldschen Hause kennenlernten. Elisabeth, 20 Jahre alt, hatte eine schöne Singstimme und spielte »trefflich« Klavier. Und wieder ein bekanntes Motiv: die Musikstunde als verschwiegener Rendezvousort. Baron Hans und Bürgerstochter Elisabeth übten sich in der Musik und in der Liebe, offenbar zunächst ohne Aufsicht: »Vermutlich bei Gelegenheit einer herzangreifenden Schäfer-Arie, entdeckte er der erröthenden Schönen seine unaussprechlichen Empfindungen, welche die angenehme Erklärung zwar gern vernahm, auch gewiß entsprechend erwiderte, aber doch zugleich die Mittheilung derselben an ihre Eltern forderte, weil sie ohne deren Wissen und Willen kein Verhältnis dieser Art eingehen könne.«

Zwei Hürden allerdings behinderten das Liebesglück: der Standesunterschied zwischen Bürgerin und Adligem und die Ungewißheit, den Abschied von der Armee nehmen zu dürfen, was entscheidend vom Wohlwollen des Königs abhing. Zunächst schien Amor jedoch leichtes Spiel zu haben. Baron Hans hielt bei den Brauteltern um die Hand Elisabeths an und bestand »das scharfe Examen«, das Vater Arnold mit ihm anstellte. Doch blieben Vater Arnold Zweifel – und statt die Liebenden wie versprochen zu unterstützen, schrieb er an den

Vater des Barons. Der wiederum war über die Heiratsabsichten seines Sohnes nicht begeistert und stellte ihn als einen ausgemachten Hallodri dar, für den sicher auch diese Liebe nur »ein Scherz« sei.

Gegen die Macht der Väter schien kein einziger strategischer Trick des jungen Barons zu helfen. Die Liebesgeschichte von Baron Hans und Bürgerstochter Elisabeth wurde so zu einem mehrjährigen Drama, in dessen Verlauf Vater Arnold den Kontakt mal untersagte, mal wieder zuließ, heimliche Briefe kursierten und Elisabeth unter Hausarrest gestellt wurde. Der Chronist beobachtete auch, daß Frauen und Männer Liebesleid unterschiedlich ertrugen: »Die Energie des Duldens scheint bei ihr so groß gewesen zu sein als die Energie des Handelns beim Baron, welcher natürlich immer eifriger an den als letztes Mittel betrachteten Entführungsplan dachte und seine ängstliche Geliebte für denselben zu gewinnen suchte.«

Elisabeth durfte ihre Situation nicht aus eigener Kraft verändern. Daran hinderten sie zwei Erziehungsmuster: ihre Frauenrolle, die von ihr Passivität forderte; und die Rolle der aufopfernden, liebevollen Tochter, die ihren Eltern keine Schande machte – auch wenn diese ihr Lebensglück zerstörten. Deshalb wollte Elisabeth zwar selbst keinen Fluchtplan entwickeln – sich aber entführen lassen. Bei ihrer »Befreiung« waren – wie auch auf der Bühne und in der Literatur – als treibende Kräfte die umsichtigen und gewandten Dienstboten und andere Leute des Volkes beteiligt: Fuhrmann Schultz, seine Frau und deren Knecht, die Ehefrau des Stadtsoldaten Scheel, Lohndiener Dambeck, das Faktotum des Barons und seine Schwester.

Der Entführungsplan war genial einfach: Die »reputirlich gekleidete« Frau Scheel gab sich als Botin einer Freundin der Familie Arnold aus, zu der Elisabeth mit ihrer Schwester zum Tee eingeladen wurde. Diesmal war der sonst so wachsame Vater ahnungslos und gab die Erlaubnis zur Kutschpartie zur Freundin. Elisabeth war zwar nicht eingeweiht, aber sie ahnte etwas. Und tatsächlich: Sie wurde unterwegs »entführt« – nicht ohne laut nach »Weiber-Art« aufzuschreien –, während die Schwester die Kutsche verlassen durfte. Leider schafften die beiden Liebenden es nicht, die Stadtmauern rechtzeitig vor

Toresschluß in Richtung Wandsbek zu verlassen, um dort zu heiraten. Deshalb mußten sie die Nacht in einem Wirtshaus innerhalb der Stadtmauern verbringen. Allerdings übernachteten beide – überwacht von Zeugen – streng getrennt in verschiedenen Zimmern.

Die Flucht wurde schnell entdeckt, ebenso die Fluchthelfer und der Gasthof. Elisabeth wurde festgenommen und verhört. Sie beteuerte, »daß sie nicht zwangsweise, sondern so gut als mit ihrem Willen entführt worden sei«, eine Aussage, die den Entführer entlastete. Damit war der Fall jedoch noch lange nicht ausgestanden. Hamburger Honoratioren und der Hamburger Rat wurden eingeschaltet. »Wohl noch nie hatte sich der Rath so sehr für den glücklichen Verlauf einer hiesigen Liebesgeschichte interessiert.«

Endlich willigten beide Väter in die Heirat ein – nachdem die Liebenden in ihrer Verzweiflung lebensgefährlich erkrankt waren –, und schließlich war es soweit: »An einem schönen Märzmorgen erschien der Prediger einer reformirten Gemeinde Altonas mit zweien Vorstehern, in deren Gegenwart, wie im Beisein der Arnoldschen Familie und zweier preußischer Offiziere in Uniform, die Trauung vollzogen wurde. Unmittelbar danach reiste das junge Paar ab.« Auf einem Landgut in Schlesien schuf sich das Ehepaar sein »irdisches Paradies« – und führte bis zum Tode des Barons 40 Jahre lang eine, wie es heißt, »glückliche Ehe.«[30]

Heiratserlaubnis und Heiratsbeschränkung per Gesetz

Dem Eheglück standen im absolutistischen Staat diverse Heiratsbeschränkungen und Heiratsverbote entgegen. In den meisten deutschen Staaten durften arme Menschen gar nicht heiraten oder mußten um Erlaubnis bitten. So konnten ein Dienstmädchen und ein Soldat kaum damit rechnen, heiraten zu dürfen, denn sein Sold war zu gering, um eine Familie unterhalten zu können. Und auch Handwerksgesellen waren rigiden Beschränkungen unterworfen. Staatsbeamte und Soldaten mußten generell um eine Heiratserlaubnis bitten. Die Ehebewilligung hing davon ab, ob der Staat für den nun verheirateten Staatsbeamten mehr Lohn zu zahlen hatte. Beamten im Vorbereitungsdienst wurde das Heiraten verboten, da sie zu wenig verdienten.[31] Ein Eheverbot gab es auch für Paare, denen unterstellt wurde, keine oder nur kranke Kinder zur Welt zu bringen.

Ein beliebtes Komödienthema war die Heirat eines alten, reichen, aber geizigen Mannes mit einer jungen, aber armen Frau. Solche Ehen wurden zwar gelegentlich bespöttelt, waren aber legitim. Lediglich in Württemberg existierte eine Einschränkung – die württembergische Ehe- und Ehegerichtsordnung von 1687 verbot eine Eheschließung bei zu großem Altersunterschied. Und Mozarts adliger Frauenheld Don Giovanni, der manch junge Bauersfrau noch an ihrem Hochzeitstag – vor den Augen ihres Bräutigams – entführte, hätte Schwierigkeiten gehabt, wenn er tatsächlich eine Bäuerin hätte heiraten wollen. Denn das preußische Edikt vom 8. Mai 1739 verbot eine Hochzeit adliger Männer mit Töchtern geringer Bauern oder Bürger.

Die Liste der regional verschiedenen Heiratsbeschränkungen läßt sich fast endlos fortsetzen: Wer an einer ansteckenden Krankheit litt, durfte nach der Ehe- und Konsistorialordnung von Schwarzenberg aus dem Jahre 1752 nicht in den Stand der Ehe treten. Für stumme, blinde, lahme, taube, »simple« oder zum Ehestand und der Haushaltung »unfähige Personen« galt nach der württembergischen Ehe- und Ehegerichtsordnung von 1687 das gleiche. In Württemberg mußten heiratswillige junge Männer ein Handwerk erlernt haben – und junge Frauen mußten vor einer Eheschließung eine Ausbildung in Hauswirtschaft nachweisen. Häufig gab es auch ein Eheverbot für konfessionell gemischte Ehen.[32] Welche Auswüchse und Wahllosigkeit bei den Ehebehinderungen an der Tagesordnung waren, zeigt ein preußisches Edikt vom 14. Dezember 1708, wonach die Brautleute nicht eher getraut werden sollten, bis sie – zur Förderung der Baumkultur – nicht wenigstens sechs Obstbäume und sechs Eichen gepflanzt hatten.[33]

Gegen Ende des 18. Jahrhunderts wurden die Eheverbote etwas gelockert. So enthielt das Allgemeine Preußische Landrecht nicht mehr die Forderung, Bäume zu pflanzen, oder das Verbot einer Trauung im Ausland. Der Staat als »Übervater«

achtete aber weiterhin auf die finanzielle Stimmigkeit für eine Ehe, wie es auch der bürgerliche oder adlige Brautvater tat. Im Ehevertrag handelten Brautvater und Bräutigam die Höhe der Mitgift und die zukünftige Gestaltung des Haushaltes aus. Wenn diese Vereinbarung nicht eingehalten wurde, konnte der Bräutigam von der Ehe zurücktreten. Gleichzeitig mußte der Bräutigam die finanziellen Voraussetzungen dafür bieten, eine Familie ernähren zu können.

Brautzeit und Hochzeit

Nachdem der Ehevertrag geschlossen und auch eine Regelung im Falle einer Witwenschaft getroffen worden war, begann die sogenannte Brautzeit. Vom »Ja« des Brautvaters bis zum kirchlich gesegneten »Ja« des Brautpaares verging eine spannungsgeladene Zeit, in der insbesondere über die Tugend der Braut gewacht wurde: »Der Bräutigam darf nicht alle Tage seine Braut sehen; das schickt sich nicht, es beunruhigt das Haus, und beleidigt die Ehrbaren. Die Braut ist auch sodann unter steter Aufsicht. Das ist an sich löblich. Man weiß, die Tugend bleibet nicht allemal gleich strenge, und wird bisweilen allzu gefällig.«[35]

Auch wenn sich das Brautpaar schon das förmliche Jawort gegeben und die meist einfachen Goldringe gewechselt hatte, mußte die Keuschheit gewahrt bleiben. Rund 100 Jahre früher galt bereits die Verlobung und das Wechseln der Ringe als offizielles Eheversprechen, was schon den ersten Beischlaf ermöglichte. Im Laufe des 18. Jahrhunderts jedoch wurde eine Ehe erst nach der kirchlichen Trauung für gültig erklärt, deshalb durfte das Paar erst »danach« gemeinsam ins Bett. So mußten die unordentlichen Begierden vor der Eheschließung strikt unterdrückt werden.

Da die Braut auf dem Weg in feste Hände war, war es ihr aber erlaubt, kleine Empfänge zu geben und in der Öffentlichkeit zu erscheinen. Henriette Herz freute sich regelrecht auf ihren Brautstand: »Ich freute mich kindisch darauf, Braut zu werden, und malte es mir recht lebhaft aus, wie ich, von meinem Bräutigam geführt, nun spazierengehen würde, wie ich bessere Klei-

Intermezzo

Die Aussteuerliste für die Bürgerstochter Mademoiselle Johanna Maria Wass vom 21. August 1797[34] zeigt, was alles zu einer Hochzeit angeschafft wurde:

26 feine Bettlaken
12 Bettlaken für das Gesinde | 28 feine Kissenbezüge
24 Gläsertücher | 24 Tellertücher
24 Küchenhandtücher | 24 Bohnertücher
24 Messertücher | 60 Hemden
48 Kopftücher | 42 Halstücher
48 Paar Strümpfe | 18 weiße Schürzen
8 Damasttischdecken | 16 Drellen Tischdecken
12 Gesinde Tischlaken | 48 Drellen Handtücher
4 Schrankenlaken | 2 Matratzen
1 zweischläfriges Unterbett | 1 Oberbett
6 Kissen | 1 einschläfriges Unterbett
1 Decke | 1 kleines Kissen
Federn | Daunen
6 Kleider aus: Batist, geblümt, schwarze Baumwolle, Nesseltuch, Musselin, graues Kleid, seidener Morgenrock, weiße Kleider, Brüsslerspitzen
6 Schuhe | 12 Röcke aus Seide, Flanell, Baumwolle
6 Nachtleibchen und -röcke z. B. aus geblümtem Piqué
9 Tücher z. B. aus Leinen und Leinenbatist
2 Kopfzeuge mit glatten Federn, Atlass und Gold bestickt
1 Brillantring | 1 Mahagoni Leinenschrank
1 Kommode zum Schreiben | 1 Wäschekiste
1 Bleicher Korb | 1 Kaffeekanne

der und einen Friseur bekommen würde, denn bis jetzt machte mir die Tante das Haar nach ihrem eigenen Geschmack zurecht, ferner hoffte ich auf ein größeres Taschengeld, das jetzt in zwei Groschen monatlich bestand, und von den kleinen, etwas feineren Gerichten, die zuweilen für meinen Vater bereitet wurden, hoffte ich etwas zu bekommen.«[36]

Obwohl sie ihre Rolle als Hauptperson genoß, erinnerte Henriette Herz ihre Brautzeit nicht als glücklichste Zeit ihres Lebens, empfand sie doch keine Liebe für ihren Bräutigam. Auch Margarethe Elisabeth Milow, die noch ihrer ersten großen Liebe nachtrauerte, schrieb in ihrem Vermächtnis an ihre Töchter: »Eure Brauttage, das wünsche ich Euch, ihr Mädgen, seyen anders und fröhlicher als die Eurer Mutter.«[37]

Der Hochzeitstag wurde sehr unterschiedlich gefeiert, je nach gesellschaftlicher Stellung, Vermögen und geographischer Region. Die Hochzeit der Johanna Henriette Trosiener am 16. 5. 1784 mit dem Kaufmann Heinrich Floris Schopenhauer ging unüblicherweise sehr ruhig vonstatten. Bei der Trauung waren nur die Eltern und Geschwister des Brautpaares anwesend. Danach fuhr die Familie in Schopenhauers Landhaus: »Nur von unseren nächsten, teilnehmensten Freunden umgeben, brachten wir den Tag in heiterer Stille zu, herzlich froh, der geräuschvollen Feier desselben ausgewichen zu sein.«[38]

In der Regel richtete der Brautvater die »große Hochzeit« aus. Es wurden viele Gäste eingeladen, musiziert und getanzt. Tanz gehörte aber nicht immer zu den Vergnügungen in Kreisen, die den Standesdünkel pflegten. Johanna Schopenhauer schrieb: »An Tanz konnte bei vornehmen Hochzeiten nicht gedacht werden, dies Vergnügen blieb an solchem Tag dem Mittelstande überlassen (...).«[39]

Hochzeiten fanden meist am arbeitsfreien Sonntag nach dem Kirchgang statt. Das Jawort gaben sich die Brautleute entweder in der Kirche oder dort, wo anschließend gefeiert wurde. Bei dieser entscheidenden Zeremonie, die zwar außerhalb der Kirche, aber mit dem Segen eines Pastors stattfand, bildete der Trauschemel, der zu diesem Anlaß zu mieten war, ein wichtiges Accessoire: »Bey dem Tapezier – Johann Christof Franzen (...) sind zur Miethe die schönsten Trauschemel, sowol mit roth – als

Selig! wem heiter im blumigten Kleide,
    Der Lenz in freudiger Wonne anlacht.
Sel'ger! wem zärtliche Liebe giebt Freude,
    Den stets sie zum glücklichsten Erdensohn macht.

»Der glücklichen Eheverbindung meines geliebten Bruders mit der Demoiselle Sophie Dorothee Peltre gewidmet von J. G. Haupt. Berlin 22.4.1788.«

grünem Sammet, auch goldenen Tressen und Franzen (…), alles zu billigem Preise.«[40]

Die Braut aus der Oberschicht erschien in der zweiten Hälfte des Jahrhunderts ganz in Weiß. (Noch wenige Jahrzehnte früher hatte sie ihr »bestes Kleid« angezogen, es gab keine spezifische Brautmode.) So trug Johanna Schopenhauer ein weißes Musselinkleid, und in ihren Haaren steckte ein Myrthenkranz. So einen Kopfschmuck trug auch die Pfarrerstochter Ernestine Boie, die den Dichter Johann Heinrich Voß ehelichte, an ihrem Hochzeitstag am 15. Juli 1777: »Nach dem Frühstück ging Voss spazieren, um dem Aufräumen überall auszuweichen. Handanlegen durfte ich nirgends, also blieb ich mir allein überlassen. In meiner Einsamkeit flocht ich mir einen hübschen Brautkranz von den Zweigen eines Myrthestückchens, das eine arme Gärtnersfrau brachte.«[41]

Manch Hochzeitsgast faßte die Liebe in Verse und schenkte sie, aufgeschrieben auf wunderschönem Seidenpapier, dem Brautpaar zur Hochzeit. Als der Hamburger Kaufmann Andreas Mutzenbecher mit dem Fräulein Gertrut L. Wagener, Tochter des Senators und Hamburger Bürgermeisters Franz Anton Wagener, am 26. Mai 1778 in Hamburg die Ehe einging, erhielten sie folgendes Hochzeitsgedicht:

> »Welch Glück bereitet Dir die Liebe!
> Sie, voll der sanften, süßen Triebe;
> Ein deutsches Mädchen, all der Freuden,
> Darob den guten Bürger manche Fürsten neiden,
> Und all der Trefflichkeiten Kennerin,
> Die hier in diesem ersten Leben
> Dem weisen Manne höh're Freuden geben;
> Solch eine Freundin führte sie Dir zu!
>
> Wie fließt in Ihres Umgangs Wonnen
> Ein Jahr – als hätt es kaum begonnen –
> Gleichwie ein Frühlings=Traum dahin;
> Und jeder Tag gleich wie ein Fest,
> Das Dich die Liebe feyren läßt!«[42]

38

Doch manche Brautleute kannten diese poetisch beschworenen Liebeswonnen bereits aus eigener langjähriger Erfahrung – wenn sie verwitwet oder geschieden eine neue Ehe eingingen. Als Cornelius Jacob Berenberg Anna Margaretha verwitwete Colldorff geb. Boetefeur heiratete, war dies bereits seine dritte Heirat. Seine erste Frau Maria Faber starb acht Jahre nach der Hochzeit. Seine zweite Ehe ging er drei Jahre später mit Maria Cäcilia Schulte ein, die drei Jahre nach der Hochzeit starb. Die dritte Ehe wurde sieben Jahre nach dem Tod Maria Cäcilias geschlossen. In einem Hochzeitsgedicht, das seine Kinder ihm anläßlich dieser dritten Hochzeit gewidmet hatten, heißt es: »So bald ist der Riß ersetzet: Hat Dich Gott gleich hart verletzet, Itzo weichet aller Schmerz. Mußten Dir zwo Frauens sterben; Dennoch mußt Du nicht verderben: Gott schenkt Dir ein ander Herz.«[43]

Neben den offiziellen Hochzeitsgedichten wurde auch aus der Unterhaltungsliteratur zitiert, wobei mit Anspielungen auf die bevorstehende Hochzeitsnacht nicht gespart wurde – ob solche Zoten allerdings immer in Gegenwart der »tugendhaften« Bräute gerissen wurden, ist ungewiß. Zwei Kostproben:

»Im Hochzeitsbett, im Schoosse der Geliebten,
Wo du auch nicht im Dunkeln irrst,
Verübe das, was deine Väter übten,
Ja das, wodurch du Vater wirst.«[44]

»Auf dein verschämtes Ja
Ist schon Dein Bräutgam da
Hast Du nun Lust zur Lust,
So öffne Bett und Brust.
Er macht Dir vieles kund,
Und küsset Deinen Mund;
Er knüpft ein sanftes Band,
Und drücket Dir die Hand,
Und Deinen kleinen Bauch,
Den küßt und drückt er auch.«[45]

Hatten sich die Gäste müde gefeiert, wurde das Brautpaar in sein Schlafgemach geleitet, wo sich, alten Bräuchen gemäß, die Frauen die Braut und die Männer den Bräutigam schnappten – und mit derben Späßen Abschied nahmen von der Jünglings- und Jungfrauenzeit.

Johanna Schopenhauer beschreibt die Strumpfbandzeremonie, die allerdings »schon damals in der feinen, gebildeten Sozietät dahin abgeändert [worden war], daß eine der älteren Verwandtinnen der Braut eine Rolle Band unter die Herren warf, und es ihnen überließ, dieses Andenken an dieselbe auf selbstbeliebige Art unter sich zu verteilen«.[46]

Dann entschwand das Brautpaar ins Brautgemach.

Nun war die Braut zur Ehefrau avanciert und damit die väterliche Gewalt nahtlos auf die des Ehemannes übergegangen.

Aufgabenverteilung in der Ehe

Und wie sollte nun der Alltag eines frisch verheirateten Paares aussehen? Von Kindheit an waren Frauen und Männer auf ihre geschlechtsspezifischen Rollen und Arbeitsfelder vorbereitet worden, und es wurde von ihnen erwartet, daß sie in diesem enggesteckten Rahmen funktionierten. So hatte 1728 der Professor J. A. Fabricius, »ein im Rahmen seiner Zeit fortschrittlicher Mann«[47], seine Tochter Johanne Friederike ohne ironischen Unterton ermahnt: »Nächst deinem Gott verehre und liebe deinen Mann, und bleib, wie es dir gebührt, ihm Untertan.«[48] Auch vielen Frauen erschien diese Rollenverteilung opportun. So schrieb die Schriftstellerin Marianne Ehrmann 1784 in ihrer *Philosophie eines Weibes*, daß die Zufriedenheit des Gatten zu erwerben das höchste Ziel der Frauen zu sein habe.

Zu dieser Zufriedenheit gehörte auch die erfolgreiche Elternschaft. Das Allgemeine Preußische Landrecht von 1794 und sein Vorgänger, das Preußische Allgemeine Gesetzbuch, legten fest, daß die Erzeugung und Erziehung der Kinder Hauptzweck der Ehe sei; gleichzeitig hieß es aber auch: Allein zur wechselseitigen Unterstützung kann eine Ehe auch geschlossen werden.

Intermezzo

»Räthsel:

Auff einer Hochzeit wollte ein gelehrter Mann behaupten, daß die Weiber keine Menschen wären. Wie er nun deswegen von den Frauenzimmern übel angesehen wurde, hat er sich also erklähret: Daß er davorhalte / die Weiber wären keine Menschen, sondern Engel. Mit dieser Meinung sind sie alle wohl zufrieden gewesen. Er setzte aber hinzu, daß es gute und böse Engel gebe / und gab dabey folgendes Räthsel:

Es ist fast jedem Mann ein Engel zugegeben, / Der ihn mit Rath und That sol führen durch das Leben. / Es ist ein guter Geist, der von ihm wird geliebt: / Auch wohl ein böser Geist, der seinen Sinn betreibt, / Biß daß der Mutter-Schooß sie beyde machet scheiden, / Da sich der Würmer Heer von diesem Engel weiden. / Wer dieses Räthsel weiß, den wünsche ich biß ins Grab, daß er bey Tag und Nacht nen guten Engel hat.«

Antwort: Eine Ehefrau

(aus: Johann Heinrich Voigt, *Verbesserter= Julian= und schwedischer Gesprächskalender* aus dem Jahre 1723)

Neben der Kindererziehung und der Zufriedenstellung des Ehemannes hatten Ehefrauen noch weitere fest umrissene Pflichten, die in der Form der »Hausfrauenehe« im Bürgerlichen Gesetzbuch bis Juni 1976 ihre Gültigkeit behielten. Als Gegenleistung für ihre materielle Absicherung durch den Ehemann hatte die Ehefrau ihn rundum zu versorgen. »Die Frau bedarf des Mannes zur Erhaltung, der Mann bedarf der Frau zur Unterhaltung«, beschrieb denn auch der Philosoph Immanuel Kant die geschlechtsspezifische Aufgabenverteilung in der Ehe. In den Unterschichten hingegen mußte die Ehefrau meist neben ihrer Hausfrauen- und Muttertätigkeit noch dazuverdienen, wenn ohne diesen sogenannten Zuverdienst die Familie nicht ernährt werden konnte.

Ein anschauliches Beispiel für die umfassenden Aufgaben,

die etwa die Frau eines Wissenschaftlers zu leisten hatte, wenn dieser auf Dienstreise war, bietet folgender Brief, den Hermann Samuel Reimarus aus Billwerder an seine Frau Johanne Friederike am 28. Juni 1746 richtete. Sie übernahm liebevolle und mütterliche Funktionen nicht nur bei ihren Kindern. Reimarus schreibt:

»Meine liebe Mama. Der Schlaf will zwar bey mir noch nicht sofort erfolgen, wie ich wünschte, doch befinde ich mich sonsten wohl, und werde heute wieder mit dem Herrn Pastor eine Tour nach dem Hamm machen, wo er ein Kind zu taufen hat. Bringe diesen Zettel wohl beschrieben in welchen Keller in der Nedder-Straße der Milchmann einkehret, welcher mir folgendes mitbringen könnte:

1) meine Nachthose
2) meinen Peruquen-Kamm
3) eine gepuderte Peruque in einer Schachtel, welche für den Wagen mit Wachstuch oder dergleichen müßte verwahret werden.
4) von dem Herrn Dr. Momma ein wenig von den laxirierenden [Abführ-] Tropfen.
5) Sollten Fische in Hamburg zu bekommen sein, so würden sie auch dem Herrn Pastor nebst mir zu Statten kommen; hier sind sie gantz rar. (…)

Übrigens empfehle mich und bitte die lieben Kinder alle (…) zu grüssen und zu küssen. Ich verbleibe Allerliebste Frau Dein getreuer HS Reimarus.«49

Als Lohn für ihre Arbeit in Haushalts- und Liebesdingen erhielt die Hausfrau den Anspruch auf Unterhalt. Wie üppig dieser ausfiel, lag im Vermögen und im Ermessen des Mannes. Er bestimmte auch darüber, ob seine Frau einer Erwerbsarbeit nachging. Das Recht des Ehemannes, den Arbeitsplatz seiner Frau aus eigenem Ermessen zu kündigen, galt noch bis 1959. Die Möglichkeit, Geschäfte abzuschließen, beschränkte sich bei der Hausfrau auf den Kauf von Wurst, Butter, Brot, Käse etc., aber auch dies nur in Maßen. Kam sie mit ihrem Haushaltsgeld nicht aus und machte Schulden, brauchte der Ehemann nur öffentlich zu erklären, er käme für die Schulden seiner Frau nicht auf. Diese Einschränkung der Geschäftsfähigkeit war bis

Familienideal damals: Auch der Vater zeigte Gefühl. Radierung von Daniel Chodowiecki.

1953 durch den § 1354 des BGB – Gehorsamkeitsparagraph genannt – gültig.

Hausfrauen trugen zwar ein dickes Schlüsselbund mit sich herum, hatten die »Gewalt« über Keller, Speisekammer, Küche, Hühnerstall und Kräutergarten – aber das letzte Machtwort über den Lebensmitteleinkauf sprach, in Form von Zuteilung des Haushaltsgeldes, immer der Mann. Damit entschied er auch über Qualität und Menge der Dinge des täglichen Bedarfs.

Auch im »ganzen Haus«, der familiären Wirtschaftsform, die viele mit der guten alten Zeit in Verbindung bringen (in der aber nur wenige Menschen gelebt haben, wie Familien des Großbürgertums, der Großbauernschaft und des Adels), gab es eine entsprechende Rollenverteilung. Im »ganzen Haus« wohnten mehrere Generationen unter einem Dach, hier produzierte die Familie mit den Dienstboten für den Alltag: Sie spannen, webten, strickten, betrieben Land- und Viehwirtschaft, zogen Kleinvieh auf, trieben Handel. Der Frau wurde die Herrschaft über den häuslichen Bereich zugewiesen, der Mann agierte als Kaufmann oder Großbauer und kümmerte sich um die Repräsentanz nach außen. Die getrennten Arbeitsaufgaben von Mann und Frau, die sie in einer gemeinsamen Stube oder aber auch Tagereisen voneinander entfernt erfüllen konnten, waren für die Ökonomie des »ganzen Hauses« gleich wichtig, doch wurden sie unterschiedlich bewertet: Die Arbeit einer Frau hatte nicht den gleichen gesellschaftlich anerkannten Stellenwert. Denn der Mann blieb der Herr im Hause, ihm hatten die Frau, die übrige Familie und das Gesinde zu gehorchen, er verfügte über das gesamte, auch von der Frau eingebrachte Vermögen. Außerdem mußte er sich öffentlich als resolutes Oberhaupt erweisen, das im Hause kein Gezänk und keinen Widerstand duldete. Schließlich hatte er dafür zu sorgen, daß der Wirtschaftsbetrieb »ganzes Haus« reibungslos funktionierte. Diese Arbeitsteilung war rechtlich und durch Sitten und Gebräuche zementiert. Selbst wenn ein Ehepaar sich intern eine andere Arbeitsteilung gewünscht haben mag – hätte es sie praktiziert, wäre es ins gesellschaftliche Abseits geraten.

Der Typ der sogenannten modernen Hausfrau, der sich Ende des 18. Jahrhunderts zunächst in Beamten- und Pfarrfamilien herausbildete, um dann später für die bürgerliche Familie verbindlich zu werden, basierte auf der gleichen geschlechtsspezifischen Arbeitsteilung: Nun verdiente der Mann Geld außer Haus, während die Frau im Hause die notwendige reproduktive Arbeit verrichtete, zu der unter anderem die Schaffung einer privaten Atmosphäre gehörte – aber auch produktive Arbeit wie Vorratswirtschaft oder Kleinviehhaltung. Und wieder das altbekannte Muster: Ihre für die Erhaltung der Familie notwendige Arbeit hatte gesellschaftlich das geringere Renommee. Warum sollte sich daran auch grundlegend etwas ändern? Hatten doch die alten Autoren einen Fundus an Theorien zurückgelassen, mit denen es sich für manchen Hausvater gut leben und wirtschaften ließ. Aristoteles etwa, oder die Autoren der Bibel – erinnert sei an die Adam und Eva-Erzählung in Genesis 3 – wurden kontinuierlich zitiert, wenn die Vorherrschaft des Mannes, sein Vormundbewußtsein, begründet werden sollte.

Sehr früh wurden detaillierte und rigide Kataloge der Geschlechter-Eigenschaften angelegt. Da listete zum Beispiel 1629 Johannes Bergmann penibel die Eigenschaften auf, die er nur bei Frauen beobachtet zu haben glaubte: »Unbeständigkeit, Leichtfertigkeit, Zornmütigkeit und Ungeduld.« Männer enttäuschten ihn hingegen nicht, mit ihrer »Klugheit, Geistesgröße, Verschwiegenheit, Versöhnlichkeit, Standhaftigkeit im Unglück«.[50] Solche vermeintlich gottgewollten, geschlechtsspezifischen Eigenschaften, die sich zwar über die Zeit in einigen Aspekten änderten, dienten als Legitimation dafür, den Geschlechtern bestimmte Arbeitsbereiche zuzuweisen. Nun mögen Versuche, Differenzen zwischen Männern und Frauen zu konstruieren und zu beobachten, berechtigt erscheinen, doch gingen sie meist zu Lasten der Frau, die dann als minderwertig, schwach, lüstern oder weniger vernunftbegabt galt.

Solche gesellschaftlichen Verhältnisse bargen Zündstoff. Deshalb wurde klugen Ehemännern empfohlen, nicht allzusehr auf ihre Vormachtstellung auch innerhalb des Hauses zu pochen. Der Zeitgenosse Christoph August Heumann riet 1724 zur Diplomatie: »Nun müssen wir weitersehen, wie sich der Mann gegen seine Frau im Hause aufzuführen habe. Dieses ist

aber leicht auszumachen, wenn man sich (...) erinnert, daß Eheleute in der genauesten Freundschafft mit einander stehen, bey
welche doch der Mann das Directorium hat. Diese Freundschafft nun machet beyde Eheleute gleich, und obgleich in der
Tath die Frau gegen ihren Mann Respect tragen muß, so führet
sich doch ein kluger Mann also gegen sie auf, als wenn er nicht
von der geringsten Ungleichheit wüste.«[51]

Heumann wünschte sich generöse Ehemänner, die nach vor-
heriger Begutachtung des hausfraulichen Könnens ihrer Ehefrauen ihnen in Haushaltsdingen freie Bahn ließen. Auch in
anderen Kleinigkeiten des hausfraulichen Lebens sollte der
Mann sich lieber nicht einmischen, um den Ehefrieden nicht zu
gefährden.

Aufmüpfige Ehefrauen

Doch scheinen sich nicht alle Ehefrauen selbstverständlich und
klaglos in dieses Konzept gefügt zu haben. Denn anders ist es
nicht zu erklären, daß die Frauen immer wieder vehement an
ihre Pflichten und ihre Unterordnung erinnert wurden. Auch
dem Erziehungstheoretiker Joachim Heinrich Campe war dieses unterschwellige Aufbegehren der Frauen nicht entgangen:
»Die Stimme des Selbstgefühls ruft dir zu: Ich bin ein Mensch
wie der Mann; ich habe alle Rechte der Menschheit wie er! und
gleichwohl wird von dir verlangt, gleichwohl siehst du dich
gezwungen, auf manches dieser Rechte Verzicht zu thun, dir
manche harte Einschränkung derselben demüthig gefallen zu
lassen!«[52] Von den Frauen wurde der Verzicht auf jegliche
»Selbstverwirklichung« gefordert.

Im Jahre 1753 klagte Luise Adelgunde Viktorie Gottsched,
Übersetzerin der englischen Wochenschrift *Spectator*, Komö-
dienschreiberin (z. B. die *Ungleiche Heirat*) und eine Wegbe-
reiterin des deutschen Lustspiels, ihrer Freundin Dorothee
Henriette von Runckel ihr Hausfrauenleid: »Hier muß ich meinen Kopf täglich mit wahren Kleinigkeiten mit Haus- und Wir-
thschaftssorgen füllen, die ich von Kindheit an, für die elende-
sten Beschäftigungen eines denkenden Wesens gehalten habe;

und deren ich gern entübriget seyn möchte.«[53] Die Schriftstellerin Friederike Helene Unger, verheiratet mit dem Verleger
Johann Friedrich Unger, schien einen Ausweg aus der alltägli-
chen Hausfrauenlitanei gefunden zu haben: »Wer bemerkt
unsre stille Resignation, unser gänzliches Hingeben, unsre ver-
borgnen Aufopferungen? der Mann selten; öftrer der Haus-
freund.«[54]

Manche Hausfrau wählte als Fluchtweg aus ihrem Alltags-
trott den Tratsch und Klatsch mit anderen Hausfrauen. Und
erntete dafür nicht selten scharfen Spott. So lieferte ein Experte
für die plattdeutsche Sprache folgende Erklärung für den
Begriff »uth slickfegen gahn«: »Ist die Beschäftigung müssiger
und plauderhafter Weiber, welche nichts anders zu thun haben,
als das sie einher gehen und schwäzen, und also mit dem
Schweisse den Koth von der Straße nehmen. Oder sie mögen
auch darum slickfegerschen heißen, weil sie mit dem
Kehr=Besen ihrer Plauderey über andere Leute her sind, und
vor fremden Thüren den Schlamm fegen, den sie vor ihrer eigenen liegen lassen.«[55]

Schwatzhaftigkeit wurde seit altersher insbesondere Frauen
unterstellt, ihre Zusammenkünfte beim Tee oder bei Handar-
beiten wurden als Brutstätten zweitklassiger Gesprächsthemen
diffamiert, insbesondere dann, wenn es um Klagen über den
Ehealltag ging. Jegliche Unterhaltung, die Frauen zusammen
führten, war suspekt und wurde als Geschwätz abgetan.
Stammtischgespräche unter Männern galten selbstredend als
gehaltvoller. Auch wenn manche Aufklärer mit dem Vorurteil
von der Schwatzhaftigkeit der Weiber aufräumen wollten, so
verzichteten sie dennoch nicht unbedingt darauf, Späße auf
Kosten der Frauen zu machen. Wie Papageien plappernde
Frauen seien ideale Sprachlehrerinnen für die Kinder: »Die
Natur hat dafür gesorgt, indem sie den Weibern, diesen Pflege-
rinnen unserer Kindheit, eine außerordentliche Leichtigkeit
gab, lange Zeit über ein Nichts zu schwatzen, und einen Hang
zu Wiederholungen, gleich als ob sie befürchtet hätte, sie möchten sonst unsere Köpfe mit zu vielen Ideen beschweren.«[56] Zu
den Tugenden der bürgerlichen Hausfrau gehörte ihre Verschwiegenheit. Sie durfte keine für den Hausherrn peinliche

Details ausplaudern, weil das seinem öffentlichen Ansehen geschadet hätte.

Eine weitere beliebte Ablenkung von der Hausarbeit war das Aus-dem-Fenster-Sehen. Das Fenster war ein wichtiges Tor zur Lebenswelt. Durch den Blick aus dem Fenster nahmen Frauen, die eben nicht immer selbstverständlich auf die Straße durften, am öffentlichen Leben teil und beobachteten vielleicht auch andere Männer. Der oft in der Liebeslyrik verwendete Topos des Blickes, der wie ein Pfeil wirkt und Liebe entzündet, könnte einen durchaus realen Hintergrund haben: Da es Frauen und Männern nicht möglich war, einander unbefangen und mit Muße zu begegnen, war der Blick das einzige und sicher auch stilisierte Kommunikationsmittel.

Angesichts der vielfach widerspenstigen Frauen, die sich nicht ohne weiteres in ihr Hausfrauendasein fügen wollten, wandte Campe rhetorische Kunstgriffe an. Er versprach ihnen Sicherheit und Anerkennung in diesem abgesteckten Rahmen, wenn sie sich in die ihnen zugewiesene Hausfrauenrolle fügten. Dazu stellte Campe die Frauen auf einen Sockel und verkündigte: Sie seien »das Herz des Staatskörpers«, das »Allgewaltige, obgleich schwache Geschlecht«, verantwortlich für die Sittlichkeit, für den Bestand der Familie und somit auch für das Wohlergehen des Staates – wobei die Frau aber ausdrücklich von der bürgerlichen Öffentlichkeit ausgeschlossen blieb.

Ehekonflikte

Doch trotz dieser vielfältigen Versuche, die Rolle der aufopferungsvollen Hausfrau in einer von »vernünftiger« Liebe getragenen Ehe zu propagieren und durchzusetzen, bedeutete das Zusammenleben für manches Paar ein unerträgliches Joch. Zu den Eheskeptikerinnen, die sich gar nicht erst diesem Joch unterwerfen wollten, zählte Sidonia Hedwig Zäunemann, Tochter eines Erfurter Notars, die oft allein in Männerkleidern ausritt, als erste Frau eine poetische Beschreibung einer Bergwerksinspektion lieferte, Gedichte veröffentlichte und von der Göttinger Universität zur kaiserlichen Poetin gekrönt wurde.

In ihrem Gedicht »Jungfern-Glück« spricht sie eher von ihrer Angst vor Freiheitsverlust und einem prügelnden Ehemann als von zärtlichen Briefen und Vollmondnächten:

>»Niemand schwatze mir vom Lieben und vom Hochzeit-machen vor,
> Cypriors Gesang und Liedern weyh ich weder Mund noch Ohr.
> Ich erwehl zu meiner Lust eine Cutt- und Nonnen-Mütze,
> da ich mich in der Einsamkeit wieder manches Lästern schütze (…).
> Kriegt ein Weib von ihrem Mann manchen Tag einen Dut-zend Mäulgen [Küsse],
> Ey! So sagt, was folgt darauf? Über gah ein weilgen
> brennt des Mannes Zorn wie Feuer, und er schwöret beym Parnaß:
> Frau, Dich werd ich prügeln, oder stecke Dich ins Faß. (…)«[57]

Allgemein umstritten war, wen die Ehe am meisten belastete. Durchsetzen konnte sich vielfach die Sicht, daß die Frau Ursache allen Übels und Ärgers im Hause sei. Solche Interpretationen von Ehekonflikten, oft verbunden mit der Darstellung gewalttätiger Auseinandersetzungen, waren in der Unterhaltungsliteratur und auf den Bühnen beliebt. Als Prototyp der bösen und keifenden Ehefrau galt Xanthippe, die ihrem Mann, dem Philosophen Sokrates, das Leben zur Hölle machte. Sokrates war eine Symbolfigur der Aufklärung, ein verkörpertes Leitbild der Vernunft und eine ideale Identifikationsfigur für Ehemänner.

Um das Modell »keifende Ehefrau – humorvoller Philosoph«, das vor dem Hintergrund eines realen und kontinuierlichen Machtkampfes zwischen Mann und Frau zu verstehen ist, dreht sich auch Georg Philipp Telemanns Oper *Socrates*, 1725 zum ersten Mal nach einer italienischen Vorlage in der Hamburger Oper aufgeführt. Sokrates ist hier mit zwei Frauen verheiratet: mit Xanthippe und der weniger gewalttätigen und aggressiven Amitta. Xanthippe will Sokrates, ihren »liebsten Schatz« und »werten Mann«, allein für sich. Nur unter dieser Prämisse leistet sie Haus- und Liebesarbeit. Als Sokrates wieder einen Streit zwischen den Frauen schlichten will, droht Xanthippe mit Sabotageakten im Haushalt und mit Streik:

> »Du sollst kein Zugemüs,
> vor Salz nicht essen können,
> den Braten will ich dir verbrennen,
> halb Wasser soll der Wein,
> und nie dein Bett recht aufgeschüttelt sein.«
>   (Sie läuft erbost weg.)[58]

Xanthippe verteidigt ihr hauswirtschaftliches Terrain, denn nur hier ist sie Herrin, hier darf sie es sein. Als Amitta Sokrates freundlich zu Tisch ruft, ist Xanthippes Wutausbruch vorprogrammiert:

> »Was? Sie ruft dich zu Tische?
> Ist es heute nicht an mir,
> daß ich die Mahlzeit fertig mache?
> Und sie darf dich
> zu Tische rufen sich unterstehen?«[59]

Sokrates' Schlichtungsversuch wird von Xanthippe mit einem Angriff auf seine geliebten Denkwerkzeuge beantwortet: Sie zeigt genauso wenig Anerkennung und Verständnis für seine Bücher und seine Gedankenwelt wie er für ihre Hausarbeit. Und sie verweigert sich auch sexuell, angedeutet in einer Szene, in der sie Sokrates aus ihrer Kammer wirft. Sokrates wird gerade in diesem zentralen Bereich der Sexualität als bedauernswertes Opfer ihrer Launen geschildert, wenn er jammert: »Du weißt, daß Du mein Herz in Deinen Händen hast und machst mir doch so manchmal Überlast und jagst mich weg?«[60]

In moralischen Wochenschriften wurden unzufriedene, ihren Ärger auch vehement ausagierende Ehefrauen verspottet und als »Haus-Creuz« verunglimpft. Man könne sich ihren wütenden Zustand nur damit erklären, daß diese Ehefrauen ganz einfach krank seien, eben befallen von der Krankheit »Ärgernis«, deren Symptome mit satirischen Untertönen beschrieben wurden: »Sie werden plötzlich mit einem Schaudern in allen Gliedern und mit einem gewaltigen Herzklopfen überfallen. Ihre Adern schwellen auf, die Augen schießen Strahlen von sich, in einigen wird die Gesichtsfarbe so bleich als Asche, ein andern so roth wie Blut: und sie befinden sich in solcher Angst, daß sie alles in Stücke reißen möchten, was ihnen in den Weg kommt. Eine meistentheils gewisse Folge davon ist eine mehr als ordentliche Erhebung der Stimme, welche immer gewaltsamer wird, und gemeiniglich in Schimpfworte, wo nicht gar in Flüche ausbricht, die dem schönen Geschlecht gar nicht wohl anstehen.«[61] Auslöser dieser sogenannten Krankheit könnten, so meinte der sich nur scheinbar besorgt gebende Autor, Kleinigkeiten sein wie eine redselige Freundin, der Ärger über zerbrochenes Geschirr, aber auch die Untreue des Ehemannes.

Des Autors echtes Mitgefühl galt den armen Ehemännern der erkrankten Frauen. Sein Rat erinnert an Sokrates' Empfehlung: doch geduldig zu sein, da man sowieso nichts ändern könne. Von einer »Heilung« der Frauen durch geänderte Lebensbedingungen war nicht die Rede. Vielmehr zitierte er, scherzhaft zwar, das Beispiel eines Hauptmannes, Lucius, der bei seiner Frau, einer Witwe, »ein Mittel anwendete, welches man für ein allgemeines bey stättischen Pferden hält, im Deutschen Peitsche heißet«.[62]

Das Züchtigungsrecht war für den Hamburger Syndikus Johann Klefeker ein Relikt aus alter Zeit und nichts für gesittete Leute, wie er in seiner Sammlung der Hamburgischen Gesetze und Verfassungen von 1767 betont: »Das einzige, was man mir hierbey vorwerfen könnte, ist dieses, das gleichwohl (…) dem Ehemann über seine Hausfrau eine mäßige Züchtigung sey nachgesehen worden. Allein die mehr gesitteten Zeiten haben bey uns die Ausübung derselben wol keinen Platz weiter gelassen, als bey geringen und pöbelhaften Leuten, bey welchen sie jedoch durch obrigkeitliche Befehle, durch Strafen, durch eine Scheidung von Tisch und Bette, gehemmt und gebüsset werden (…)«[63]

Denn wenn ein Mann seine Frau »mit Füßen tritt, mit Fäusten und Steckhen plagt«, wie es 1729 in einem bayrischen Gerichtsprotokoll hieß, oder wenn sie, wie es fast 50 Jahre später, zu Klefekers »gesitteten Zeiten«, gerichtlich festgehalten wurde, »mit einem zusammengemachten Zugsail, woran vorne zwey Knopf, erbarmlich und solchergestaltem geschlagen [wurde], daß sie 2 Tag gar nicht mehr gehen konnte« – dann war das Maß des Leidens voll, und manche Frau klagte ihren gewalttätigen Ehemann an. Zwei Drittel aller von Frauen eingereichten Klagen waren begründet mit Schlägen und körperlichen Attacken – diese Zahlen aus der ländlichen Gesellschaft Bayerns deuten sicherlich nicht auf eine außergewöhnliche Enklave ehelicher Gewalt. »Tyrannisch, exzessiv und lebensbedrohlich«, so 1702 die Frau des »Weingeb« von Neumarkt, seien seine Schläge gewesen, und eine Wirtin aus Tissling prangerte 1706 den »tobent und wietterrischen mithin unmenschlichen Humour«[64] ihres Ehegatten an.

Und Frauen, die nicht klagten, waren sie abgesichert durch das Recht? Das Allgemeine Preußische Landrecht bewirkte für die Stellung der Frau kein »wahres Paradies der Weiber«, wie mancher Zeitgenosse befürchtet hatte.[65] Zwar hieß es: »Die Rechte beider Geschlechter sind einander gleich«, aber die Einschränkung folgte unmittelbar: »soweit nicht durch besondere Gesetze, oder rechtsgültige Willenserklärungen, Ausnahmen bestimmt sind«. Von diesen »besonderen Gesetzen« und »Ausnahmen« wurde ausgiebig Gebrauch gemacht. Unmißverständlich und die darauffolgenden Gesetze prägend hieß es im Allgemeinen Preußischen Landrecht: »Der Mann ist das Haupt der ehelichen Gemeinschaft; und sein Entschluß giebt in gemeinschaftlichen Angelegenheiten den Ausschlag.« (Und bis 1953 hatte auch laut BGB der Mann in der Ehe die letzte Entscheidung.) Gelegentlich durfte jedoch die Frau auch mal »nein« sagen: »(…) säugende Ehefrauen verweigern die Beywohnung mit Recht.« Aber die Dauer des Kinderstillens bestimmte der Mann.

Eine zentrale Achse des ehelichen Machtgefüges war das Vermögen: »Die Frau gibt ihm ihr Vermögen nicht in Verwaltung, sondern er nimmt es in seine Verwaltung kraft seines maritalischen Rechtes, und dieses gründet sich auf sein persönliches Verhältniß zur Frau, auf seine Herrschaft über dieselbe.«[66] Dieses Recht des Ehemannes wurde später auch im Bürgerlichen Gesetzbuch verankert und galt bis 1958.

Bei wohlhabenden Frauen konnte durch den Ehevertrag der Zugriff auf ihr Vermögen zu ihren Gunsten geregelt werden. Und wenn dem Ehemann bei einem Streit, etwa über Verschwendung und Schuldenlast, die Hand ausrutschte? Die Verfasser des Allgemeinen Preußischen Landrechtes gestanden ihm die Züchtigung rechtlich zwar nicht zu, aber sie drohten auch nicht ausdrücklich mit Strafe. Eindeutig abgelehnt wurde das Züchtigungsrecht des Ehemannes erst in einem Rescript von 1812. Wer mag es Xanthippe da verdenken, wenn sie in Telemanns Oper *Socrates* singt: »Nein, nein, ich will geschieden sein, ich will nicht länger mehr auf die Art leben.«

Fluchtpunkte: Liebe außerhalb der Ehe

Nun galt für viele Ehen, daß es im Zusammenleben zwar kriselte, eine Scheidung aber nicht in Frage kam. Ernüchtert kommentiert Margarethe E. Milow in ihrem Rückblick auf ihre langjährige Ehe: »Denkt auch nicht, Ihr meine Töchter, daß die Liebe eines Ehemannes das ist, was die eines Liebhabers ist, selbst dann nicht, wenn der Erwählte Eures Hertzens Euer Mann werden sollte.«[67]

Manche verheiratete Frau und manch verheirateter Mann wollten sich mit ihrem Los nicht zufriedengeben. Und da konnte ein attraktiver Junggeselle, wie etwa der Baron Caspar Voght – ein weitgereister »Kavalier, der hier und da naschend die Liebe gekostet«, wie ein Biograph anerkennend bemerkte[68] – für einige Verwirrung sorgen. 1776, zwei Jahre nach ihrer Hochzeit mit dem Kaufmann und schwedischen Agenten Adrian Wilhelm Pauli, lernte Magdalena Pauli den Baron Caspar Voght kennen und lieben. In seiner Autobiographie schwärmt Voght von der für ihn erzieherischen Wirkung dieser romantischen Beziehung: »Eine unbezwingliche Sympathie hatte diese Seelen verschwistert. Wie sorgte sie dafür, mich ihrer würdig zu machen; wie verschwanden da Eitelkeit und Gefallsucht, die sich mir anerzogen hatten.«[69]

Der Junggeselle hatte sich in Hamburg am Ufer der Elbe einen Park im englischen Stil mit Quellental gekauft, ein Paradiesgärtlein der Liebe, der Sehnsucht und der Freundschaft: »Wohl zwei Jahre dauerte dieses glückliche Leben [mit Magdalena, d. Autor.]. Es fiel in die Zeit des frühen Besitzes Flottbecks, meiner ersten Verschönerungen, des Glückes, welches ich da um mich verbreitete. Durch sie, für sie war alles. Jeder Punkt am hohen Elbufer, wo die Natur uns hoch entzückt hatte, erhielt sein Monument, jeder Ort, der durch ihr Wort, ihren Blick mir heilig geworden war. Heimlich und unzugänglich war der Ort, wo der seelenerhabenen Liebe, der Umarmungen des Amor und Psyche ein Altar stand.«[70]

Doch die ersten Schatten fielen auf das Glück, die Eifersucht von Ehemann Pauli erwachte. Caspar Voght und Magdalena Pauli beschlossen deshalb, »sich zu trennen«, aber ohne die Gefühle für einander zu amputieren oder den Kontakt völlig abzubrechen: »Die Göttliche hatte mir die Entfernung zum Segen gemacht. Wöchentlich schrieb sie mir das Tagebuch ihres Herzens«, bekannte er, und sie beteuerte: »Diesem Briefwechsel habe ich viele Freuden zu verdanken, und so leicht gewöhnt sich die menschliche Seele an Glückseligkeit, daß ich nicht weiß, wie ich diese Freuden mehr entbehren könnte.« Die beiden verband eine Liebe, die nicht mit herkömmlichen Absolutheitsansprüchen operierte und über deren »sexuelle Seite« keine konkreten Angaben vorliegen. Voght unterhielt allerdings auch intensive Kontakte, Briefwechsel und Liebesbeziehungen zu anderen Frauen des gehobenen Bürgertums.

Berichte über solche Dreiecksbeziehungen liegen meist nur von Menschen intellektueller, gehobener Gesellschaftskreise vor, und sie spiegeln oft die Verherrlichung der reinen, weil geistigen Liebe. Deshalb suchte sich zum Beispiel der Predigersohn, Kritiker und Professor für vaterländische Geschichte und Politik am Gymnasium in Zürich, Johann Jacob Bodmer, eine Dame für die seelische Liebe und eine andere für die sinnlichen, sogenannten unordentlichen Begierden.

Auswege in Glauben und Melancholie

Wer seine Vorstellungen von Liebe in der Ehe nicht erwidert oder erfüllt fand, flüchtete häufig in die Religion. »Thränen und Gebet waren immer meine erste Zuflucht, wenn mirs Herz voll war«, bekannte Margarethe E. Milow in ihren Lebenserinnerungen. Und neben tränenreichen Gebeten konnten Frauen sich auch durch die Lektüre religiöser Bücher trösten lassen. Der Glaube an Gott bedeutete wohl für viele Frauen des 18. Jahrhunderts Stärkung, Trost und Zuversicht. Nur so war ein Leben voller Entbehrungen, unterdrückter Wünsche, verzehrender Sehnsucht möglich. Margarethe E. Milows alltägliche Suche nach göttlichem Zuspruch kann als stellvertretend für die religiöse Praxis vieler bürgerlicher Frauen gelten. Gab es zum Beispiel Ehekrach, konnte sie sich auf Gott als Zuhörer verlassen. Frömmigkeit sollte eine Frau auch vor unkeuschen Gedanken und quälender Unzufriedenheit bewahren, sie genügsam machen mit dem, was ihr der Ehemann bot – in allen Lebenslagen.

Doch Gebete und geistlicher Zuspruch allein konnten psychisches und physisches Leid nicht in jedem Falle lindern. Manche Frau zerbrach an den gesellschaftlichen Bedingungen, an der ihr auferlegten Rolle als Hausfrau und Mutter. So starb 1777, vier Wochen nach der Geburt ihrer zweiten Tochter, die 26jährige Cornelia Schlosser geb. Goethe in schwerer Depression. Bereits kurz nach ihrer Heirat am 1. September 1773 war sie an Gelenkschmerzen erkrankt und in Apathie verfallen. Und nachdem im Oktober 1774 ihre erste Tochter geboren worden war, blieb Cornelia bis zum Sommer 1776 kraftlos und traurig im Bett. Ihr Bruder Johann Wolfgang äußerte sich im März 1831 in einem Gespräch mit dem Schriftsteller Johann Peter Eckermann über ihre Ehe: »Der Gedanke, sich einem Mann hinzugeben, war ihr widerwärtig, und man mag denken, daß aus dieser Eigenheit in der Ehe manche unangenehme Stunde hervorging. Frauen, die eine gleiche Abneigung haben oder ihre Männer nicht lieben, werden empfinden, was dieses sagen will. Ich konnte daher meine Schwester auch nie als verheiratet denken, vielmehr wäre sie als Äbtissin in einem Kloster recht eigentlich an ihrem Platze gewesen.«[71]

Zu ihrer Abneigung kam die nicht zu ertragende Einsamkeit – so hatte sich Cornelia ihr Ehedasein nicht vorgestellt: »Wir sind hier ganz allein, auf 30 bis 40 Meilen weit ist kein Mensch zu finden; – meines Mannes Geschäffte erlauben ihm nur sehr wenige Zeit bey mir zuzubringen, und da schleiche ich denn ziemlich langsam durch die Welt, mit einem Körper der nirgend hin als ins Grab taugt«,[72] schrieb Cornelia am 10. Dezember 1776 an ihre Freundin Auguste zu Stolberg.

Depression als Folge unterdrückter Wünsche war keine Seltenheit. Auch die 49jährige Louise Adelgunde Victorie Gottsched vertraute kurz vor ihrem Tod niedergeschlagen ihrer Freundin Dorothee Henriette von Runckel an: »Fragen sie nach der Ursache meiner Krankheit? Hier ist sie. Acht und zwanzig Jahre ununterbrochene Arbeit, Gram im Verborgenen und sechs Jahre lang unzählige Tränen sonder Zeugen, die Gott allein hat fließen sehen (...).«[73] Ähnlich klagte die Predigergattin Margarethe Elisabeth Milow. Sie war zeitweise unfähig zur Hausarbeit, denn Streß und Erschöpfung schlugen auf ihre Stimmung, ließen sie melancholisch werden. Doch verbot es ihr Tugendkanon, sich einer »süßen Melancholie« hinzugeben, wie sie etwa in der Lyrik beschworen wurde, wo »Wollust (...) selbst aus der Betrübnis entspringt«.[74] Denn bei allem Nachdenken über die Vergänglichkeit, ja Sinnlosigkeit allen Strebens durfte die Arbeit einer vorbildlichen Hausfrau nicht vernachlässigt werden. Dabei hatte sich Margarethe Milow ihr Leben ganz anders vorgestellt. »Hinunter Hertz mit Deinen Wünschen hieß es, wie es schon oft in meinem Leben geheißen hatte«,[75] schrieb sie resigniert in ihr Tagebuch.

Unter Melancholie scheinen auch junge Mädchen gelitten zu haben. Eine, die über dieses Leid kritisch reflektiert hat, ist die Hamburgerin Elise Reimarus. In einem fiktiven Gespräch mit dem Mädchen Seline argumentiert sie als junge Frau: »Höre mich – ich will dreiste mit dir reden – es ist Leidenschaft und nicht Vernunft die alle jene schwarzen Bilder in dir zeugt – es ist Unzufriedenheit über ein menschliches Schicksal das dich betroffen hat und das du billig nicht beklagen solltest (...) – Kurz es ist Schwermuth und diese verstellt alle Gegenstände und verderbt die Seele. Glaube mir du wirst es einmahl einsehen daß du dir geschadet hast und zwar nicht allein in dem Wege zur Freude sondern auch zu deiner Vollkommenheit, denn die Schwermuth macht träge und ungeschickt, die Ausübung unserer Pflichten wird weniger – Der wahre Weise aber trägt sein Schicksal (…). Ich gestehe es, die Leute sind mit Recht die Glücklichen auf der Welt zu nennen deren Gemüthsbeschaffenheit es mit sich bringt daß sie bey allen Widerwärtigkeiten des Lebens, bey den Beleidigungen (…) bey den Unbilligkeiten des Glücks und bey den unendlichen Hindernissen die der Rechtschaffene beständig auf seinem Wege findet ungerührt bleiben – oder sich nichts daraus zu machen wissen, es gehe so oder anders, sie behalten ihre Gleichgültigkeit – Ohne das sie Ruhm verdienen scheint es daß sie zu beneiden sind. (…) Wie aber soll ich es machen wann mein anders gestimmter Bau Körper und der Seele mich dazu treibt das jede vorerwehnten Vorfälle immer den ganzen Eindruck auf mich machen und keiner so sehr ich mich bemühe mich nur obenhin berührt?«[76]

Empfindsamkeit und Freundschaftskulte

In der zweiten Hälfte des 18. Jahrhunderts entwickelte sich ein neuer Stil des Umgangs mit Gefühlen. Dazu gehörte unter anderem die Sehnsucht nach echten Freundschaften, die Bereitschaft, ekstatische Freude oder tiefste Traurigkeit zu erleben und auch zu zeigen.

Den gesellschaftlichen Hintergrund dieser Zeit der »Empfindsamkeit« bildeten die alten gesellschaftlichen Normen mit ihren autoritären Erziehern und Eltern, den abgezirkelten Lebenskreisen mit strenger Etikette. Dagegen sollte sich mittels dieser neuen Kultur des Gefühls ebenso abgegrenzt werden wie gegen die höfischen Verhaltensmuster, die mittels maskenhaftem Lächeln und gekünstelter Haltung jeden authentischen Gefühlsausdruck verhinderten. Gleichzeitig bot die »Empfindsamkeit« dem Bürgertum ein Seelenmittel, um seine äußere Machtlosigkeit zu kompensieren.

Von dieser Machtlosigkeit besonders betroffen waren die Frauen. Bürgerliche Frauen nahmen dann auch diese neue

Gefühlskultur gerne auf, bot sie ihnen doch, wie die Soziologin Claudia Honegger in ihrem Buch *Die Ordnung der Geschlechter* schreibt, »eine mögliche Antwort auf neue Handlungsprobleme, auf mehr freie Zeit und Müßiggang, mehr Bildung ohne berufliche Realisierungschancen, auch auf mehr Enge und soziale Kontrolle in der Kleinstadt mit ihrer ›Evenementsleere‹ und Klatschsucht«. Denn gefühlsmäßig konnte nun mittels »Empfindsamkeit« aus der familiären Enge ausgewichen werden in die Seele und auch in die Natur. Dort, etwa in der Naturschwärmerei, fand die Empfindsamkeit große Ausdrucksmöglichkeiten.

Jedoch wurde auch dieses Gefühl stilisiert. Es verlor seinen individuellen Charakter, weil nun ein einschränkendes Muster für Theorie und Praxis der Gefühle entwickelt wurde, nämlich die sogenannte »engelhafte, reine Liebe«. Hier sollte die Sinnlichkeit zwischen Mann und Frau zugunsten einer schwärmerischen unkörperlichen Auffassung von Liebe zurücktreten. Die Liebe wurde mit religiösem Erleben verglichen. Gott selbst gab dem Liebenden die Geliebte und umgekehrt. Man wünschte zusammen zu sterben; Schwermut, Melancholie, Weltschmerz und Weltflucht beherrschten die Epoche der Empfindsamkeit.

Mit der Empfindsamkeit kam auch der Freundschaftskult auf, eine Gefühlskultur, die die Kunst der Selbstvergewisserung, des Erinnerns an Freunde und freundschaftliche Empfindungen förderte – und damit eine wichtige Stütze für die Bewältigung des Alltags lieferte. »Freundschaften pflegen« lieferte ein Gegengewicht zum Funktionieren nach einem rationellen Zeitplan, zur Entfremdung in einer Gesellschaft, in der die Arbeitsteilung immer mehr fortschritt. Mit Freundschaften konnte man sich gegen die bürgerlichen Tugenden wie Ordnung, Zweck, Nutzen, Regel und kalkulierten Umgang mit der eigenen Person stellen. Freundschaften boten ein Gegengewicht zum oberflächlichen Leben, zur Affektdämmung per Vernunft. Für Freundschaften wurde sich Zeit genommen, durch Freundschaften erhielt man das Bewußtsein, geliebt zu werden, nicht einsam zu sein.

Liebevoll verwahrt wurden bemalte Papiere mit Widmungen und Sinnsprüchen von Freundinnen und Freunden. In Stamm-

Liebende überraschten einander mit vorgedruckten gefühlvollen Sinnsprüchen. Familienarchiv Bartels, Staatsarchiv Hamburg.

büchern, den »Denkmälern der Freundschaft«, schrieb man sich gegenseitig ein, beschwor die Dauerhaftigkeit von Gefühlen der Zuneigung und Liebe: »Du liebst mich, Klefeker, die Sprache Deines Blickes, Dein edles Herz hat mir es längst erklärt. Sei ewig mein! Du bist des besten Glückes, der besten Wünsche wert«, hieß es am 9. April 1766 im Stammbuch des Theologen Johann Mathias Klefeker, aber nicht etwa aus der Feder einer Verehrerin, sondern von Johann Joachim Eschenburg, Shakespeare-Übersetzer und dem Freundeskreis um Lessing zugerechnet.

Es war nicht ungewöhnlich, wenn junge Männer einander zum Abschied küßten und sich ins Stammbuch schrieben: »Wir scheiden – unsere Seelen nicht!« Und es waren ganz besonders junge Männer, die intensive Freundschaften schlossen und sich damit gegen die starre Doktrin des Bürgertums und gegen die geregelte Tugendhaftigkeit auflehnten.

Silhouetten und gemalte Porträts sollten die Freundschaft anschaulich bewahren und immer wieder aufs neue beleben. Davon machte auch der Hamburger Kaufmann Georg Heinrich Sieveking Gebrauch und bedankte sich 1776 bei seinem Freund Caspar Voght: »Wie gierig ich das Porträt verschlungen, alle Züge mit geiziger Wollust studiert habe, wie meine Blicke mit Wonne darauf geruht haben, wenn Sie das gesehen hätten, in denen man's ganz gefühlt, was es heißt: geliebt sein. Ich finde Ihr Porträt sehr ähnlich, erkenne Sie ganz darin, lese in jedem Zuge: daß Ihr Herz noch weniger verändert wie Ihr Gesicht – und dann denke ich: daß der Mann, mein Freund, mein treuer herzlicher Freund ist, und weine vor Freuden wie ein Kind.«[77]

Nicht nur die Jugend lebte ihre Gefühle in Freundschaften aus. Auch bürgerliche Männer, die schon etabliert und fest eingebunden waren in Alltagsgeschäfte, schrieben sich gefühlvolle Briefe und weinten ohne Scheu miteinander. Manche dieser Männer waren verheiratet und schrieben auch ihren Ehefrauen gefühlvolle Briefe, wie zum Beispiel der Hamburger Senator Johann Michael Hudtwalcker. Doch schlossen solche Gefühle von Freundschaft und Empfindsamkeit nicht zugleich das Verständnis für eine, wie es die Zeitgenossin Marianne Ehrmann wünschte, Ehe mit ein, die »wie zwei schwesterliche Seelen«

geführt werden könnte. Johann Michael Hudtwalcker, der seine Frau innig liebte und mit ihr, die künstlerisch begabt war und vor ihrer Ehe malen und zeichnen gelernt hatte, Kunstreisen unternahm, unterstützte diese Talente nur in dem Maße, wie seine Frau durch das Malen nicht ihre Mutter- und Hausfrauen-pflichten vernachlässigte. So mögen zwar die Betonung des Gefühls und der Freundschaft zwischen Männern und Frauen des Bildungsbürgertums eine wichtige Rolle gespielt haben – bei der Verteilung gesellschaftlich notwendiger Arbeit in Frauen- und Männerbereiche und gleichzeitiger Unter-drückung von Gefühlen, Vorlieben und Talenten änderte sich allerdings wenig.

Während der Zeit der Empfindsamkeit entstanden in den 80er Jahren die »Tugendbünde«, in denen auch Frauen vertre-ten waren. Jedoch standen manche Frauen, die intensive Freundschaften zu pflegen und Salons zu organisieren wußten, solchen gefühlvollen Vereinigungen skeptisch gegenüber. Rahel Varnhagen soll ihre Einladung zur Teilnahme an einem Tugend-bund mit der Bemerkung »empfindsames Tändelwerk« abge-lehnt haben. Elise Reimarus bezeichnete die Mitglieder solcher Vereinigungen sogar als »Sentiment-Papageyen«.

Trotz aller Kritik engagierten sich viele Frauen in solchen geselligen Kreisen, wie die Adlige Henriette Christiane Karo-line von Hessen-Homburg, Landgräfin in Darmstadt. Sie initi-ierte einen literarischen Zirkel, genannt »Die Gemeinschaft der Heiligen«, in dem Tränen und Gefühlsausbrüche an der Tages-ordnung waren und Frauen zum Beispiel mit »Psyche« angere-det wurden.

Etwas nüchterner ging es im Umkreis der Herzogin Anna Amalie von Sachsen-Weimar um 1800 zu, wie Cäcilie von Voigt berichtete: »Also Fräulein von Göchhausen gab jeden Sonn-abend ein Frühstück zum besten, das man mit dem Namen ›der Freundschaftstag‹ zu bezeichnen gewohnt war. Ihren Kaffee, den sie selbst zubereitete, rühmte man als den trefflichsten in der ganzen Stadt, und auch die sogenannten ›Freundschafts-brötchen‹ blieben nicht ungelobt.«[78]

Nun kaute die feine Gesellschaft nicht nur auf den Brötchen herum, jeder Gast brachte »zur Würze der Unterhaltung« kulturelle Leckerbissen mit: kleine Kompositionen, Gedichte, neue Bücher. »War die Gesellschaft klein, so wurde wohl auch einmal ein dramatisches Werk mit verteilten Rollen gelesen.«[79]

In den Berliner Salons, die sich gegen Ende des 18. Jahrhunderts etablierten und von denen einige auch von Frauen geführt wurden, sollten Männer und Frauen ihre unterschiedlichen Lebenswelten und Denkweisen auch in puncto Liebe und Freundschaft kennenlernen. Die Salons von Henriette Herz, Rahel Varnhagen und Dorothea Schlegel hatten Vorbildcharakter, so daß es in den 90er Jahren in Berlin etwa zehn bis 15 literarische Salons gab. Erst nach 1806 verloren die Damensalons an Einfluß und machten den politisch-patriotischen Zirkeln Platz, in denen dann die Männer dominierten.

Der Freundschaftskult wurde gelegentlich ironisiert, denn woran war das sogenannte »echte« Gefühl zu erkennen – und wann begann die dramatische Selbstinszenierung? Ein Spiel mit dem Freundschaftskult betrieben die fürstlichen Geschwister Friedrich der Große und Wilhelmine von Bayreuth. Sie beteuerten einander ihre liebevolle Freundschaft mit distanziert-ironischem Unterton. So mahnte Wilhelmine den schreibfaulen, weil arg beschäftigten Bruder: »Wenn Du mir tausendmal schreibst: Liebe Schwester, ich liebe Dich, ich liebe Dich liebe Schwester, so würde mich das tausendmal freuen und mir alle Neuigkeiten ersetzen, die Du mir schreiben könntest.«[80] Ohne Ironie ließ Friedrich zu Ehren seiner Schwester einen Freundschaftstempel, in Form eines antikisierenden Rundtempels, im Park seines Schlosses Sanssouci errichten.

Die Grenzen zwischen Liebe und Freundschaft waren nicht immer eindeutig zu bestimmen – und manchen lag auch nichts an solchen festen Markierungen, die die Menschen nur einzwängten. Klopstock definierte: »Die Freundschaft und die Liebe sind zwo Pflanzen aus Einer Wurzel. Die letztere hat nur einige Blumen mehr.«[81]

Frauen, die Frauen lieben

»Gute, habe Dank! bis zum letzten Hauche des Lebens werde ich dich, du Theure, Entfernte lieben! Entfernte? – nein! nein! – in meinem Herzen habe ich dich! immer bist du mir gegenwärtig! und doch!«[82]

Wenn die spätere Verfechterin aufklärerischer Ideen, die Gräfin Charlotte Elisabeth von der Recke, als jungverheiratete Ehefrau ihre Verwandte und Freundin Elisabeth von Medem als »Theuerste« anredete, ihr »ewige Liebe« beteuerte, was meinte sie damit? Wie gestalteten Frauen ihre Zuneigung, wenn sie sich als beste Freundinnen liebten? Den Zeitgenossen erschienen solche Verbindungen rätselhaft und bedrohlich zugleich, hielt man doch Frauen für weniger freundschaftsfähig als Männer. Sie mußten deshalb geschickt vorgehen, wenn sie ihre individuelle Form von Zuneigung, von Liebe für eine andere Frau leben und verteidigen wollten. 1781 schrieb Albertine von Grün an ihre Freundin Marianne Höpfner: »Meine Seele hängt ganz an der Deinigen; ich kann nicht getrennt von Dir leben, ich bin wie ein Körper ohne Seele, wie eine Maschine, die ganz unbelebt ist. Du darfst den Brief Deinem Manne nicht weisen. Er glaubet nur die Liebe, wie alle Dichter. Das ist ein unerträglicher Glaube für mich. Warum sollten wir uns nicht reiner, nicht heiliger lieben? habe ich deßwegen eine männliche Seele, weil ich keinen Unterschied der Geschlechter in der Liebe kenne? (…) Lieber soll mir der Tod durch seine falsche Sense meinen Lebensfaden abschneiden, als daß ich so eine große Glückseligkeit, wie unsere Freundschaft entbehren lernen sollte.«[83]

Leider sind diese Seiten weiblichen Lebens und Liebens nur unzureichend überliefert – und noch schlechter erforscht. Und ob bei diesen intensiven Frauenfreundschaften auch körperliche Seiten der Liebe im Spiel waren – darüber läßt sich nur spekulieren. Hingegen, bei Männern, die Männer liebten, gibt es weniger Unsicherheiten. So sind bereits größere Studien erschienen über homosexuelle Kontaktnetze von Männern in den großen Städten Italiens, Englands und Frankreichs. Etwas mehr wissen wir über frauenliebende Frauen in Frankreich, meist Schauspielerinnen oder Adlige, die in den Skandalchroniken der libertären Gesellschaft vor der Französischen Revolution als Eingeweihte der sogenannten Mysterien von Lesbos galten und als »Tribaden« bezeichnet wurden: ein Begriff für frauenliebende Frauen, der aus dem Griechischen stammt (und sich herleitet von »sich gegenseitig reiben«) – und noch über das 19. Jahrhundert hinaus benutzt wurde.[84]

Doch die Liebe zwischen Frauen in Deutschland bleibt ein noch weitgehend verschwiegenes Kapitel. Erschwert wird die Spurensuche durch die Lebensweise von Frauen, konnten sie doch weniger selbstverständlich als Männer öffentlich zugängliche Plätze und Räume aufsuchen. Auch blieben ihre Versuche, jenseits der Konventionen und Geschlechtergrenzen zu lieben, wie es zum Beispiel Albertine von Grün vorschwebte, oft unbemerkt und undokumentiert – oder Zeugnisse dieser Liebe wurden von den Nachfahren vernichtet. In Albertine von Grüns Fall allerdings hatten die Historikerinnen Glück – ihr Brief wurde, trotz Warnung vor dem argwöhnischen Ehemann, aufbewahrt.

Mit der Beschuldigung, eine Frau zu lieben, konnten Frauen diffamiert werden. Und hierzu gibt es aus Frankreich Nachrichten. So wurden die berühmte Portraitmalerin Elisabeth Vigée-Lebrun und ihre Gönnerin, die französische Königin und Tochter Maria Theresias, Marie Antoinette, beschuldigt, ein Liebesverhältnis zu haben. Außerdem wurde Marie Antoinette, im Volk unter anderem als »Hure« beschimpft, ein erotisches Verhältnis mit der Prinzessin Lamballe, der Oberverwalterin des königlichen Haushaltes, nachgesagt.

Die französisch geprägte höfische Kultur erregte ohnehin vielfach den Argwohn sittenstrenger Bürger, galt sie doch als »sittenlos« und Brutstätte sogenannter »unnatürlicher Gräuel«. Dabei wurde und wird vielfach übersehen, daß sich auch die meisten adligen Frauen dem herrschenden ständeübergreifenden Ideal zu fügen hatten: Heterosexuell und keusch hatten sie sich zu verhalten.

Doch das Klischee des lasterhaften Adels erwies sich als hartnäckig und wurde immer wieder gern benutzt, um der Literatur Pikanterie zu verleihen. Wehe den bürgerlichen Frauen, die sich in die Nähe adliger Frauen begaben – wie Friederike H.

Unger in ihrem 1784/1798 erschienenen Roman *Julchen Grünt-hal* suggeriert. Hier wird Julchen als Vorleserin von ihrer adligen Arbeitgeberin sexuell belästigt:

»Oft las ich noch spät nach der Abendtafel, wenn die Fürstin sich schon zur Ruhe gelegt hatte; sie selbst suchte die Stücke aus, welche ich lesen mußte, und ich gestehe, daß es immer solche waren, welche die geheimsten Tiefen der Sinnlichkeit aufregten. Dann mußte ich mich ganz nahe zu ihr setzen, sie schlang ihren Arm fest um mich, und ließ ihre Finger sich so verwirren, daß ich Fassung und Stimme verlor. Sie schmiegte ihr Gesicht an meinen Busen, und ließ sich zu Küssen herab.«[85] Ähnliche Überfälle bei intimer Lektüre muß Julchen sich allerdings auch vom Herrn des Hauses, vom Fürsten Demetrius gefallen lassen – und hier fällt Julchen gar in Ohnmacht. Julchen hat keine Chance in diesem als sündhaft geschilderten adligen Haushalt und wird schließlich von der Fürstin in Ungnaden entlassen.

Was aber, wenn eine Frau nach außen hin sichtbar die ihrem Geschlecht zugewiesenen Grenzen überschritt und als Mann verkleidet, als Frau in Hosen, eine Frau liebte – und sie sogar heiratete?

Dies fiel unter die Kategorie Sodomie, beschrieben als der »unnatürliche Gebrauch der Zeugungsglieder, es sey mit Menschen oder Vieh«.

Unerbittlich wurde in der ersten Hälfte des Jahrhunderts von seiten des Gesetzgebers gegen diese sogenannte »stumme Sünde« vorgegangen, die den Juristen allerdings in Fragen des Strafmaßes nicht die Sprache verschlug. Das Preußische Landrecht von 1721 drohte Menschen, die Menschen ihres Geschlechtes liebten, mit dem Feuertod.[86]

In diese Zeit fällt, wie dann später ein Rechtsgelehrter aus dem 19. Jahrhundert befindet, ein »höchst merkwürdiger, wiewohl freilich von Scheußlichkeiten aller Art wimmelnder Fall«.[87] Eine Hauptrolle spielt hier Anna Ilsabe Bunck, deren Schicksal der Gelehrte den Quellen – und seinen moralischen Überzeugungen – entsprechend aufrollt und kommentiert: »Was von dieser Person, die man auch unter dem Namen Monsieur Heinrich kannte, zu halten war, ersieht man aus einem

Protocoll-Auszug von Glückstadt den 11. November 1698, wonach sie schon damals mit einem Instrument in Gestalt eines männlichen Gliedes versehen gewesen ist, so wie es scheint, daß sie an mehreren Orten, die unnatürlichsten Unzüchtigkeiten getrieben hatte.«

Frau Bunck, »dies Mannweib«, wie unser Chronist sie nennt, hatte sich als »Mannsperson gerirt, männliche Kleidung angelegt und einen Mannsnamen angenommen«. Neben dieser Überschreitung der Grenzen ihres Geschlechtes hatte sich Anna Ilsabe Bunck noch ein weiteres Vergehen zu schulden kommen lassen: »Ferner war so viel ermittelt, daß sie sich in Wandsbek zu einer gewissen Marie Caecilie Jürgens hatte copuliren lassen und mit derselben Jahrelang als Mann und Frau gelebt hatte, indem sie sich jenes Instruments bei dem oft wiederholten Beyschlaf bediente.« Doch die Ehe mit Marie Caecilie Jürgens lief nicht gut. Die Bunck sei »mit derselben in Streit geraten, habe sich von ihr separirt und mit Anna Elisabeth Pausten verlobt, sich mit derselben gleichfalls durch priesterliche Copulation in Altona trauen lassen, auch mittels des erwähnten Instrumentes sich vermischt.«

Beide Beziehungen der Anna Ilsabe Bunck scheinen, wenn wir den Quellen glauben, wenig romantisch und harmonisch verlaufen zu sein. So berichtet der Chronist von drei Briefen, »die die Buncken als H. J. Bunck Ehemann« an »seine herzliebe Ehefrau Marie Cillie« im Juli und September 1700 geschrieben hatte, worin die Bunck der Jürgens Untreue vorwarf. Auch von Gewalttätigkeiten ist die Rede. So hat die »Buncken« ihre zweite Ehefrau Anna Elisabeth Pausten »in einem Busch unweit Dorverden im Lüneburgischen mit einem Messer über ihren Unterleib geritzt und dadurch gefährlich verwundet«.

Von großem Interesse für das Gericht, aber auch für den Juristen des 19. Jahrhunderts, war der mechanische Vollzug der Ehe: Genau wurde über die Herkunft und das Aussehen des künstlichen Geschlechtsteiles von Anna Ilsabe Bunck verhandelt. Sie soll im Laufe ihres Lebens mehrere benutzt haben. Eines stammte angeblich aus Amsterdam, das ihr dort »in einem Hurenhause durch Zauberei von Huren zugestellt und angeklebt worden« sei. Ein zweites Exemplar soll sie dann später von dem Apotheker Johann Friedrich Jähner erhalten haben, welches ihre erste Frau, Marie Caecilie Jürgens, »vor dem Leibe der Bunck so weit, als etwa ein Glied vom Finger gefühlt«. In einer anderen Aussage heißt es, es sei »bräunlich, je doch wie Fleisch anzufühlen« und »das Instrument sei weiß, wie feine Leinwand, im Jungfernwachs tingirt« gewesen, dazu mit einem Riemen versehen.

In die tödlichen Fänge der Justiz geriet Anna Ilsabe Bunck jedoch erst durch die Vergehen, in die sie zusammen mit Marie Caecilie Jürgens, »mit der sie sich wohl wieder vertragen haben müßte, wiewohl man nicht erfährt, wann und wie«, und dem verheirateten »Empiricus, oder Apotheker« Johann Friedrich Jähner verwickelt war. In diesem schauerlichen Fall spielten neben sexuellen Motiven auch Aberglauben, Zauberei und Gewinnsucht eine wichtige Rolle. Zunächst hatten die drei geräderten Diebe heimlich auf dem Gerichtsplatz die Daumen abgeschnitten und sie, zu »Heilmitteln« verarbeitet, an Bauern verkauft.

Auf Veranlassung des Apothekers soll dieses Trio als nächstes die Bauersfrau Margaretha Riecken aus Neuengamme, die »ihrem Manne entlaufen« war und Arbeit suchte, in die Stadt gelockt haben, um sie dann kaltblütig zu ermorden. Für den Chronisten ergab sich trotz aller Zweifel und Widersprüche im Mordfall der Bauersfrau Riecken folgendes Bild: »Jähner habe aus dem Kopf einen Spiritus machen wollen. Wenigstens gab er selbst am 5. Oktober 1701 dies als alleinigen Beweggrund an.« (Hierbei ist zu bedenken, daß alle diese Aussagen aus Verhören in der »Frohnerei« gemacht wurden, also zunächst mittelst grausamster Foltermethoden erpreßt und später dann immer wieder von den Angeklagten widerrufen wurden. Zwar kämpfte der Anwalt des Apothekers gegen die Folter – jedoch vergebens.) Der Apotheker wollte also den Kopf des Mordopfers in Spiritus einlegen und den destillierten Extrakt als magische Medizin verkaufen. Er sei »auf den Gedanken verfallen, weil er wohl ehemals gesehen, wie man aus den vertrockneten Menschenköpfen der Mumien auf Apotheken ein Magisterium bereitet habe.«

Vor dem Gericht wurden auch gleich alle weiteren strafbaren

Handlungen verhandelt: Wer hatte denn nun das Glied der Bunck gefertigt? Wußte Apotheker Jähner wirklich nicht, daß sie eine »Weibsperson« war? Und wenn er's wußte, warum hat er dann ihren Trauzeugen gespielt? Die Liste der Laster schien endlos. Auch Anna Ilsabe Bunck wurden diverse Vergehen zur Last gelegt: »ein liederliches gottloses Leben«, »verbotene Betrügerein und Zauberpossen«, der Mordversuch an ihrer zweiten Ehefrau Anna Elisabeth Pausten, die »Verstellung ihres Geschlechts und angenommener Mannsnamen«, »doppelte Scheinehe« und damit »Profanierung der Ehe und Mißbrauch des göttlichen Namens«, sich »mittels gebrauchten Instrumenti mit beiden Weibspersonen schändlich und in heilloser Weise wider die Natur vermischt« zu haben, Beihilfe und Mitwisserschaft beim Mord an »der Riecken«, Verkauf der Kleider des Mordopfers. Anna Ilsabe Bunck, Marie Caecilie Jürgens und Johann Friedrich Jähner wurden am 23. Januar 1702 aufs grausamste hingerichtet: Zunächst wurden sie an dem Ort, wo der Mord vollbracht worden war, »mit glühenden Zangen gezwickt, auch ferner mit dem Rade« getötet, und der »todte Körper folgends« verbrannt.

Zwanzig Jahre später, im Jahr 1721, wurde ebenfalls eine Frau in Hosen hingerichtet: Catharina Margaretha Linck. Ihr Verbrechen bestand allein in ihrer »widernatürlichen« Ehe mit einer Frau. Davor hatte sie in diversen Armeen gedient, verschiedene Männernamen angenommen und in Männerkleidung als Baumwollfärber gearbeitet. Zum Verhängnis wurde ihr das Beweismittel, das ihre Schwiegermutter präsentiert haben soll: ein künstlicher Penis aus Leder mit zwei ledernen, gefüllten Hodensäcken, der angeblich von Catharina Linck getragen wurde.[88]

Im Zuge der Aufklärung und den Strafmilderungen der neuen Gesetze wurde dann im Preußischen Allgemeinen Landrecht von 1794, im Zuge der allgemeinen Liberalisierung des Strafrechts, die Todesstrafe für gleichgeschlechtlich liebende Männer und Frauen abgeschafft.

Die Vorstellungen darüber, wie denn nun Frauen einander liebten und dabei die »natürlichen Grenzen« überschritten, differierten und sagen vermutlich mehr über die sexuellen Phantasien der männlichen Berichterstatter oder Moralisten aus als über das, was die betroffenen Frauen wirklich dachten, fühlten und taten. Sicher ist, daß Frauen gewisse Freiräume hatten, die es ihnen auch in Gesellschaft ermöglichten, körperliche Zärtlichkeiten auszutauschen, sich zu umarmen und zu berühren. Doch wurden sie dabei gelegentlich mißtrauisch beobachtet. Aus ihrem Verhalten in Gegenwart anderer versuchte man Schlüsse auf ihren intimen Umgang mit Freundinnen zu ziehen. So rät eine Enzyklopädie um 1745 zur genauen Beobachtung, »da zwischen zwey Weibsbildern gar zu freche Antastungen, und dergleichen Geberden gesehen wurden, die mehr verliebten, als anderen Personen, eigentlich seyn; sonderlich, da etwa äußerliche priapische Instrumente erfunden wären«.[89] Da es solche Instrumente gab, werden sie wohl auch benutzt worden sein.

Von Bedeutung war auch die Vorstellung, daß die Klitoris und der Penis einander ähnelten – und eine frauenliebende Frau deshalb in Konkurrenz mit einem heterosexuellen Mann treten konnte. So behauptete im Jahre 1700 der italienische Jurist Luigi Maria Sinistrati: »Tribades: heissen solche Weibsbilder welche ein so großes und langes Schaamzünglein haben, daß es fast einer männlichen Ruthe gleichet, und damit bey andern ihres Geschlechts die Stelle einer Mannsperson vertreten können.«[90]

Vermeintliche Aufklärung wird in einem Werk gegen die Onanie aus dem Jahr 1765 betrieben – und das nicht ohne voyeuristischen Lustgewinn. Der männliche Autor fingierte ein Geständnis einer »tribadischen« jungen Frau: »Und wir waren so vertraut in dieser Sünde, daß wir uns aller Gelegenheit bedienten, solche zu begehen, und alle Mittel erfanden, deren wir nur fähig waren, die Titillation zu erhöhen, und unsere Lust desto mehr zu befriedigen, weil wir durch des Aristotelis Werke dazu verleitet wurden, welcher saget, daß Weibesbilder cum digitis, vel aliis instrumentis, non multo minorem coitu voluptatem et sensationem sibi procurare pollint [d. h. mit den Fingern oder anderen Instrumenten ein kaum geringeres, mindestens ebensogroßes Vergnügen und Befriedigung sich beizubringen vermögen als beim Koitus]. Kurz zu sagen, wir vergnügten einander, so wohl als jede sich selbst, auf eine recht schändliche Art.«[91]

Sexuelle Kontakte zwischen Frauen erschienen allerdings vielen nur vorstellbar im Rahmen eines heterosexuellen Modells: Eine Frau hatte dabei den »männlichen« Part, die andere den »weiblichen« zu spielen. Aber eigentlich war es undenkbar, daß es zwischen Frauen, insbesondere dann, wenn sie nach bürgerlichen Standards von Tugend und Sittsamkeit erzogen waren, Lust und Leidenschaft geben sollte. Die Verkennung und Negierung weiblicher Sexualität führte dazu, daß im 19. Jahrhundert »Unzucht zwischen Frauen« aus den Strafgesetzbüchern gestrichen wurde.

Zu den Wegbereitern dieser Tendenz zählte der bayrische Jurist Johann Jakob Cella, der sich bereits 1787 für die Straffreiheit gleichgeschlechtlich liebender Frauen aussprach, weil es sich hier nicht um eine ernstzunehmende Form körperlicher Liebe handeln könne: »Das natürlichste, wäre wohl anzunehmen, daß Weib mit Weib keine eigentliche sodomiam sexus begehen könne: in dem alles, es mag mit oder ohne künstliche Werkzeuge bewerkstelligt werden, bloß auf unzüchtige Spielerein hinausläuft, an denen die Imagination mehr Anteil als die Realität hat.«[92] Aber hier ist wohl, mit Verlaub, auch der Herr Jurist seinen Imaginationen aufgesessen.

Andere Formen der Geschlechterüberschreitung

Die gar nicht so natürlichen Grenzen zwischen Mann und Frau wurden immer wieder neu abgesteckt und durchgesetzt, um dann wieder lustvoll überschritten zu werden. Oft wird das 18. Jahrhundert als eine Epoche der Maskeraden und der Travestie geschildert. Geschlechterverwirrspiele auf der Bühne, im Alltag, aber auch unter »wissenschaftlichem« Vorzeichen faszinierten die Menschen. So erregten Berichte über sagenhafte und zeitgenössische Hermaphroditen immer großes Interesse, und die englischen Maskeraden, wo Männer als alte Weiber und Frauen in Hosenrollen, als Husaren, Matrosen oder später als mozartsche Jungen verkleidet gingen, beflügelten die Phantasie der Berichterstatter und Moralisten.[93] Selbst aus Hamburg wurde von Maskeraden berichtet, auf denen sich das Bürgertum vergnügte. Um 1700 sollen solche Maskenbälle zum ersten Mal abgehalten worden sein, die allerdings nicht von bürgerlichen Traditionen beeinflußt waren, sondern fürstliche Vorbilder nachahmten und darum zunächst in den oberen Bürgerschichten stattfanden, die ohnehin dem Adel nacheiferten.[94] Alte ländliche Bräuche und Einflüsse des venezianischen Karnevals gingen als prägende Elemente in diese Maskenbälle ein.

Von den Geschlechterverwirrspielen, die in der höfischen Kultur durchaus üblich waren, künden auch Opern wie Mozarts *Hochzeit des Figaro*, die im Mai 1786 das erste Mal am Wiener Hoftheater aufgeführt wurde und äußerst populär war. Susanna, die erste Kammerzofe der Gräfin, agiert hier als die heimliche Hauptperson, die trotz ihrer Verlobung mit Figaro gern auch mal einen Blick auf andere Männer riskiert. Dabei dürfen diese Männer jung, schön und androgyn sein – wie der junge Page Cherubino: »Sieh da, Sein Arm ist weißer als der meine! Er ist wie ein Mädchen.« Der junge Mann, der die ersten Schritte ins Liebesleben wagt, ist in der Oper eine Hosenrolle – er wird von einer Sopranistin gesungen. Cherubino ist verliebt in die Gräfin und hat ihr sogar ein Lied gewidmet, womit er allerdings die Eifersucht ihres Mannes, des Grafen Almaviva, herausfordert. Sehr zärtlich kostümiert nun die Kammerzofe Susanna den jungen Cherubino für einen ausgeklügelten Streich: Sie verkleidet ihn als Frau, damit er dem eifersüchtigen, aber ebenfalls liebesabenteuerlustigen Hausherrn entfliehen kann. Ein echtes Geschlechterverwirrspiel! Susanna kostet es aus, den jungen Edelmann im Frauenkostüm anzuschauen:

»Halten Sie still / langsam, langsam, jetzt drehen Sie sich / Bravo, so sieht es gut aus / Jetzt wenden Sie mir das Gesicht zu: / Hallo! Die Augen zu mir / ganz gerade sehen Sie mich an. / Madame ist nicht hier. / Sehen Sie sich den Schlingel an, wie schön er ist / welch gewitzte Art zu blicken, / Welche Anmut, welche Figur! / wenn ihn die Frauen lieben / haben sie sicher ihren Grund.«

Soweit diese berühmte Verkleidungsszene auf der Opernbühne. Doch auch mythologische Stoffe spiegeln die adlige Lust am Rollentausch wider. So findet man in fürstlichen Schlössern oft Gemälde und Fresken, die auf eine Sage anspielen, in der es um Maskeraden der Geschlechter, um eine Liebe von Frau zu Frau geht: Da umarmt die sonst so keusche Jagdgöttin Diana ihre Lieblingsnymphe Calisto, die bisher von Jupiter vergeblich umworben wurde. Doch Jupiter greift zu einem perfiden Trick: Er nähert sich Calisto in der Gestalt und Kleidung Dianas. Sein Plan geht auf – Calisto erwidert arglos die Zärtlichkeiten der vermeintlichen Diana, ist ganz berauscht von den Küssen und Liebkosungen. Doch am Tag danach verhält sich die echte, nichtsahnende Diana abweisend. Calisto ist darüber traurig und verwirrt und wird noch dazu aus Dianas Gefolge verstoßen, als die Folgen dieser Nacht Monate später sichtbar werden.

Rollentausch, Maskeraden der Geschlechter – daran hatte jedenfalls nicht nur die höfische Gesellschaft ihren Spaß. Auf Redouten und Karnevälen amüsierten sich bürgerliche und untere Schichten bei Spielen, die soziale und geschlechtsspezifische Grenzen überschritten. Doch auch im Alltag vertauschten manche Frauen ihre Röcke mit der bequemeren Männerkleidung, wenn sie zum Beispiel unbehelligt reisen wollten. Und viele weitere Frauen, die meist aus bescheidenen Verhältnissen stammten, versuchten sich als Mann verkleidet eine Existenz zu sichern, arbeiteten als Soldaten, Matrosen oder Piraten, flohen aus Elternhäusern oder Ehen oder reisten ihren Ehepartnern nach.

Liebe und Galanterie – ein ungleiches Paar?

Vom Gebrauch der Geschlechtswerkzeuge

Das Modell der »engelhaft reinen« Liebe klammerte Aspekte der Sinnlichkeit aus, die, wie es diverse Moraltheoretiker predigten, als bedrohlich und angstauslösend empfunden werden sollten. Aber wurde so engelhaft rein überhaupt in der Ehe geliebt? Genauso fragwürdig ist das Modell von der auf freundschaftlicher Basis basierenden Zeugung von Kindern. Die Gefühle bei der Kinderzeugung waren damals wohl genauso vielfältig wie heute. Eines jedoch wird deutlich, es bestanden im 18. Jahrhundert besonders bei jungen Frauen erhebliche Wissensdefizite, was den Zeugungsakt anbelangte: »Die natürliche Menschenzeugung bleibt erwachsenen Töchtern so lang ein Geheimnis, bis die wirkliche Hochzeitsvorbereitung angehet.«[1]

Erst kurz vor der Hochzeit nahm manch älterer Verwandter oder auch die Mutter oder Tante die junge Braut beiseite und gab kurze, oft auch sehr zweideutige Hinweise auf das, was die Braut in der Hochzeitsnacht zu erwarten hatte.

In der Rolle des sexuell aufgeklärten und erfahrenen Mannes präsentierte sich zum Beispiel Wolfgang Amadeus Mozart zur Hochzeit seiner Schwester Maria Anna, genannt Nannerl. Am 23. August 1784 dichtete der 28jährige, bereits zwei Jahre mit Konstanze geb. Weber verheiratete Komponist wissend-zweideutig: »Du wirst im Ehestand viel erfahren was dir ein halbes Räthsel war; bald wirst du aus Erfahrung wissen, wie Eva einst hat handeln müssen, daß sie hernach den Kain gebar.«[2]

Kannte die 33jährige Pianistin Nannerl den Beischlaf wirklich nicht aus eigener Erfahrung, als sie den 48jährigen, zum zweiten Mal verwitweten Vater von fünf unmündigen Kindern, Baron Johann Baptist von Beichthold zu Sonnenberg, heiratete? Sicher galt sie als ehrbare Jungfrau, sonst wäre die Heirat nicht zustande gekommen. Mit erotischem Wissen zu prahlen schickte sich für keine bürgerliche Frau – doch stimmte die anzügliche Unterstellung ihres Bruders tatsächlich, daß Nannerl die Theorie und Praxis menschlicher Fortpflanzung unbekannt sei? Über Nannerls Wissen und Erfahrung im sexuellen Bereich läßt sich heute nur spekulieren. Sicher ist, daß der Vater und Hofkomponist, Violinist und Vizekapellmeister Leopold Mozart sich auch an den Erziehungsschriften des vielgelesenen katholischen Geistlichen und ehemaligen Jesuiten Matthias von Schönberg orientierte. In Wolfgang Amadeus Mozarts Bibliothek standen drei Werke Schönbergs – die wohl aus dem Besitz seines Vaters stammten,[3] darunter die dreiteilige Abhandlung *Über die Zierde der Jugend*, die nur einem einzigen, aber zentralen Thema der Erziehung Jugendlicher beiderlei Geschlechts gewidmet war: der Keuschheit.

Die ersten Informationen über den Beischlaf erhielten Mädchen oft »aus dem Munde des unkeuschen oder unflätigen Gesindels (denn von Müttern ward sie nur selten zu rechter Zeit erlangt), nicht allein gewöhnlich falsch, sondern mit so vielem abgeschmacktem und unanständigem Spaße vermengt (…), daß diese höchst wichtige, ganz ernsthafte Sache, immer nur von ihrer wollüstigen Außenseite, nie von ihrer Erhabnern, auf Menschendaseyn, Bestimmung und Glück abzielenden Seite betrachtet wird, es ist lächerlich, wenn ein Frauenzimmer, das sich verheurathen will, gar nicht weiß, was der Ehestand auch körperlich auf sich habe (…)«, mokierte sich 1788 der Politologe, Pädagoge und Komponist Johann Daniel Hensel.[4] Und manche Mutter zitierte lieber das Märchen vom Klapperstorch oder dem Brüderchen, das aus dem Brunnen gefischt wurde, anstatt ihre eigenen sexuellen Erfahrungen weiterzugeben. »Die Fabel von den freundschaftlichen Geschäften der Störche in den Häusern, wird von ihnen [den Töchtern, d. Autor.] geglaubet, solang, bis sie den nähern Unterricht erlangen, oder etwa ein weitläufiger Vetter das Rätsel in verborgenen Lectionen auflöset.«[5]

Aus dem ländlichen Bereich wissen wir, daß viele Mädchen und junge Frauen »Bescheid« wußten. So war ihnen klar, daß das Ausbleiben der Regel eine Schwangerschaft bedeuten konnte und daß der männliche Samen eine wesentliche Rolle bei der Kinderzeugung spielte. Viele Kinder und Jugendliche werden wohl außerdem genauso gute Beobachter kopulierender Tiere gewesen sein wie der Philosoph Hermann Samuel Reimarus, der sich bei seiner Suche nach den »Geheimnissen der Erzeugung« auch dem tierischen Geschlechtstrieb widmete, den er ohne Scham beschrieb:

»Diesen Trieb haben alle Thiere bekommen, bey welchen sich ein zweifaches Geschlecht befindet; und es ist umgekehrt sicher: alle Thiere, die einen Trieb zur Paarung haben, finden auch ein ander Geschlecht in der Welt, damit sie sich paaren und Junge erzeugen können. (…) Es ist weiter bey der Paarung der Thiere zu bemerken, daß die Zeugungsglieder des zwiefachen Geschlechtes einer Art so wohl auf und in einander passen, daß sie nicht anders als mit Absicht für einander gemacht seyn können. (…) Bey den meisten Thieren wird das männliche Glied in das weibliche geschoben, aber bey vielen Insecten verhält es sich verkehrt, daß das Weibchen ihr Glied in die Scheide des Männlichen hineinlassen muß. (…) Wer saget aber den Thieren, wo sie es suchen, und wie sie sich dabey gebährden sollen, das Ziel zu treffen, und die Handlung zu verrichten?«[6]

Die Anwesenheit von Voyeuren im Dienste der Wissenschaft schien selbst Kamele nicht daran zu hindern, ihre Sexualität durchs Nadelöhr zu zwingen: »Das Kameel verrichtet seine Begattung ohne Zeugen. Ein geehrter Freund in Dresden, hat sich meinethalben die Mühe gegeben und sich die Paarung der Thrampelthiere mit doppeltem Puckel in dem königlichen Stalle zeigen lassen. Sie ist ganz besonders: das Weib muß auf allen vieren niederknien und das männliche Trampelthier rutschet von hinten in der Stellung als wenn ein Hund sich den Steiß auf den Boden wischen will, heran und verrichtet sein Werk mit gekrümmtem Gliede.«[7]

Reimarus beobachtete und wertete die Fortpflanzung der Tiere innerhalb seiner wissenschaftlichen und moralischen Vorstellungen. Seiner Meinung nach sollten sich die Menschen die

Natur nur bedingt zum Vorbild nehmen, denn die menschliche Vernunft habe als Regisseurin des menschlichen Geschlechtslebens zu agieren: »Die Sinnlichkeit ist der rohe Saft in uns, welcher zur herben Frucht ausschlägt, wenn er nicht durch gute Gewohnheit und Gebrauch gemildert und gekocht wird. Das Triebleben der Tiere folgt natürlichen, göttlichen Gesetzen, Menschen hingegen müssen ihre Sinnlichkeit, die sie mit dem Tierreich verbindet, mittels Vernunft zügeln: Daraus folget auch, daß alle diejenigen ganz unnatürlich denken und handeln, die einen blinden, viehischen Trieb zur Richtschnur menschlicher Handlung machen. Denn der Mensch hat keine solchen Triebe (...).«[8] In Nebenbemerkungen wird deutlich, wie die Naturforscher dieser Zeit es wohl selber mit ihrer sexuellen Praxis hielten. Am beliebtesten war sicher die Missionarsstellung, denn: »Aelianus XV. 19 saget auch von der weiblichen Schildkröte, sie lege sich auf den Rücken: und Steller schreibt von den Meerottern (...), daß sie sich wie die Menschen begatten.«[9]

Doch wie vernunftbegabte Menschen ihre »Fortpflanzungswerkzeuge« am wirkungsvollsten einsetzen sollten – darüber schwieg man in der Regel weiter, war doch auch der Anblick des nackten Körpers gefürchtet. Campe empfahl deshalb, den Unterschied zwischen den Geschlechtern nur an Toten zu zeigen. Manche Pädagogen plädierten sogar dafür, den Kindern Scham und Ekel vor den eigenen Geschlechtsteilen einzuflößen.

Große Unsicherheit bestand bei der Benennung der Geschlechtsteile. Der Aufklärer Johann Bernhard Basedow sprach sich für eine detaillierte Aufklärung am Beispiel der Tiere aus: »Von der Zeugung der Thiere und Menschen muß man schon mit jungen Kindern wenigstens vor dem 10. oder 12. Jahre, mit Wahrhaftigkeit, obgleich nicht ganz umständlich, ernsthaft wie von anderen natürlichen Dingen (...) in den anständigsten Ausdrücken oftmals reden, um sie auf die rechte Art mit diesem Gedanken bekanntzumachen.«[10] Doch auch Basedow drückte sich um eine genaue Beschreibung der Geschlechtsteile und des menschlichen heterosexuellen Sexualaktes.

Unwissend ging denn auch die Grande Dame der Berliner Salons, Henriette Herz, in die Ehe. Und so mischte sich Angst in das Glücksgefühl über die Zärtlichkeiten ihres Bräutigams: »Seine Liebkosungen taten mir dann wohl, doch verstand ich manche in meiner Unschuld nicht, denn trotz allem, was ich gehört und gesehen hatte, war mein Sinn doch völlig rein geblieben. So fragte ich einmal eine junge Frau in unserem Hause, wie man ein Kind bekäme, und sie antwortete mir, wenn man sehr oft an denselben Mann denke; das tat ich oft und viel an M., und ich ängstigte mich, daß ich so Schande über meine Eltern bringen würde.«[11]

Mit dieser Unwissenheit über menschliche Sexualität und Fortpflanzung sollte nach Meinung vieler Pädagogen und Philanthropen in der Zeit der Aufklärung Schluß sein. Nur stritt man sich über die Methoden dieser elementaren Wissensvermittlung. So wurde viel über »Sexualität« geschrieben, insbesondere zwischen 1775 und 1790 erschienen im deutschsprachigen Raum eine Menge Erziehungsschriften[12]; doch empfahlen diese Ratgeber keineswegs einen lustvollen Umgang mit sich und anderen. Zwar sollten die Bürgerskinder nicht mehr mit dem Märchen vom Klapperstorch abgespeist, sondern zum »Selbstdenken« angeregt werden. Nur so erschien eine Position der Stärke in Abgrenzung zum Adel und zu den Unterschichten möglich. Gleichzeitig aber sollten die Kinder an ein System von Werten und Normen gewöhnt werden, das zur freiwilligen Selbstbeschränkung auf sexuellem Gebiet führte. Deshalb wurde Sexualität mit der Absicht auf die Heranziehung abgehärteter, sparsamer und keuscher Bürgerinnen und Bürger abgehandelt. Sexuelle Wünsche und Kontakte sollten in geordneten Bahnen kanalisiert werden, notfalls mit angsteinflößenden, strafenden Methoden.

Der Kampf gegen die Onanie

Im Brennpunkt des Interesses der durchweg männlichen Autoren stand der Kampf gegen die Onanie. Die Angst der Erzieher vor dieser sogenannten Unzuchtssünde wurde unter anderem durch das 1760 erschienene Buch *De l'onanie* des Tiermediziners Wilhelm Tissot (wirkl. Name: Fr. Ad. Kritzinger) geschürt und weit verbreitet. Auch der berühmte Aufklärungsroman *Emile* des französischen Philosophen und Schriftstellers Jean-Jacques Rousseau transportierte diese Ideen in große Publikumskreise. Onanie brachte das zu dieser Zeit gefürchtete Moment des Überflüssigen ins Spiel, ein exzessives Verlangen, das keinesfalls als vernünftig bezeichnet werden konnte. Nach Meinung vieler Aufklärer konnte sich das Bürgertum vom Adel und der Unterschicht aber nur durch ein sogenanntes vernünftiges Verhalten abgrenzen und behaupten. Dazu, so war die Auffassung, müßte in den Familien Pflichtbewußtsein und sexuelle Mäßigung vorherrschen, und die Kinder dürften nicht verzärtelt werden. Nur so könnte die bürgerliche Familie den einzelnen Familienmitgliedern Sicherheit und Rückhalt bieten und somit ein Garant des Gemeinwohls und bürgerlicher Reformen sein. Da paßte die lustvolle Beschäftigung mit dem eigenen Körper nicht ins aufklärerische Konzept. Nach Meinung der Zeitgenossen gefährdete Onanie die körperliche und geistige Gesundheit und damit die ordnungsgemäße Fortpflanzung in der Ehe. Der Onanie verdächtigt wurden Jungen, Männer, aber auch Mädchen und junge Frauen, wobei die männliche Onanie allerdings ausführlicher thematisiert wurde.

Um Jugendliche auf den »onaniefreien« Weg zu zwingen, wurden vermeintliche Onanisten und Masturbierende wie Horrorfiguren vorgeführt: dunkle Ringe unter den Augen, blasses Gesicht, eingesunkene, trübe Augen, erschlaffte Gesichtsmuskeln, rote Flecken im Gesicht, ekelhafter Mundgeruch, häufige Ohnmachten bei längerem Stehen, Erschöpfung bei jeder Anstrengung, Verlegenheit bei scharfem Ansehen, zitternde Hände, Erröten, Unruhe, Ängstlichkeit, Stumpfheit der Sinne, Neid, Mißgunst, Heimtücke, Hang zur Einsamkeit und Gleichgültigkeit. Als schlimmste Folge, die onanierenden Mädchen drohend ausgemalt wurde, galt ihre Unfruchtbarkeit, angeblich verursacht durch eine durch Selbstbefriedigung erschlaffte Gebärmutter, die den männlichen Samen nicht mehr aufnehmen würde.

Sehr zum Leidwesen vieler Pädagogen war die Onanie bei Mädchen und jungen Frauen nur schwer nachzuweisen: »Sie konnte das Laster unbemerkt üben, daß in der zahlreichen

Beim Onanieren erwischt. Erotische Buchillustration im Frankreich des 18. Jahrhunderts.

Gesellschaft selten jemand etwas gewahr werden konnte.«[13] Viele Pädagogen rieten deshalb auch zur permanenten Überwachung und Kontrolle. Die aufgeklärten Erzieher Johann Friedrich Oest und Joachim Heinrich von Campe entwickelten ein »vollständiges System zur Verhütung der Selbstschwächung« (1787), in dem es hieß: »Man leide nicht, das Mädchen im Sitzen die Schenkel übereinander schlagen. Es ist in der Tat eine Lage, in der kein Frauenzimmer anständig erscheint. Beim Nähen ist die Stellung auch gar nicht notwendig, sondern man bedient sich, um den Schoß zu erhöhen, eines Schemels.«[14]

Für Mädchen gab es noch weitere Ratschläge: Sie sollten niemals auf einem Schemel reiten oder darauf herumhüpfen, denn sonst könnten sich ihre Geschlechtsteile an diesen Gegenständen reiben.

Und für beide Geschlechter galt in der Schule, die Schulbänke hätten so zu stehen, daß die Lehrerinnen und Lehrer stets den Unterkörper der Jungen und Mädchen beobachten konnten. In den Schulpausen wurde das Verlassen der Klassenräume und die Betätigung an der frischen Luft zur Pflicht – und das alles, um die Kinder nie in Verlegenheit zu bringen, »unordentliche Begierden« zu spüren.

Eine schmerzhafte Lustbremse wurde Jungen und Männern empfohlen: die Infibulation. Campe gab dazu eine genaue Bauanleitung: »Ein Draht, der an zwei Löchern in der Vorhaut befestigt wird, legt sich in einer Krümmung über die Eichel. Der Nutzen eines solchen Ringes ist dreifach. Erstlich macht er die Selbstschändung schlechterdings unmöglich; zweitens verhindert er auch die bloße Erektion durch den Schmerz, der in dem nämlichen Augenblick, da dieselbe sich ereignen will, alle wollüstigen Empfindungen sogleich unterdrückt; und hierdurch wird er ein vollkommen sicheres Verwahrungsmittel auch gegen alle unwillkürlichen Schwächungen im Schlaf.«[15] Ein insgeheim vielleicht neidvoller Seitenblick Campes richtete sich dabei auf die Mädchen und jungen Frauen: »Was ich übrigens bedauere ist, daß dieses allersicherste Mittel nur bei der einen Hälfte unserer Jugend, nämlich bei Knaben, aber nicht bei Kindern des anderen Geschlechts eine Anwendung finden kann.«[16] Rousseau dagegen kannte ein Pendant zur Infibulation. Mädchen sollten eine Anti-Masturbations-Unterwäsche mit Metalleinlage tragen, ähnlich dem Keuschheitsgürtel im Mittelalter. Aus dieser onaniefeindlichen Zeit stammt auch der bis vor wenigen Jahrzehnten noch gültige Erziehungsgrundsatz: »Kind, laß die Hände auf der Bettdecke!«

Schön sein für die Sinnlichkeit

Im Gegensatz zum äußerst mangelhaften Wissen über den Beischlaf besaßen junge Mädchen und Frauen jedoch einige Kenntnisse über Mode und deren Bedeutung für die körperliche Anziehungskraft auf das andere Geschlecht.

Nennen wir sie Anna Amalia, ein junges Mädchen im heiratsfähigen Alter, das in einer lauen Sommernacht des Jahres 1789 mit ihren Eltern einen Ball verließ. Die Kutsche wartete schon vor dem Portal, doch Anna Amalia lehnte noch für einige Minuten an einer Säule und zog sich schnell ihre mit Seidenstoff bespannten Schuhe aus. Kleine, hochhackige Schuhe, in denen die Füße zwar grazil aussahen, aber beim Tanzen, Gehen und Stehen höllisch schmerzten. Jetzt waren sie rot und geschwollen, und als Folge vom vielen Tragen solcher kleinen Schuhe

waren einige Zehen verkrüppelt und diverse Zehennägel einge-
wachsen.

Obwohl seit einigen Jahren ein bürgerlicher Modetrend
bequeme Schuhe mit flachen und breiten Absätzen propagierte,
bestanden viele Frauen immer noch auf den kleinen feinen
Schuhen, die ihre Füße optisch verkleinerten, somit erotisch
reizvoller machten, wofür sie insbesondere auf Bällen mit aner-
kennenden Blicken und Komplimenten bedacht wurden. Solche Resonanz blieb allerdings meistens aus, wenn bürgerliche
Frauen in neuen flachen und bequemen Schuhen ebenso wie der
bürgerliche Mann die Straße eroberten, in der Stadt und in der
Natur spazierengingen und ihren Leib und ihre Gedanken auf
Trab brachten, nach dem Motto: »Der Gang der Ideen wird
schneller, so wie sich der Körper schneller bewegt.«[17]

Anna Amalia erinnerte sich, was dazu ihr Modejournal
bemerkt hatte: »Flache Sohlen geben Sicherheit und Bestimmt-
heit, der Gang wird selbständig, aber – es verliert die Figur
etwas vom Reiz der Weiblichkeit, den wir oft sehr hoch schät-
zen. Es liegt in der Natur des Stärkern, gern das sich schwach
ankündigende Wesen zu unterstützen. Dann fühlt der Mann
seinen eigenen Werth in der erhöhten Kraft und niemand kann
läugnen, daß die hohen Hacken jedem Weibe ungesehene Fes-
seln anlegten, wodurch die Hülfe des Mannes ihm auf jeden
Schritte nöthig wurde.«[18]

Anna Amalia hörte den ungeduldigen Ruf ihrer Mutter –
seufzend zog sie ihre Schuhe wieder an und lief zur Kutsche.
Ein Diener öffnete ihr den Wagenschlag, und Anna Amalia
raffte ihre Röcke – besonders beim Ein- und Aussteigen störte
ein Reifrock sehr. Doch Anna Amalia wußte um seinen erotischen Reiz. Er enthüllte wohlgeformte Beine und Füße,
erweckte die Illusion schwingender Hüften. Der Reifrock kam
zwar allmählich aus der Mode und wurde von den Poschen
abgelöst, zwei runden steifen Taschen, die mit einem Band von
beiden Seiten um die Hüften gebunden wurden und dadurch
die Hüften betonten. Aber Anna Amalias Mutter wollte
ohnehin nicht, daß ihre Tochter stets nach der neuesten Mode
gekleidet war.

Sie sollte früh an die bürgerliche Tugend der Sparsamkeit

gewöhnt werden, die auch geschickt im 1786 erstmals erschienenen *Journal des Luxus und der Moden* propagiert wurde, Deutschlands bedeutendster Monatszeitschrift, die in Anna Amalias Elternhaus gelesen wurde: »Hingegen würde es wohl für viele Familien, besonders für eine solche, die mehrere Töchter hat, sehr vorteilhaft seyn, wenn eine Anzahl edler teutscher Weiber und Mädchen sich öffentlich vereinigte, allem entbehrlichen vergänglichen französischen und andern ausländischen theuern Prunke zu entsagen und ihren Putz einfacher zu ordnen. (...) Es giebt eine gewisse edle Einfalt in der weiblichen Kleidung, die man sich mit Hülfe des guten Geschmacks und der Reinlichkeit bald eigen machen kann, die nicht theuer ist und ihre Wirkung aufs männliche Herz selten verfehlt. Die Eitelkeit unsers Geschlechts würde also durch eine großmüthige Entsagung alles kostbaren Modestaats nichts leiden (...).«[19]

Die Kutsche fuhr an, Anna Amalia sank in die weichen Polster, um jedoch gleich mit einem spitzen Schrei wieder aus ihrem Sitz hochzufahren. Eine Fischbeinstange hatte sich in ihren Bauch gebohrt. Anna Amalia wünschte sich, schnell befreit zu sein von diesem Folterinstrument, das sie einschnürte und ihr kaum Bewegungsfreiheit ließ – dafür aber eine Wespentaille vortäuschte und den Busen derart hochpferchte, daß er nach »mehr« aussah. Was in ihrem Falle bitter nötig schien, wie sie meinte. Schließlich beeindruckte nur ein perfekt modellierter Frauenkörper die Herrenwelt. Deshalb hatte sie von ihrer Mutter zu diesem Ball auch ein neues Korsett erhalten. Mütter waren wohl sehr von der Anziehungskraft eines Korsetts überzeugt (wie übrigens auch die Mutter von Margarethe E. Hudtwalcker. Als für Margarethe ein Bräutigam gesucht wurde und deshalb diverse Besuche bei Freunden der Eltern absolviert werden mußten, wies sie ihre Tochter an: »Heute sind wir bei Möllers, zieh dein bestes Schnürleib an.«[20]).

Auch die Form des Busens war vom jeweiligen Modestil abhängig. Zu Anna Amalias Zeit bevorzugte man noch kleine »Apfelbrüstchen«; in den 90er Jahren des 18. Jahrhunderts mutierte der Apfel zur Pampelmuse. Da aber nicht jede Frau solche Pampelmusengröße zu bieten hatte und das Schnürleib nicht jeden Busen zur Idealform hochpferchen konnte, wurde ein großer Busen vorgetäuscht – durch gestärkte weiße Tücher, über dem Dekolleté geschickt drapiert. Wenn auch dies nichts nützte, benutzte die Dame von Stand die Busenattrappe aus Wachs.

Anna Amalias Arzt hatte sie allerdings vor dem Einschnüren gewarnt. Denn die meisten seiner Patientinnen klagten über Schulter- und Rückgratschmerzen – und fielen in Ohnmacht.

Als einer der schärfsten Gegner der Schnürbrust gab der Arzt Samuel Thomas Sömmerring 1788 sein Traktat: *Über die Schädlichkeit der Schnürbrüste* heraus und beließ es nicht nur bei verbalen Warnungen. Drastisches Anschauungsmaterial fügte er seiner Schrift *Über die Wirkungen der Schnürbrüste* bei: einen ausklappbaren Kupferstich über die weibliche Physis, auf der genau zu sehen war, wie der weibliche Oberkörper durch ständiges Schnüren deformiert wurde.

Auch wenn manche Männer und Frauen die Schnürbrust verabscheuten, ließ sich die galante Herrenwelt reizen von Wespentaillen, die so schmal sein sollten, daß zwei Männerhände sie mühelos umgreifen konnten – und von hochgepferchten Busen, die zur Hälfte entblößt waren. Die vielen Haken, Ösen und Schnüre schienen unabdingbar zu sein für erotische Rituale wie das Entblättern.

Die Kutsche hatte Anna Amalias Elternhaus erreicht. Todmüde vom Ball begaben sich alle sogleich in ihre Schlafzimmer. Eine Dienstmagd half Anna Amalia beim Ausziehen. Die am Kleid befestigten Blumen und Schleifchen legte die Magd in eine kleine Schatulle. Diese Accessoires, entsprechend am Kleid angebracht, dienten manchen Frauen als eine Art Geheimsprache der Liebe, zumindest hatte Anna Amalia einmal davon gehört.

Unterdessen deponierte sie ihren mit einer galanten Schäferszene verzierten Fächer auf einem kleinen zierlichen Frisiertisch. Langsam glitten ihre Hände über den glatten Seidenstoff. Ach ja, solch ein Fächer war bestimmt höchst nützlich, wenn man, ohne daß andere Gäste es mitbekommen mußten, so ganz ohne Worte einem heimlichen Geliebten Signale geben wollte. Vielen schien die Fächersprache wohlbekannt: Hielt die Dame den geschlossenen Fächer vor oder unter das rechte Auge, bedeutete dies: Wann kann ich dich sehen? Schlug sie den Fächer schnell und ließ ihn hörbar zusammenklappen, meinte sie damit: Wir können uns nicht treffen! Hielt die Dame den halb entfalteten Fächer an ihre Lippen, so wußte der Angebetete: Er darf sie küssen! Fuhr sie mit dem geschlossenen Fächer zum Herzen, war dies eine Liebeserklärung. Drohte sie ihm mit dem geschlossenen Fächer, bedeutete dies: Sei nicht so unvorsichtig! Und so weiter.

Besonders raffinierte Fächer boten kleine Sehschlitze, durch die das begehrte Wesen heimlich beobachtet werden konnte. So einen Fächer kaufte ihre Mutter ihr natürlich nicht – und die Fächersprache zu benutzen hatte Anna Amalia sich auch noch nicht getraut.

Nachdem Anna Amalia den Fächer beiseite gelegt hatte, knüpfte sie ihr blaugoldenes Seidenhalsband ab, während ihr Dienstmädchen ihr das Korsett aufschnürte. Ein kräftiges Durchatmen war die Folge, behend stieg Anna Amalia nun aus dem Reifrock und setzte sich auf einen Schemel, um sich ihre aufwendig gewebten blauen Strümpfe von den Beinen zu streifen. Zuvor mußte sie jedoch das oberhalb des Knies befestigte Seidenstrumpfband lösen. Glücklicherweise gab es seit 1785 schon Strumpfbänder aus Draht, so daß damit den rutschenden Strümpfen Einhalt geboten wurde.

Nun hatte Anna Amalia nur noch ihr Hemd an, das ihr bis zu den Waden ging. Sein Schnitt war reichlich voluminös, die Ärmel reichten bis zum Ellenbogen und endeten mit einer Spitzenmanschette, das Dekolleté war tief ausgeschnitten und ebenfalls mit Spitze besetzt. Die Manschetten, das Dekolleté und der Hemdenstoff gaben Auskunft über die gesellschaftliche Stellung der Trägerin. Wenig begüterte Frauen trugen keine Spitzen, und der Hemdenstoff war rauh und hart.

Eine Unterhose brauchte Anna Amalia nicht auszuziehen, denn sie trug keine. Sie kamen jetzt nach der Französischen Revolution zwar bei den höheren Ständen in Mode, aber von solchen teuren Neuheiten hielt man in Anna Amalias Elternhaus wenig. Manche Frau trug zwar zuweilen Hosen unter dem Kleid, besonders dann, wenn sie auf Reisen ging und sich aufs Pferd schwang. Und im Winter schützte eine Pelzhose, die allerdings nicht gewaschen werden konnte. Aber generell galten Hosen für Frauen als unanständig, da das Tragen einer Hose zu den männlichen Privilegien gehörte.

Anna Amalias Arzt hielt es auch vom medizinischen Standpunkt nur für vernünftig, daß Frauen auf Hosen verzichteten. In einer satirischen Abhandlung hieß es: »Denn da die Frauenzimmer die Natur eines Schwammes besitzen, welcher eben darum viele Zwischenräumchen haben muß, um sich zusammendrücken, wieder ausdehnen zu lassen, um viele Feuchtigkeit annehmen zu können; so haben sie freylich auf eine Kleiderart bedacht seyn müssen, welche ihnen darum bequem seyn sollte, weil sie niemals recht sicher sind, sondern beständig in Furcht stehen, es möchten sich bey ihnen die überflüssigen Feuchtigkeiten ergießen. Trügen sie nun wie die Mannsbilder Hosen, so würden sie nicht nur immer naß sitzen, sondern wohl gar zu ihren eigenen Unglücke bey lebendigem Leibe in eine Fäulnis geraten. Ey, was würde die Nase in solchen Umständen für einen üblen Geruch empfinden!«[21]

Als Frauen dann gegen Ende des Jahrhunderts begannen, Hosen zu tragen, nahmen sie modische Anleihe bei der Herrenmode, trugen als Unterhosen Trikothosen und seidene fleischfarbene Pantalons, unseren heutigen Strumpfhosen ähnlich. Erst in der ersten Hälfte des 19. Jahrhunderts kamen dann die baumwollenen oder leinenen Unterhosen mit Bein, einem Schlitz im Schritt oder einer am Po aufknüpfbaren Klappe auf.

Anna Amalia sah an ihrem Hemd herunter, und ein leicht muffiger Geruch stieg auf. Sie rümpfte die Nase: Eigentlich müßte das Hemd mal wieder gewaschen werden, war es doch schon eine Weile her, seit sie es gewechselt hatte. Und das *Journal des Luxus und der Moden* hatte doch gemahnt: »Bloß der Auswurf des Pöbels wechselt sein Linnen nur einmal die Woche.«[22] Schnell zog sie ihr Hemd aus – eine Woche war schon längst vergangen.

Sie stand nun nackt und in ihrer vollen Schönheit vor dem Spiegel und betrachtete, ein wenig beschämt und recht kritisch, ihren Körper. Frauen, die als »häßlich« galten, wurden erbarmungslos verspottet. Doch durfte sich eine bürgerliche Frau nur in Maßen herausputzen, denn sonst hätte sie sich zu sehr dem verpönten adligen Habitus angenähert.

Dennoch gab es eine Menge Schönheitsratgeber, die auch für die bürgerliche Damenwelt galten: »zur Leibesschönheit wird 1) die Jugend erfordert. 2) Wird zur körperlichen Schönheit die mittelmäßige, nicht zu kleine noch zu große Leibeslänge erfordert. 3) Die dicke des Leibes, so weder zu fett noch zu mager seyn soll. 4) Das Gleichmaaß aller Leibesglieder. 5) Kastanienbraune zarte Haare, welche etwas kräuslicht sind. 6) Eine zarte Haut, unter welcher kleine blaue Adern hervorscheinen. 7) Eine röthliche weiße Farbe des Leibes. 8) Eine gleiche und heitere Stirne. 9) Gleiche und nicht eingebogene Schläfe. 10) Zwo schmale und nicht lange Augenbrauen. 11) Liebliche schwarzbraune Augen. 12) Eine schön gebildete Nase. 13) Gleichrunde röthliche Wangen. 14) Ein angenehmes Lachen. 15) Schöne rothe Lippen. 16) Ein kleiner sich schön schließender Mund. 17) Kleine weiße Zähne, den Perlen nicht ungleich. 18) Ein sanfter Athem. 19) Eine liebliche und angenehme Stimme. 20) Ein Kinn mit einem Grübchen, auch Grübchen im Backen. 21) Kleine röthliche Ohren, welche nicht zu weit von dem Haupte stehen. 22) Einen elfenbeinern weißen Hals. 23) Eine alabasterne Brust. 24) Wollige und schneeweiße Hände. 25) Mittelmäßige artige Finger. 26) Schöne weiße durchsichtige Nägel. 27) Ungezwungene, unaffectirte Geberden. 28) Ein sittsamer Gang. 29) Eine zarte und zärtliche weiße Haut. 30) Kleine Füße.«[23]

Anmutig und zierlich hatte der Körper der bürgerlichen und adligen Frauen zu sein – zur Selbstverteidigung per Degen und für schwere körperliche Arbeit ungeeignet. Die schmalen Händchen sollten weder Schwielen noch Risse aufweisen, denn sie waren zur zierlichen Handarbeit, zum Liebkosen und Streicheln gedacht.

Einigen dieser Ansprüche konnte Anna Amalia nicht genügen. So war ihr Busen zu flach, ihre Gesichtsfarbe nicht blaß genug. Deshalb verfehlten die kleinen schwarzen Schminkpflästerchen – vornehm auf französisch Mouschen genannt –, die sich die Dame auf Wange, Stirn und Nacken klebte und die die Blässe noch unterstreichen sollten, bei Anna Amalia ihre Wirkung. Diese Mouschen gab es in vielen Formen, als volle und halbe Monde, Sternchen und Herzchen. Anna Amalia bevorzugte halbe Monde und klebte sie dennoch an bestimmte Stellen ins Gesicht, da die Mouschen noch einen weiteren Effekt garantierten: Sie belebten den Ausdruck des Minenspiels. Eine Reihe kleinster Monde, im äußeren Augenwinkel aufgeklebt, diente dazu, die Augen größer und strahlender erscheinen zu lassen; ein paar Sternchen am Mundwinkel sollten dem Lächeln etwas bezaubernd Schalkhaftes geben.

Für die nötige Blässe im Gesicht probierte Anna Amalia die verschiedensten Schminkrezepturen, die sie in Büchern zur Schönheit aus dem Besitz ihrer Mutter fand. Wie folgende Cremerezeptur für eine weiße Gesichtsfarbe: »Thue das Gelbe aus hart gesotenen Eyern eine ziemliche Menge in einen Kolben, und treibs mit Feuer, so geht erstlich ein Wasser herüber, welches gut wider allerley Flecken, nach diesem kommt ein gelbes Oel, zuletzt ein braunes. Von diesem Oel nimm ein halb Pfund, laß es warm durch ein Tüchlein in eine zinnerne Schüssel laufen, thue dazu weißes Wachs, knete es durch einander, wasche es mit reinem Brunnenwasser, und rühre es mit einem Stöcklein stets um, als denn setze die Schüssel neun Tage lang in die heiße Sonne unbewegt, doch daß nichts hinein fallen kann, wasche es wieder wie zuvor; und setze es wieder 12 Tage an die Sonne, so wirst du alsdann ein Oel bekommen, so weiß wie ein Schnee, erweichet und lindert alle Schmerzen, und ist ein geheimes Kunststück zur Haut, welche davon weiß und ganz niedlich wird, wenn man sich nur wöchentlich einmal damit abreibt. Vor dem Gebrauch aber muß man sich mit nachfolgendem Wasser abwaschen. Nimm Brunnenwasser ein halb Pfund, einen Löffel voll Gerste, Kandieszucker zwei Loth, koche es wohl, gieß es durch ein Tuch, thue ein Quentl. gestoßenen Borras darein, und wasche dich damit ab.«[24]

Um ihr Gesicht vor Flecken und Falten zu schützen, achtete Anna Amalia sehr auf ihre Nahrung – hatte sie doch gelesen: »Schöne Personen dürfen keine scharfen Gewürze essen. Pfeffer, Honig, und die daraus zubereiteten Pfefferkuchen, auch die Hülsenfrüchte, als Hirse, Erbsen, Linsen; ferner das Obst, jung Bier, und was Gärung im Blute verursacht und die Säure vermehrt. Pfeffer macht gelb, geil und häßlich. Honig flecket, zumal wenn solche Sachen zu unrechter Zeit genossen werden.

(…) Auch das unmäßige Saufen vielerley Getränks verwandelt schöne Gesichter in häßliche.«[25]

In Anna Amalias Schlafzimmer stand eine große Waschschüssel mit frischem Wasser. Anna Amalia befolgte den Ratschlag: »Frauenzimmer müssen sich das Gesicht mit frischem Wasser waschen, aber nicht mit warmen Wasser, weil dasselbe, wenn man sich oft damit wäscht, runzlichte Haut macht. Seife und was sonsten von Kalk, auch aus andern scharfen Sachen gemacht ist, darf man nur selten zur Wegnehmung des Schmutzes, auf die Haut bringen, denn solche scharfen Sachen machen auch runzlichte und schabigte Haut, weil sie die Fette, subtile, feuchte Ausdünstung und die gleichsam zähe Düngung, welche die Drüslein der Haut durch ihre eigene Gänge stets zu der obern Fläche der Haut destilliren, ganz ausziehen und verkehren (…).«[26]

Andere Ratgeber empfahlen guten Weinbrand für die reine Haut, da er den Schmutz wegnimmt. Und er »macht frische Farbe, zumal wenn er über dienliche Kräuter gezogen worden ist, unter welchen die Rosmarin fast den Preis behält; und daraus macht man das berühmte Wasser der Königin in Ungarn, Isabella. Dieses Wasser äußerlich genutzet, machet einen Menschen wohlgestalt, und gleichsam jung, vertreibt auch die Runzeln.«[27]

Allerdings hatte Anna Amalia ihren Vater nicht dazu bewegen können, ihr etwas von seinem guten Weinbrand abzugeben – deshalb begnügte sie sich mit Wasser.

Die Herstellung all dieser Rezepturen war aufwendig, aber was tat die Frau nicht alles für ihre Schönheit, besonders dann, wenn sie unter die Haube kommen wollte. Da störte es die jungen Frauen wenig, wenn verschmähte Liebhaber oder Weiberfeinde öffentlich alle geschminkten Frauen zum Teufel wünschten: »Ihr Kohttbutten, ihr Müst=Confect, ihr gefirneiste Erdschollen, ihr muffende Kraut-Töpft, ihr glantzende Maden=Säck, ihr gemalte Sautrog, ihr überzogne Waldschlamm, ihr pollierte Luder, ihr verzuckerte Aaß, ihr vermäscherte Elendhäut, ihr versilberte Eyter=Botzen, ihr verwüster Wust (euch verstehe ich hoffertige Weiber) und zwar diejenige, welche mit der von göttlicher Allmacht ertheilter Bildnuß nit zufrieden,

sondern selbes mit allerley erdencklichen Mittel suchen zu ver-
bessern. Aber macht euch nur mit frembden Anstrich roth, der
Teuffel wird es euch zu seiner Zeit braun genug machen.«[28]

Es war schon spät geworden, Anna Amalia wandte sich, ein
wenig nachdenklich geworden, vom Spiegel ab, streifte sich das
Nachthemd über und schlüpfte unter die Bettdecke. Bevor sie
einschlief, galten ihre letzten Gedanken dem netten jungen
Mann, den sie auf dem Ball kennengelernt und dessen schwarze
Lockenpracht ihr so sehr gefallen hatte. Mit einem sanften
Lächeln auf dem Gesicht glitt sie ganz sacht in die Traumwelt
hinüber.

Voreheliche Sexualität

Trotz aller Drohungen und Verbote machten manche junge
Menschen schon vor der Ehe ihre ersten sexuellen Erfahrungen.
Auf dem Lande wurden die Kontakte vielfach in der Spinnstube
angebahnt und beim Fensterln vertieft. Auch wenn diese akro-
batische Technik des Rendezvous Gegenstand vieler Witze und
Schwänke ist, kann ihre gelegentlich brutale Realität nicht
geleugnet werden. Denn manchmal verschafften sich junge
Burschen gewaltsam Zutritt durchs Fenster und Zugriff auf die
jungen Frauen – mit fatalen Folgen, denn Frauen hatten stets
auf ihre Ehre zu achten. War sie nun allerdings keine Jungfrau
mehr und sogar schwanger, fiel sie aus jeglichem Stand heraus –
sie war weder Ehefrau noch Jungfrau noch Witwe – sondern
»zu Fall gebracht«. Die Konsequenz: ihr Wert auf dem Heiratsmarkt sank, und damit auch die Chance auf ihre materielle Versorgung. So ist es kein Wunder, daß vorehelicher Sex hauptsächlich unter jungen Menschen ausprobiert wurde, die sich ein
Heiratsversprechen gegeben hatten. Dies Verhalten finden wir
auch in der städtischen Unter- und Armutsschicht wieder. Mit
vor den Eltern abgelegtem Heiratsversprechen war es legitim,
mit dem Liebsten schon vor der Hochzeit ins Bett zu gehen.
Und hier sahen manche Heiratsschwindler ihre Chance, denn
mit einem Heiratsversprechen öffnete sich manche Kammertür.

Nun kam es allerdings immer mal wieder vor, daß sich zwei

Menschen ineinander verliebten, die Eltern aber zum Beispiel aus materiellen Gründen strikt gegen diese Ehe waren. So kam es dann oft zu heimlichen Heiratsversprechen und damit auch zu illegalem vorehelichen Beischlaf.

Unordentliche Begierden, erfüllt in der Ehe?

Hatte sich die Investition der Eltern in eine schöne Ballrobe, in Dessous und Schminke gelohnt und war die Tochter gut verheiratet worden, mußte sie sich nun auch im Ehebett bewähren.

Caroline von Humboldt hatte das Glück gehabt, Sexualität mit einem geliebten Menschen genießen zu dürfen, der noch dazu ihr Ehemann war. 1792, ein Jahr nach ihrer Hochzeit, schrieb sie ihrem Mann, dem Gelehrten Friedrich Wilhelm von Humboldt, einen wunderbar sinnlichen Liebesbrief: »Teurer, geliebter Mann, wenn in begeisterten, in den schönsten Momenten meines Daseins ich Dich ganz empfinde, allbelebend das Gefühl Deiner Schönheit sich über mich ergießt, neigt sich meine Seele vor Dir in heiliger Anbetung – so empfange ich Dich in meine Arme, aber Du ziehst mich hinüber zu Dir mit der Glut Deiner Seele – es strömt mein innerstes, geheimstes Lieben Dir zu –, mein Wesen wagt es, Eins zu werden mit dem Deinen – Eins mit dem Urbild aller Schönheit und Größe, die ich so ewig in Dir empfinde –. Oh Du Einziger, was soll ich Dir sagen, Du hast diese Momente trunkener Seligkeit mit mir empfunden, Du hast so oft die Tränen der Wonne mit brennenden Küssen von meinen Wangen aufgetrocknet – komm zurück, daß ich sie wieder weine, und Du mir den höchsten Genuß gebest, den Menschen Menschen zu geben vermögen – mir, die ich's nicht verdiene, die ich's in der höchsten Vollendung meines Wesens nie verdienen könnte, mir gib diesen Genuß, Du bist ja mein, und für mich ist ja nirgend mehr ein Dasein als allein das, das ich aus Dir schöpfe.«[29]

Für Probleme sorgten häufig die unterschiedlichen Erwartungen, die Frauen und Männer an die körperliche Liebe knüpften. Oft schienen sie nicht das gleiche zu meinen, wenn sie von diesem Thema sprachen oder sangen. Davon wußte auch die

Kammerzofe Despina in Mozarts Oper *Cosi fan tutte* ein freches und zugleich resigniertes Lied zu singen: »Aus gleichem Teig gemacht sind alle Männer. Denn in uns lieben sie nur ihr Vergnügen, hernach verachten sie uns, statt zu lieben.«[30]

Der französische Schriftsteller Denis Diderot hatte für die unterschiedlichen Gefühlswelten von Männern und Frauen eine einfache Erklärung parat: Männer sind einfach so. Und weil das so sei, könnten Frauen auch nicht auf Veränderungen hoffen. Diderot behauptete, daß eine »Art von Widerwillen [gegenüber einer Frau, d. Autor.] uns Männern so gut wie unbekannt [sei]. Unser Organ ist weniger nachtragend. Manch eine Frau stirbt, ohne je den höchsten Genuß der Wollust gekannt zu haben. Dieses Gefühl, das ich mit einer flüchtigen Epilepsie vergleichen möchte, empfinden sie selten, während es uns entgegenkommt, sobald wir es herbeirufen. Sie, die Frauen, flieht oft das Glück in den Armen des Mannes, den sie anbeten. Wir dagegen finden es selbst an der Seite einer willigen Frau, die uns mißfällt.«[31]

Wie sind Diderots Sätze zu verstehen? Analysierte er das damalige Geschlechterverhältnis, das den Männern natürlicherweise alle Vorteile sicherte? Oder wird er hier wieder seinem Ruf als Zyniker gerecht, dessen Worte man nicht für bare Münze nehmen darf? Beschwor er das Ideal des omnipotenten Mannes?

Wie dem auch sei – ein erfülltes Sexualleben war für Frauen, aber auch für manchen Mann, nicht selbstverständlich. Für Frauen war es unschicklich, ihren Begierden nachzuspüren, sie in Worte zu fassen und durchzusetzen. Die Bürgerstochter und spätere Pastorenfrau Margarethe E. Milow schrieb als junge Frau von ihren inneren Kämpfen, von ihren, wie sie sagte, »unordentlichen Begierden«, die sie unbedingt zu unterdrücken hatte. Nur ihrem Ehemann gestand sie einen »gewaltigen natürlichen Trieb der Wollust« zu, von ihren eigenen sexuellen Wünschen schrieb sie nichts.

Doch manche Frau brach mit den Konventionen. Meta Moller, später verheiratete Klopstock, verschwieg auch die körperliche Attraktivität des bisher nur aus der Ferne verehrten Dichters nicht: »Ich hatte gar nicht die Meynung, daß ein ernsthafter

Dichter finster u(nd) mürrisch aussehn, schlecht gekleidet seyn, u(nd) keine Manieren haben müsse; aber ich stellte mir doch auch nicht vor, daß der Verfass(er) des Mess(ias) so süß aussehe, u(nd) so bis zur Vollkommenheit schön wäre. (Denn das ist Klopstock in meinen Augen, ich kanns nicht helfen, daß ichs sage.)«[32] Und Meta senkte auch im Schlafgemach nicht verschämt den Blick: »(...) ich hatte Klopstock bisher für einen blossen Geist gehalten (Itzt weiß ichs wohl, daß er einen ebenso süßen Körper hat) (...)«[33]

Auch die zweimal verwitwete wohlhabende Schriftstellerin Christiane Mariane von Ziegler nahm ganz bewußt ihre sexuellen Wünsche wahr und schämte sich ihrer nicht. Sie schrieb in einem Schäferlied von erotischen Sehnsüchten, die die schlafende Doris allerdings nur im Traum erleben konnte:

> »Leg ich mich des Abends nieder,
> Spiel ich auf dem Haberrohr;
> Bleibt der Inhalt meiner Lieder,
> Thyris Name, wie zuvor,
> Ach! du wohnst in meiner Hütte,
> Wenn du gleich entfernet bist.
> Denn ich spühr auf jedem Schritte,
> Daß mein Thyris bey mir ist.
>
> Soll ich mich mit deinem Schatten,
> Weil mein Schicksal widerspricht,
> Unterdeß im Traume gatten?
> Wohl! ich weigre mich auch nicht. (...)
>
> Ach ihr Sterne! was geschicht,
> Ist es möglich, daß ein Schatten,
> Mich, die doch kein Schlaf anficht,
> Laßt mit meinem Thyris gatten!
> Wahrlich, es ist nur ein Traum
> Und ein blosser Schein gewesen,
> Daß ich zuckersüssen Schaum
> Von des Schäfers Mund gelesen. (...)

Braune Nacht verlängre dich,
Laß den Hesper lange wachen,
Daß ich ihn, mein anderes ich
Seh im Geist und Bilde lachen.
Hat man doch wohl ehr gesehn,
Daß ein Traum was prophezeyet.
Hoffe fest, es kann geschehn,
Daß die That dich bald erfreuet.«[34]

Welchen Realitätsgehalt haben Schäfergedichte, erotische Kupferstiche und galante Literatur? Sind sie ein Beweis für eine freizügigere Liebeskultur oder repräsentieren sie nur gesellschaftliche Wunschbilder? Und – wessen Wünsche drückten sich hier aus – etwa auch die der Frauen? Alle Vorstellungen von einem sinnlichen »galanten Zeitalter«, wie es uns die vielen Abhandlungen über »die Geschichte der Erotik« weismachen wollen, sind mit Skepsis zu genießen. Das Bürgertum mit seinen Prämissen wie Ordnung und Stabilität verteufelte die sexuellen Begierden. Eine Hausfrau, die der Küche den Rücken kehrte, um in die Arme ihres Liebhabers zu sinken – ein Kaufmann, der die Schreibfeder fallen ließ, um statt dessen die Brüste seiner Geliebten zu liebkosen – solche Szenen einer Anarchie der Lust hätten die bürgerliche Familie und Gesellschaft destabilisiert, die Besitzstandsrechte gefährdet. Familiendramen drohten, wenn sich ein Bürgersohn oder eine Bürgertochter, blind vor Leidenschaft, in ein Mädchen oder einen Jungen aus der Unterschicht verliebte.

Mit dieser Einstellung wollte sich das Bürgertum auch gegen die vermeintliche Lasterhaftigkeit und Korruptheit des Adels abgrenzen – doch schwelgten adlige Herren wirklich in den sexuellen Ausschweifungen, von denen auch die galante Literatur berichtet? Und konnten sich adlige Frauen tatsächlich solche Freiheiten in Liebesdingen nehmen, wie sie eigentlich nur Männern zugestanden wurden? Angst und Neid mischte sich in die Tinte der zahllosen bürgerlichen Satiriker, die über vermeintlich freizügige Fürstinnen lästerten. An ihnen sollte sich keine bürgerliche Frau ein Beispiel nehmen. Doch scheinen Zweifel an einer Gleichberechtigung in herrschaftlichen Gemä-

Satirische Anspielung auf die Keuschheit junger Mädchen: »Hüt Dich, Lascivia! daß bey so frechem Tantz Dich Herr Phlegmatius nicht bringe umb den Krantz.« Aus: Ankunft der Göttin Veneris zu Hamburg und bey ihren geliebtesten Nymphen gehaltene Visitation. *Anfang 18. Jahrhundert. Staatsarchiv Hamburg.*

chern angebracht. So ist an deutschen Höfen kaum ein männliches Pendant zu einer offiziellen Mätresse bekannt. Vermeintlich untreue adlige Frauen konnten von ihren Ehemännern gedemütigt und vom Hof verbannt werden.

Selbst wenn in den schattigen Schloßgärten oder verschwiegenen Boudoirs sexuelle Abenteuer üblich waren – bedeutete das auch eine größere sexuelle Zufriedenheit adliger Frauen? Die Inszenierung des Eros im 18. Jahrhundert, war sie nur Teil einer grandiosen Werbestrategie, die den omnipotenten männlichen Herrschaftsanspruch, die Wunschträume von Möchtegern-Jupitern ausdrückte, denen keine Europa, keine Leda und auch keine Ehefrau Juno, wenn's denn sein mußte, widerstehen konnte?

In der galanten Literatur wurde die Frau vom Standpunkt des männlichen Genießers bewertet. Und der versuchte sie zu allem zu bewegen, was seinen Sinnesgenuß steigern konnte. Deshalb wurde die Frau in den Himmel gehoben, mit liebkosenden Worten umschwirrt; wurden ihre Schenkel als »stolze Säulen, die den Tempel der Liebe tragen« und ihr Schoß als »Tummelplatz für tausend zärtliche Freuden« oder als »Grotte der Venus« gepriesen – ganz nach einem damals populären Motto: »Unsere besten Zeitvertreiber, Jungfern, Ammen, Wittwen, Weiber«![35]

Die galante Literatur, geschrieben von Männern, ist jedenfalls keine Quelle, um den erotischen Bedürfnissen der Frauen (und Männer?) nachzuspüren. Was Frauen, ob Bürgerin oder Adlige, wirklich empfunden haben, bleibt weitgehend noch ein Geheimnis. Dies gilt auch für das Sexualleben der Arbeiterinnen und Dienstmädchen, welches in der Öffentlichkeit nach bürgerlichen Normen bewertet wurde.

Regeln für die Wollust im Ehebett

Über Verhaltensmaßregeln für den intimen Umgang von Mann und Frau schrieben Männer – Mediziner oder Juristen etwa. Und sie gestanden Männern, trotz der im Bürgertum propagierten Keuschheit, einen Geschlechtstrieb zu, der befriedigt wer-

Intermezzo

Der Weiberorden
Du angenehmer Weiberorden, dich tret ich voller Freuden
an. Fahr hin, verhaßte Jungfernschaft, du gibest weder Saft
noch Kraft.

Doch da du mir entrissen worden, so bin ich unvergleich-
lich dran. Nun kann ich mich recht aus dem Fundament vergnügen, bei meinem Manne liegen, in seinen Armen schlafen, und niemand darf mich drum bestrafen. Fällt mir erst
dieses ein: daß mich nach dreien Vierteljahr ein junges Söhnchen soll erfreuen, so möcht ich aus der Haut für lauter
Freude fahren.

Ach du! da wollt ich springen und bei der Wiege singen
schlaf, mein liebes Söhnelein!

Dein Vater ist recht hübsch und fein! Die Mutter hält sich
nett und rein, daß laß dir eine Freude sein. Popeia.

Ihr Jungfern! folget mir, verkaufet eure Haut und nehmet
alle Männer! Ihr glaubet nicht, wie süß es ist, wenn man ein
liebes Söhnchen küßt. Es schmecket, ach es schmecket wie
Speck und Sauerkraut, wornach man alle Finger leckt.

Ei wie würdet ihr nicht lachen, wenn ihr solltet Hochzeit
machen.

Denkt doch wie muß es erquicken, wenn man Herz an
Herz kann drücken, wenn ein Kuß die Losung bleibt, wenn
man sich die Zeit vertreibt, mit den angenehmsten Sachen.

(Eine Hochzeitskantate von Telemann, die wohl um 1753
getextet wurde, auf eine Melodie aus seiner Oper *Mario*,
1709.)

den mußte. Was jedoch den Geschlechtstrieb der Frauen betraf, blieb er umstritten. Nach den Vorstellungen des Philosophen Johann Gottlieb Fichte hatte eine Frau keinen Trieb zu haben. 1776 schrieb er in seinem *Grundriß des Familienrechts*: »Im unverdorbenen Weibe äußert sich kein Geschlechtstrieb, und wohnt kein Geschlechtstrieb, sondern nur Liebe; und diese Liebe ist der Naturtrieb des Weibes, einen Mann zu befriedigen.«[36]

Dagegen opponierte die Zeitgenossin Marianne Ehrmann. Angesichts der im Bürgertum für beide Geschlechter propagierten »Mäßigung der Triebe«, zeigte sie in ihrem 1784 erschienenen Buch *Philosophie eines Weibes* die männliche Doppelmoral auf: »Die Natur gestattet euch eben so wenig, als uns den Mißbrauch ihrer Triebe, und doch führt ihr politische Grundsätze zu eurer Bequemlichkeit ein – und doch verdammt ihr die Ausschweifungen eines Weibes weit mehr, als die eurigen?

Unbegreiflich scheint es mir, wie ihr strengen Schwärmer von schwächeren Nerven [die der Frauen, d. Autor.] eine standhaftere Zurückhaltung fordern könnt! – oder hängen hier in diesem Fall nicht beyde Geschlechter gleichviel von einer unglücklichen Minute ab?«

Einige Mediziner, die das vom Staat geforderte Bevölkerungswachstum im Visier hatten, gestanden allerdings den Frauen einen Geschlechtstrieb zu, doch hatte dieser ausschließlich an einen Kinderwunsch gekoppelt zu sein. Manche dieser Experten betonten sogar, ein körperliches Wohlbefinden der Frauen beim Beischlaf beobachtet zu haben: »Es ist ja am Tage, wie viel wackere Wittwen und mannbare Jungfrauen, welche sich des ehlichen Werckes enthalten, mit Ohnmachten, Bleichesucht, (...) geplaget werden. Hingegen so sind sie gleich nach dem Beyschlaff fröhlicher, und je öffters solcher geschiehet, je munterer erweisen sie sich, wie denn betrübte Weibes=Personen nichts mehr als der Beyschlaf erfreuen kan. Ja wenn man ein in Windeln annoch eingewickeltes wümmerndes Mägden stillen will, so kützele man es nur an der Schaam, so gleich wird das Weinen in Freude verkehret werden, indem diese Empfindlichkeit, allen andern weit vorgehet. Noch weniger wird eine Frau durch den Beyschlaf schlaff, wie der Mann, wie denn die geile Messalina zu sagen pflegte, daß, ob es ihr gleich hundertmal in einem Tage gethan würde, so ermüdete es sie zwar, aber zu ersättigen vermöchte es sie nicht.«[37]

Der Oberstleutnant Jakob Mauvillon, der dem weiblichen Geschlecht ebenfalls einen, wenn auch schwächeren Trieb zugestand, hatte allerdings Mitleid mit den Frauen. Denn Resultat des schwächeren Triebes sei es, so schrieb Mauvillon 1791 in seinem Buch *Mann und Weib*, »daß dem Weibe die geringere Freude zu Theil geworden [ist]. Uns hingegen reicht die Natur ihren Zauberkelch im vollsten Maaße. Sie schenkt ihn uns unvermischt von jeder eignen Unannehmlichkeit. Das arme Weib aber hat davon so beschwerliche Folgen, daß jederzeit Leben und Gesundheit auf der Waage stehen.«

Von der Unschicklichkeit der »Unersättlichkeit im Ehegenuß«

Unersättliche Frauen, da waren sich die Experten der Wollust einig, galten als unnormal, ja sogar als verrückt: »Die Weibspersonen sind dabey nicht richtig im Kopfe, machen sich ein Pläsier an allerhand üppigen und zotenhaften Scherzen, sagen es ohne Scheu den Mannsleuten, wo sie der Schuh drückt. Davon betroffen sind: (…) junge Wittwen, welche den Beyschlaf (…) meiden müssen; desgleichen Jungfern, die ihre Jungfernschaft unbeschädigt zu erhalten genöthigt sind, nicht weniger Verehelichte, welchen ihre Männer nicht bastant sind und sich fremden Beyschlaf nicht bedienen wollen.«[38]

Der Mediziner meinte die Unersättlichkeit an einer vergrößerten Klitoris erkennen zu können, denn »die Weiberruthe hat eine große Empfindsamkeit, es zittern die Schenkel, wenn sie berührt wird, die Frauenspersonen kommen ausser sich, und können nunmehr ihrem Liebhaber nichts mehr abschlagen«.[39] Man hatte sogar die Vorstellung, daß die Klitoris unersättlicher Frauen selbst im unerregten Zustand die Größe eines Penis erreichen würde. Als Heilmittel wurden den sogenannten »geilen« Frauen gebackene Küchlein aus Mehl und Weidensaft empfohlen.

Was tun mit »prüden« Ehefrauen?

Welches Temperament durften Ehefrauen denn nun im Ehege-
nuß zeigen? Eine ideale Ehefrau hatte weder zu fordernd noch
zu prüde zu sein – kaum vorstellbar, daß eine Ehefrau es ihrem
Ehemann je recht gemacht haben könnte, studiert man die
durchweg von männlichen Autoren verfaßten Ratgeber. Jedoch
wird sich nicht jeder Mann solche Ratschläge zu eigen gemacht
und danach seine Begehrlichkeiten ausgerichtet haben.

Eine auch damals verbreitete Methode für einen Ehemann,
dem seine Frau zu prüde erschien, war die Stimulanz und
Ersatzbefriedigung durch erotische Literatur und entsprechende Kupferstiche. In den *Hamburger Adress-Comptoir Nachrichten* vom 8. 1. 1789 wurden Bücher angeboten mit Titeln
wie: *Hof- und Liebesintrigen alter und neuerer Zeiten,* für 2
Mark und 4 Schillinge, *Liebe im Gallakleide und Negligé, oder
kleine Chronik der Verliebten.* Verbreiteter waren wohl
Bücher wie das von Friedrich Christoph Jonathan Fischer, der
sich *Über die Probenächte der teutschen Bauernmädchen* aus-
ließ, oder die Publikation des Chirurgen, Beamten und Schriftstellers Johann Gottlieb Schnabel mit dem verheißungsvollen Titel: *Der im Irr-Garten der Liebe herum taumelnde
Cavalier.*

Ein Teil dieser Literatur dreht sich um sexuelle Demütigun-
gen von Frauen. Eine Kostprobe aus dem Roman *Die Kirschen*
soll dies verdeutlichen. Hier muß ein armes Mädchen den adligen Herren einen Korb Kirschen ins Schloß bringen. Und
anstatt die Kirschen anzunehmen und das junge Mädchen wieder wegzuschicken, wollen die adligen Herren ihren Spaß mit
dem Mädchen haben: »›Herunter mit dem Kleide‹«, rufen sie.
»Vergebens war ihr Seufzen und ihr Bitten. Nichts hilft, und
wenn sie sich zu Tode schrie; kurz, man entkleidet sie.« Damit
jedoch noch nicht genug. Die Männer werfen die Kirschen auf
den Boden und befehlen der nackten Lisette, sie wieder einzu-
sammeln, um bei dem sich nun bückenden Mädchen das zu
sehen zu bekommen, »was keinem Bräutigam so ganz ins Auge
fällt, und ewiglich verborgen bliebe«.[40]

Hatte eine Frau nun im Laufe der Ehejahre die Lust an der

Friderich Christoph Jo. Fischer

über die

Probenächte

der

teutschen Bauermädchen.

Rom bei Pietro Stephanoni.

Audendum est ; fortes adiuuat ipsa Venus.
TIBULL.

Berlin und Leipzig,
bei George Jacob Decker. 1780.

Wollust verloren, war also nicht von Beginn der Ehe an »prüde«, dann wurden Mittel empfohlen, die ihr wieder zum Liebesappetit verhelfen sollten. Zwar soll ein verlorener Liebesappetit bei Frauen selten vorgekommen sein, wenn man den wenigen Quellen glaubt: »Der verlorene Liebesappetit bey Weibspersonen ist etwas seltenes, dennoch aber so ist dieses eine solche Krankheit, da die Weiber gar keine Lust zum Coitu haben, oder doch im Coitu gar keine Lust fühlen und die Männer fliehen. Daß die Weiber nicht Lust zum Coitu haben, entsteht entweder vom verloschenden Liebeskützel, oder vom schmerzlichen Zustande der Geburtsglieder, oder nah beygegebenen Theilen her.«[41]

Einen wichtigen Grund für »Unlust« hatte der Autor jedoch nicht berücksichtigt: den Widerwillen, den eine Frau empfinden konnte, wenn sie mit einem Mann verheiratet worden war, den sie nicht liebenswert oder sogar abstoßend fand. So ein tragischer Fall eröffnet sich uns in einem Brief vom 25. 2. 1794. In ihm klagt die Romanschriftstellerin und spätere Redakteurin des *Morgenblattes für gebildete Stände* Therese Marie Forster-Huber gegenüber ihrer Freundin Dorothea Caroline Albertine Böhmer-Schlegel-Schelling über die sexuelle Seite ihrer Ehe mit dem Natur- und Völkerkundler, Forschungsreisenden, Schriftsteller und Professor Georg Forster. Und wirft damit ein Licht auf einen sonst tabuisierten Bereich:

»Wie ich heyrathete, war ich unschuldiger als ein Kind. Ich ward erst vier Wochen nach meiner Hochzeit Frau, weil die Natur uns nicht zu Mann und Frau bestimmt hatte. Ich weinte in seinen Armen und fluchte der Natur, die diese Qual zur Wollust geschaffen hatte – endlich gewöhnte ich mich daran – in Polen machte ich ihn glücklich, (…) Forster hatte damals meine Seele empört – er wuste, ich liebe einen Andern – er war der Vertraute meiner Unklugheit – er hätte mich einen stillen Lebensweg führen können und bestürmte mich mit Sinnlichkeit. Nun fiel ich in Verzweiflung. Ich war allen Gefühl abgestorben, und verfolgte jede Spur desselben mit fanatischer Bitterkeit. Nur Forsters Wohlstand, sein Hauswesen war meine Absicht – ihm muste ich immer, immer gut sein – er war mir theuer und werth in jeder Rücksicht, wo ich nicht sein Weib

Illustration aus dem Roman Die Kirschen.

war, aber wo ich seine Sinne berührte, muste ich mit den Zähnen knirschen. Ich sah mich endlich für eine Hündinn an, die das Männchen niederwirft – ich sah es wie die Erniedrigung der Menschheit an – ich hatte einen Grad menschenhaßender, alles Gefühl verabscheuender Bitterkeit, die seinem guten Herzen wohl meistens entging.«[42]

Manche Frau duldete den Beischlaf nur, weil sie Angst und Furcht hatte, ihr Mann könne sonst gewalttätig werden. Außerdem predigte die Kirche die eheliche »Pflicht«: »Unterthänigkeit gegen einen Ehemanne [ist] schon ein sehr gutes Mittel zur Vorbereitung auf die h. h. Sakramente.«[43] Darüber hinaus wurde die Ehefrau auch durch das Gesetz dazu gezwungen, die sogenannten ehelichen Pflichten nicht zu verweigern – und das galt für Frauen aller Stände.

Aber nicht jede Frau litt still vor sich hin. War die Abneigung und Unlust so groß, daß es für Frauen völlig unmöglich wurde, sich »begatten« zu lassen, dann legten einige als Schutz ihr Kind in die Mitte des Ehebettes, teilten Ohrfeigen aus, wurden – wie es heißt – »feindselig« und »widerborstig«. Die Bayerin Maria Orttner sprach 1764 aus, was wohl viele ihrer Zeitgenossinnen dachten. Für sie war die sexuelle Verweigerung nur ihre logische Konsequenz für das lieblose, unmenschliche Verhalten ihres Mannes ihr gegenüber.[44]

Doch nicht jede sexuelle Lustlosigkeit im Ehebett resultierte aus Lieblosigkeit und heftigen Ehekrisen. Deshalb suchte manche Frau nach Tips, um das erotische Feuer wieder zu entfachen. In einschlägigen Ratgebern wurden »Liebesrezepte« empfohlen, so zum Beispiel ein Balsam aus Zibeth und Moschus, den die Frau auf ihre Klitoris streichen sollte. Auch Schokolade und Marzipan hatten den Ruf, den Liebesappetit anzuregen. Der französische und für seine Theorien der Tafelfreuden bekannte Schriftsteller Anthelme Brillat-Savarin entwickelte ein Rezept, das den verheißungsvollen Namen »Schokolade der Betrübten« trug: »Man nehme 40–50 g Schokolade, löse sie in Wasser auf und bringe sie langsam zum Kochen. Unter ständigem Rühren mit einem Holzquirl lasse man sie während etwa 1/4 Stunde eindicken. In dieser Zeit zerstoße man in zwei Tassen je ein bohnengroßes Stück Ambra und je ein Stück Zucker. Dann gieße man die eingedickte heiße Schokolade darüber.«[45] Statt Ambra, eine harzige undurchsichtige graue Substanz, die Ausscheidung des Pottwals, konnte auch Vanille genommen werden.

Als potenzsteigernde Mittel für den Mann wurden zum Beispiel weißer Pfeffer, Zimt und Kresse empfohlen. Nach heutigen Erkenntnissen haben Zimt – und im geringen Maße Pfeffer – die gewünschte Wirkung, weil sie die Herzfrequenz, die Atemtätigkeit und die Darmperistaltik anregen. Weit verbreitet war die – oft auch heimlich in den Tee und in Bonbons gemischte – spanische Fliege. Die spanische Fliege ist ein stark giftiger Käfer, der Weichkäfer, der aus seinen Drüsen das Cantharidin absondert. Schon 1,6 g pulverisiertes Cantharidin führen innerhalb von 26 Stunden zum Tode.

Die Literatur des 18. Jahrhunderts enthält eine Fülle von Rezepten, die als Aphrodisiaka angepriesen wurden – sowohl für

Frauen als auch für Männer. Nur, wer las diese Bücher? Und können wir sie als Quelle für die Realität des damaligen Sexualverhaltens nutzen?

Wollust und Menstruation

Ratgeber warnten vor dem Beischlaf während der sogenannten »monatlichen Reinigung«. Ein Grund hierfür lag wohl in der Unmöglichkeit, zu diesem Zeitpunkt Kinder zu zeugen – und dies war ja die einzige von der Gesellschaft akzeptierte Legitimation für den Beischlaf.

Die meisten Mädchen und Frauen wußten nicht genau, was da monatlich mit ihnen geschah, obwohl bereits gegen Ende des Jahrhunderts aufgeklärte Ärzte wie Johann Peter Frank eine bessere Information über die Menstruation forderten. Doch gerieten die Mädchen und Frauen mit dieser Aufklärung über biologische Vorgänge verstärkt in die Rolle »kränkelnd« und »nicht belastbar«: »Die älteren sollen demnach ihren Töchtern, wenigstens zu Ende ihres dreyzehnten Jahrs, von der ihnen bevorstehenden Veränderung in ihrer Natur, behutsam Nachricht ertheilen, und dieselben warnen; (…) sie sollen ihnen die Wichtigkeit dieses Zeitpunkts des weiblichen Lebens, ernsthaft vorstellen; sie zu allen Regeln der Behutsamkeit ermahnen, von allem nachtheiligen Unternehmen während dieser Zeit abhalten, sie zu einer klugen Enthaltsamkeit von schädlichen Speisen und Trank, zu einer ihren Kräften angemessenen Bewegung in freier Luft, aufmuntern, und endlich sie zu einer gewissen Vertraulichkeit über diesen Gegenstand gegen ihre Mütter, oder einen vernünftigen Arzt, gewöhnen, und ihnen begreiflich machen: daß es wirklich eine Schwachheit und ein sehr schädliches Vorurtheil seye, wegen einem so natürlichen Zufall eine übel angebrachte Schamhaftigkeit zu unterhalten (…).«[46] Im Zeitalter der Aufklärung ging es vielen Ärzten darum, auf die Erziehungspläne der Mädchen auch das richtige Verhalten während des »Monatsflußes« zu setzen. Erschien dies doch als eine wichtige Voraussetzung für die Geburt vieler und gesunder Erdenbürgerinnen und Erdenbürger. Zu den dazu entwickelten

Maßregeln gehörte das Verbot aufregender Romanlektüre während der Menstruation.

Allerdings: So genau wußten selbst die Ärzte nicht, was sich monatlich im Körper einer Frau abspielte. In ihrer Rede über die Menstruation schwingen ihre Einstellungen zum Wesen und zur Bestimmung der Frau mit. So behauptete ein Mediziner, die Periode sei ein »Produkt der Eingeschränktheit des Geschlechtstriebes, erbte sich von der Mutter zur Tochter fort, da auch dieser der Geschlechtsgenuß versagt, und meistens jahrelang versagt wurde (…). Die ersten Generationen des weiblichen Geschlechts waren sicher von diesem Blutflusse befreit.«[47] Für diesen Arzt war die Mensis nicht biologisch begründet, sondern Ausdruck unterdrückter Liebesfreuden. Doch diese Meinung wurde nicht allgemein geteilt. Einige sahen den regelmäßig wiederkehrenden Blutfluß als Folge zu üppig genossener Tafelfreuden oder aber eines degenerierten Verhaltens.

Zwar blieben die Ursachen der Menstruation im dunkeln, doch ließen sich eindeutige Aussagen über ihren Eintritt und ihre Dauer machen, wie ein Arzt feststellte: »Von welcher natürlichen Ursache diese periodischen Ausleerungen abhängen, sind wir nicht im Stande zu bestimmen, weil die Tathsachen hierzu nicht hinreichend sind. Was wir aber von der monatlichen Reinigung aus ihren Wirkungen wissen, ist hauptsächlich folgendes: In England ist die gewöhnlichste Zeit ihres Anfangs das Alter von fünfzehn Jahren, und die Zeit ihres gänzlichen Aussenbleibens fällt gegen das fünf und vierzigste, oder fünfzigste Jahr. Sie halten ihre ordentlichen Perioden in jedem Monat, d. h., wenn sie von drey zu sechs Tagen gedauert haben, so hören sie auf, und kommen gegen den Anfang der vierten Woche wieder.«[48]

Für Deutschland hatte 1795 der Gynäkologe Friedrich Benjamin Osiander ermittelt, daß junge Mädchen mit etwa 16 1/2 Jahren zum ersten Mal ihre Mensis bekamen. Etwa von diesem Alter an schlugen sich viele Frauen auch damals mit dem, wie wir heute sagen würden, prämenstruellen Syndrom herum. Dieses Unwohlsein war den Ärzten nicht entgangen. Der Herzoglich Sächsische Weimarische Hofrat und Leibarzt Justus Christian von Loder, gleichzeitig auch Professor der Medizin in

Jena, diagnostizierte: »Vor ihrem ersten Ausbruch sind solche Personen gemeiniglich unleidlich, und haben kurzen Athem. Sie empfinden allerley Zufälle am Kopf, entweder eine Schwere, oder schnelle Stiche, Schläfrigkeit, oder Mangel an Schlaf, fürchterliche Träume, plötzliches Erwachen mit schreckhaftem Auffahren, und so weiter. Der Puls ist bisweilen gehemmt; bisweilen scheint das Gesicht gelblich; es ist gemeiniglich eine dunkle Farbe um die Augen, und die Brüste laufen an. Bey dem Eintritt derselben, oder wenige Tage zuvor (während daß die vorigen Zufälle fortdauern) fühlen solche Personen um die Lenden, Hüften und um die Schaam einen Schmerz, der mit einer Unbehaglichkeit und einer Empfindung eines Drucks nach unten zu, begleitet ist. Bey einigen zeigt sich die Ankunft derselben durch ein Anschwellen der Schaamlefzen durch Spannen, Hitze und Empfindlichkeit der Mutterscheide, güldene Aderknoten, öftere Neigung zum Harnen, Harnbrennen.«[49] Aber wenn das Menstruationsblut floß, ging es den meisten wieder besser.

Fließen ließen es die Frauen ins Unterhemd, das besonders die ärmeren von ihnen während ihrer Mensis nur selten wechselten. Ein für manche männliche Beobachter ekelerregender Anblick: »die gemeinen Weiber wechseln nicht oft die Hemden bei der Reinigung, sondern die ganze Zeit der Reinigung sind sie mit einem leinernen Kleid zufrieden, (…) so daß sich bey nun mehr, nun weniger abgehenden, auch unterweilen einige Stunden stille stehenden, und sich wieder einfindenden Flusse die schon trockenen Theile der Wäsche von neuem ansaugten.«[50] Monatsbinden waren kaum verbreitet. Dabei gab es bereits 1769 Pionierleistungen auf diesem Gebiet – so beschrieb der Arzt Georg Albrecht Fried in einem medizinischen Lehrbuch eine Monatsbinde: »Ein längliches von Leinwand verfertigtes und mit einem feinen Schwamme versehendes Gebänd, dessen sich eine Weibsperson, so wohl zur Zeit der monatlichen Reinigung, als auch bey dem Unvermögen den Harn zu halten, bedienen kann. Solches wird vor das Geburtsglied gelegt, und (Fig. 3) mit den Bändchen (a) an die Bändchen (b) der um den Leib gebundenen Binde (Fig. 4) befestiget.«[51] Diese Schwämmchen konnte sich allerdings nicht jede Frau leisten.

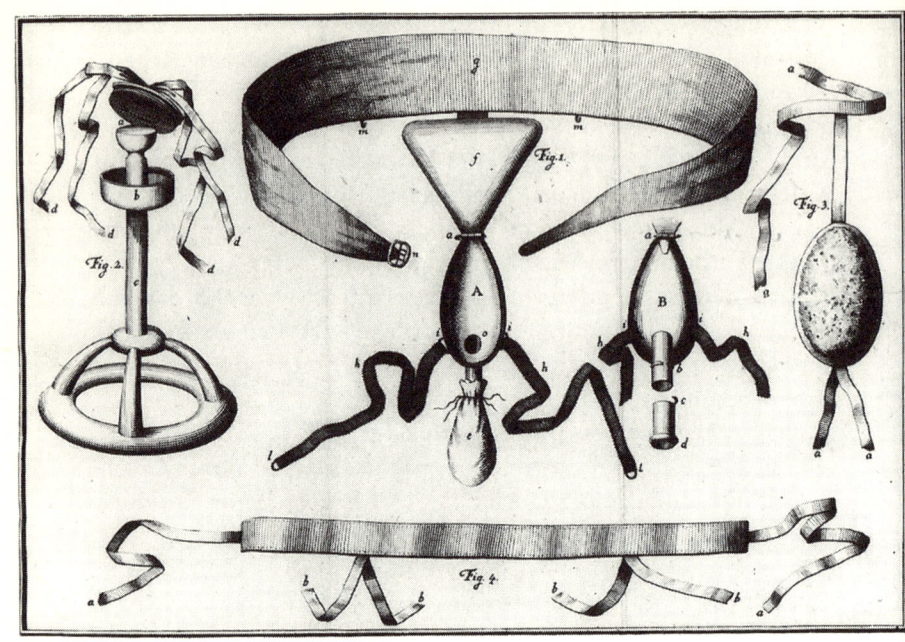

Monatshygiene à la 18. Jahrhundert: Monatsschwämmchen nebst Bändchen, mit denen sie am Leib befestigt wurden.

Leider gibt es kaum Berichte von Frauen über ihre Einstellung zur Mensis – empfanden sie ebenso Ekel und Abwehr wie manche Männer? Georg Albrecht Fried versuchte solche Empfindungen zu rationalisieren und schrieb 1769 in seinem Buch *Anfangsgründe der Geburtshilfe*: »Da das in der monatlichen Reinigung abgehende Blut einen gewissen Grad von unangenehmen Geruch hat, besonders gegen das Ende der Periode, und da sich dieser Geruch hauptsächlich bey dicken und fetten Frauenspersonen zeigt, so hat man geglaubt, daß es schädliche Theile bey sich führe: dies aber muß ein Irthum seyn. Man lasse das reinste Blut so langsam, wie die monatliche Reinigung, und durch einen so heißen Weg gehen, wie derjenige ist, der durch die Höhlen der Gebärmutter und ihrer Scheide gebildet wird; man lasse es zu gleicher Zeit der Luft ausgesetzt seyn: so wird es nothwendigerweise einen üblen Geruch annehmen müssen. Dies muß als Tathsache allen Wundärzten bekannt seyn, welche

108

Wunden besorgen, die mit den schärfsten und reinsten Instrumenten gemacht worden sind.«[52] Wie sehr auch der Ekel eine Rolle dabei spielte, wenn Ratgeber empfahlen, während der monatlichen Reinigung auf den Beischlaf zu verzichten, ist nicht bekannt.

Nichts geht mehr nach den Wechseljahren

Unschicklich und ungehörig war es für Frauen ab Mitte Dreißig, noch an Wollust zu denken, galten sie doch dafür bereits als zu alt. Denn in diesem Alter ließ die Empfängnisbereitschaft der Frau nach, die Wechseljahre näherten sich, und damit verlor die Frau nach landläufiger Meinung auch an sexueller Attraktivität. Die Wechseljahre stellte man als eine für Frauen körperlich und seelisch sehr belastende Zeit dar und unterstellte ihnen abnorme Gemütszustände, die von Schwermut bis hin zum Wahnsinn reichten. Deshalb galten Frauen in den Wechseljahren auch nicht als zurechnungsfähig, und von ihnen begangene Strafhandlungen wurden vom Gericht strafmildernd behandelt.

Ratlos reagierte mancher Mann, wenn er mit den Wechseljahren seiner Frau oder Mutter konfrontiert wurde. So sorgte sich der 26jährige Christoph Martin Wieland in einem Brief an seinen Freund Johann Georg Zimmermann über die Beschwerden seiner Mutter, die sich »einer gewißen Periode, welche, wie ich schon öfters erlebt habe, manchen Frauenzimmer sehr gefährlich ist«[53] näherte. Er bat seinen Freund um einen ärztlichen Rat, denn seine Mutter litt stark an aufsteigender Hitze: »Sie hat seit mehr als einem Jahr eine Art von fliegenden Schmertzen, die nur ein paar Augenblicke dauern aber von der heftigsten Art sind, bald in der Fußsole, bald im Bein, bald im Wirbel des Kopfs, bald im Rücken, bald zwischen den Augen etc. Bald gleicht dieser Schmerz einem Krampf, bald einem Stich oder etwas dergleichen. Sonst hat sie alle Symptome einer guten innerlichen Constitution. Sie ist mehr mager als fett, und weder vapeurs noch hysterischen Zufällen unterworfen.«[54] Welche Mittel Zimmermann für Wielands Mutter empfahl, ist nicht überliefert.

Ehebruch

Nicht nur als unschicklich, sondern als sündhaft galt der Ehebruch, jedoch konnten hier manche Liebenden auf die Legalisierung ihrer Beziehung hoffen, wenn sie sich von ihren Ehepartnern scheiden ließen. Einen spektakulären Ehebruch beging die Schriftstellerin Therese Forster. Während ihr Mann Georg Forster in England weilte, waren sich Therese Forster und Ludwig Ferdinand Huber liebevoll nähergekommen. Als Forster von diesem Verhältnis erfuhr, duldete er es zunächst, bestand allerdings weiterhin auf seinen ehelichen Rechten. Auch von der verheirateten Schriftstellerin Dorothea Veit wissen wir, daß sie einen Geliebten hatte: Friedrich Schlegel.

Wohl die wenigsten »betrogenen« Ehemänner konnten mit solch einer Situation souverän umgehen. Ihnen riet der Professor, Historiker und Theologe Christoph August Heumann zur Gelassenheit: »Was aber eine Ehebrecherin betrifft, so muß man erstlich ihr zum Ehebruch keine Gelegenheit geben, weder durch Versagung der ehelichen Pflicht, noch durch Zulassung der Conversation mit verdächtigen Manns=Personen. Ist sie aber nichts destoweniger eine Hure, so hat sich der Mann zu gratuliren, wenn sie ihre Schelmerey so heimlich treiben kan, daß weder er noch die Kinder Schimpf davon haben. Unterdessen mag er seine Eifersucht überwinden, und sie in der Ehe behalten. Denn ob er gleich auf diese Weise ein unglücklicher Mann ist, so würde doch die Verstossung der Frau ihn und seine Kinder noch weit unglücklicher machen.«[55]

Ehebrechende Frauen und Männer wurden in der Regel mit zweierlei Maß gemessen – auch wenn die Äußerung Heumanns anderes vermuten läßt, wurde der Ehebruch einer Frau viel seltener toleriert als der eines Mannes. Sie hatte mit der Wut des Ehemannes und gesellschaftlicher Ächtung zu rechnen. Der Experte für Umgangsformen Adolph Franz Friedrich von Knigge erläutert den Grund für diese nach seiner Meinung berechtigte ungleiche Behandlung der Geschlechter: »In Rücksicht auf die Folgen hingegen ist freylich die Unkeuschheit einer Frau weit strafbarer, als die eines Mannes. Jene zerreisst die Familien=Bande, vererbt auf Bastarte die Vorzüge ehelicher

Kinder, zerstöhrt die heiligen Rechte des Eigenthums und widerspricht laut den Gesetzen der Natur, nach welchen immer Vielweiberey weniger unnatürlich als Vielmännerey seyn würde. – Man hat nicht einmal in irgend einer Sprache einen üblichen Ausdruck für das Letztere. Der Mann ist das Haupt der Familie; Die schlechte Aufführung seiner Frau wirft zugleich Schande auf ihn, als den Haus=Regenten – nicht umgekehrt also!«[56]

Knigges Ansicht scheint gängige Meinung gewesen zu sein. Denn eine Frau, »die sich einmal gibt, gibt sich auf immer«, meinte auch der Philosoph Johann Gottlieb Fichte.[57] Und er ging sogar so weit zu behaupten: »Der Mann kann, ohne seine Würde aufzugeben, sich den Geschlechtstrieb gestehen und die Befriedigung desselben suchen; (…) Das Weib kann sich diesen Trieb nicht gestehen.«[58]

Deshalb gehörte es auch zu den bürgerlichen Erziehungsregeln, daß die Mütter ihre heiratsfähigen Töchter belehrten: »Unser Herz kann sich binden, muß sich binden an Einen, so nicht das Herz der Männer, ihr Loos ist Freiheit, das wissen sie, und das lassen sie sich nicht rauben, besonders wenn wir uns merken lassen, daß wir sie binden wollen.«[59]

Die Gesetze unterstützten die »gehörnten« Ehemänner. Zwar galt auch der Ehebruch eines verheirateten Mannes als strafbar – doch wurde er nur mit geringen Strafen bedroht. Viel rigider ging das Gesetz mit Ehebrecherinnen um. Wurde eine Frau von ihrem Ehemann verstoßen, konnte sie ins Werk- und Zuchthaus oder an den Pranger kommen, mit Ruten geschlagen und aus der Stadt verwiesen werden.

Der Ehebruch einer Frau wurde öffentlich gemacht, während der Ehebrecher sich leichter davonstehlen konnte. Er brauchte nur eine Geldstrafe zu zahlen. Allerdings hing die Höhe der Geldsumme von mehreren Faktoren ab, wie der Stellung und dem Leumund der Frau. Ein Mann, der mit einer Frau erwischt worden war, die als »liederlich« galt, kam völlig ungeschoren davon. Ihm stand sogar der Reinigungseid in der Gerichtsstube zu, mit dem er sich sozusagen reinwaschen konnte, wenn solch eine »liederliche« Person ihn des Unzuchttreibens mit ihr beschuldigt hatte. Die Kriterien für ein liederliches Verhalten legten die Richter fest.[60]

Hatte ein verheirateter Mann in Hamburg mit einer gut beleumdeten verheirateten Frau Unzucht begangen, mußte er 100 Reichstaler zahlen. Mit einer ledigen Frau von gutem Ruf wäre er billiger davongekommen – nämlich mit nur 50 Reichstalern.[61]

Prostitution: die geduldete Wollust außerhalb der Ehe

Ein vierstöckiger Turm stand an einem belebten Marktplatz mitten in Hamburg. »Roggenkiste« wurde er allgemein genannt, denn dort mußten sogenannte »liederliche« Weibspersonen bei Wasser und (Roggen-)Brot acht bis vierzehn Tage in einer winzig engen Zelle sitzen und sollten ihr unmoralisches Leben bereuen. Was hatten sie Schreckliches getan, daß die Obrigkeit sie aus dem Verkehr gezogen hatte? Sie waren der Prostitution nachgegangen – einer Erwerbstätigkeit, die offiziell zwar verboten, inoffiziell jedoch geduldet war.

Deshalb wurden auch nicht alle Prostituierten inhaftiert. Wer wurde bestraft? Die, deren Marktwert als gering eingestuft wurde, oder erwischte es den »Überschuß«, wenn die Nachfrage gedeckt war? Darüber läßt sich nur spekulieren. Sicher scheint dagegen: Von einem Mangel an Prostituierten war nie die Rede.

Nicht nur moralische Prinzipien führten zu einem offiziellen Verbot der Prostitution, auch die Angst vor der sogenannten Lustseuche Syphilis, die sich seit dem 17. Jahrhundert enorm ausgebreitet hatte, spielte eine entscheidende Rolle. Die Strafmaßnahmen gegen Prostituierte wurden immer schärfer – galten sie doch als die eigentlichen Verbreiterinnen der Sittenlosigkeit und der Syphilis. So nahm unter Maria Theresia in Wien eine »Keuschheitskommission« ihre Arbeit auf; Preußen versuchte durch ein im Jahre 1792 verabschiedetes Bordellreglement, Herr der Lage zu werden; wurden 1794 in Berlin noch 900 bis 1000 Prostituierte und 100 Bordelle gezählt, gab es 1795 nur noch 257 polizeilich registrierte Prostituierte.

Es gab ein gestaffeltes Strafsystem. Hamburger Prostituierte, die zum zweiten Mal aufgegriffen worden waren, wurden, nachdem sie erneut für einige Wochen in der Roggenkiste hatten zubringen müssen, »auf einem des Endes auf dem Pferde=Markt zu erbauenden etwas erhabenen Gerüste zu zweyen malen ins Halseisen [geschlossen] und mussten daselbst mit unverdecktem Gesichte, und auf die Brust gehefteten, mit ihrem Vor- und Zunamen deutlich bezeichneten Brette, jedesmal eine Stunde stehen, und [wurden] darauf aus dieser Stadt und deren Gebiete (...) auf 10 Jahre verw[iesen].«[62] Andere Prostituierte wurden nach dem Zurschaustellen auf dem Marktplatz für ein bis zwei Jahre ins Spinnhaus gesteckt. Der populäre Wiener Prediger Abraham a Santa Clara zitiert ein Gedicht, aus dem hervorgeht, was man sich von dieser Strafmaßnahme erhoffte:

> »Der Fleiß verjagt, was Faule plagt.
> Werft Kinder aus dem Herzens=Hause,
> der Laster Tand, die Venus Docken,
> und löschet mit dem vollen Roggen,
> der Wollust geile Fackeln aus.
> Last in der Hand die Nadel gleißen,
> so könnt Ihr Tugend=Töchter heißen.«[63]

Die Freier hingegen konnten mit ihren sexuellen Abenteuern prahlen und sie sogar lukrativ vermarkten. So schrieb 1793 der Pfarrerssohn, Magister und Schriftsteller Friedrich Christian Laukhard in einem Reisebericht über Mainz: »Bei unserem Regiment gab es eine ordentliche Hurenwirtschaft, d. h. ein ordentliches Bordellzelt, worin sich vier Dirnen aufhielten, welche, um doch einen Vorwand zu haben, Kaffee schenkten und dann jedem zu Diensten waren. Sie hatten sich förmlich taxiert, und Lieschen, die schönste, galt 45 Kreuzer, Hannchen 24 Kreuzer, Bärbchen 12 Kreuzer, die alte Katherine 8 Kreuzer.«[64]

Besonders wollüstige Abenteuer will ein Autor in Berlin erlebt haben, wie es vielversprechend in seinen *Briefen über die Galanterien von Berlin* heißt: »In Gesellschaft einiger Freunde kam ich verkleidet ungefähr um 10 Uhr dahin. Wie erstaunte ich über den frechen halbnackigen Anzug dieser Menschen, die in den ungewöhnlichsten Posituren ihre Aufwärter zu viehischen Galanterien aufmunterten! Man roch die Unzucht und Geilheit dieser Dirnen, wenn man auch mit dem stärksten Schnupfen belästigt gewesen wäre.«[65] Die Liste dieser Sittengemälde könnte endlos fortgesetzt werden. Eines haben die Berichte gemeinsam: Sie vermitteln Bilder von Städten, in denen die Prostitution zugleich alltäglich und lukrativ gewesen sein muß.

Wie dem auch sei, aus Berufung oder aus »angeborener Geilheit« werden Frauen nur selten als Prostituierte gearbeitet haben, auch wenn Skandalchronisten dies ihren Lesern weismachen wollten. Denn die meisten Prostituierten kamen aus der Armutsschicht. Ein kritischer Beobachter des menschlichen Elends ließ um 1780 eine arme Zeitgenossin sprechen: »Alle Arbeiten, die für die Weibsen gehören, haben ja die Männer an sich gerissen, und das, was ein Weibsen noch arbeiten kann, wird so erbärmlich bezahlt, daß man nicht das Salz daran hat.«[66] Armut und Prostitution gingen auch im 18. Jahrhundert eine traurige Liaison ein, von der mancher Unternehmer profitierte. Ein Berliner Bandfabrikant gab unverblümt zu, daß er »auf dem platten Lande, oder in einer Provinzstadt, sein Gewerbe unmöglich so gut und vorteilhaft als in der Residenz betreiben könne, weil er zum Bandmachen junge Mädchen braucht, die so wenig erhielten, daß sie davon nicht zu leben fähig wären. Sie wüßten sich aber zu helfen, indem sie bey Tage Band machten und des Abends oder während der Nacht Dienerinnen der Wollust wären, und sich dadurch das übrige verdienten.«[67] So wurden Frauen in die Prostitution getrieben und gleichzeitig aufgrund der herrschenden Doppelmoral stigmatisiert.

Notzucht

Prostituierte mußten immer »bereit« sein – das gehörte zum Berufsbild. Wurden sie von ihren Kunden vergewaltigt, fanden sie deshalb vor Gericht kein Gehör. Umstritten war auch damals, was denn überhaupt unter einer Vergewaltigung zu ver-

stehen sei. Konnte man von einer Vergewaltigung oder »Noth-
zucht« sprechen, wenn eine Frau von einem Mann, wie es hieß,
»verführt« wurde? Denn mit dem Begriff Verführung wurden
auch viele gewaltsame Übergriffe schöngeredet: »Ich wollt' eine
junge Nymphe umfassen, so sagt' er, das Mädchen flog mit
leichten Füßen über die Blumen weg und lachte schalkhaft
zurück, wenn es mit unsicherm Fuß mich hinter sich hertau-
meln sah; ich hätte beim Styx das Mädchen nicht erreicht, wenn
nicht ein zackichter Dornbusch sich in sein fliegend Gewand
gewickelt hätte«,[68] erzählte Weingott Bacchus in einer der
beliebten Idyllen des Schweizer Verlegers, Buchhändlers, Züri-
cher Ratsherrn, Schriftstellers und Malers Salomon Gessner.

Gessners Inszenierung sexueller Annäherungen zwischen
Hirten, Nymphen, Wein- und Liebesgöttern bewegte sich im
zeitgenössischen Rahmen: Um die menschliche Art zu erhalten
und seinen angeblich natürlichen Geschlechtstrieb zu befriedigen, mußte der Mann den siegreichen Eroberer spielen. Deshalb
hatte die Frau den Part der Schamhaften zu übernehmen, die
das Liebesfeuer entfacht. Ihr Widerstand war nur gespielt und
mußte deshalb gebrochen werden. So hieß es denn auch von
medizinischer Seite: »Das heftige Feuer der Liebe, welches die
Mannsperson quält, indem sie sich dem Frauenzimmer ergiebt
und mit demselbigen zu vereinigen sucht, scheint auch den
wunderlichen und bizarren Geschmack in ihrer Wahl, die bisweilen in der Folge die Ruhe stört, zu entschuldigen. Sobald
aber nun der Liebhaber dahin gelangt ist, daß er alle seiner Leidenschaft sich entgegenstellende Schwierigkeiten überwunden,
alle im Wege stehende Hindernisse überstiegen und dieselben
völlig weggeräumt sieht, und auch schon einen Sieg über den
andern davon getragen hat, so betrachtet er sich zwar als Herr
über alles, und findet, daß ihm nun ein völlig freier Genuß überlassen ist; aber nun möchte er lieber noch ein Hinderniß antref-
fen, das sich ihm auf einmal entgegenstellte.«[69]

Getreu der damals in der Medizin vorherrschenden Säfte-
lehre wurde dem Mann nicht nur das Bedürfnis nach einem
Hindernis, sondern auch der regelmäßige Abfluß seines Samens
zugestanden. War dieses nicht möglich, konnte er nämlich für
nichts mehr garantieren: »Ein Mann wird gantz rasend und

ungeduldig, wenn ihn der übrige Saamen zur Liebes=Lust anreitzet, und etwan er sich auff einige Zeit respects wegen seiner Frau enthalten muß.«[70] Vergewaltigung wurde damit zum »natürlichen« Delikt, zum Ausdruck eines »vitalen Bedürfnisses«, das für kurze Zeit den Verstand außer Kraft setzt.

Konnte eine Frau angesichts dieser in der Gesellschaft akzeptierten Rechtfertigungsgründe für eine Vergewaltigung vor Gericht klagen? Hier war die Rechtslage nicht eindeutig, und die Experten- und Gelehrtenmeinungen gingen auseinander. Spricht man von dem ältesten Gewerbe der Welt, der Prostitution, muß man von der Vergewaltigung als einem der ältesten Delikte sprechen. Nach germanischem Recht, das auch hier spätere Gesetzestexte prägte, hing das Strafmaß für Vergewaltigung ganz entscheidend vom gesellschaftlichen Stand der daran Beteiligten ab. War die vergewaltigte Frau »ehrbar« und »unbescholten«, bestand die Chance, daß ihr vor Gericht geglaubt wurde. Sexuelle Gewalt an fahrenden Frauen und Prostituierten wurde dagegen nicht als Vergewaltigung angesehen. Denn ihnen konnte nichts genommen werden, was ihnen die Gesellschaft nie zugestanden hatte: ihre Ehre. Und nur darum ging es! Deshalb mußte auch ein freier, also nicht leibeigener Mann, der eine freie Frau vergewaltigte, diese heiraten und ein Bußgeld in Höhe des Kaufpreises entrichten, um den ein freies Mädchen in die Ehe gegeben wurde. Denn nur so konnte die Ehre des Mädchens und damit gleichzeitig auch die seiner Familie wiederhergestellt werden. So wurde die Vergewaltigung im nachhinein legitimiert. Nach dem Willen der Frau, die schließlich ihren Vergewaltiger heiraten mußte, wurde nicht gefragt.

Wurde eine freie Frau jedoch von einem leibeigenen Mann vergewaltigt, erhielt der Mann die Todesstrafe – die Möglichkeit einer Ehe zwischen Opfer und Täter war hier ausgeschlossen.

Mit der Peinlichen Gerichtsordnung Kaiser Karls V. – der Carolina von 1532 – wurde versucht, für das gesamte Heilige Römische Reich Deutscher Nation ein bindendes Recht zu verankern. Weiterhin waren Stand und Leumund der Frau für das Strafmaß einer Vergewaltigung ausschlaggebend. Und auch Mitte des 18. Jahrhunderts wurde der Tatbestand der Notzucht

116

in zwei Kodifikationen des Rechtes ähnlich behandelt: Der Codex Bavarici Criminalis (1751) und das Strafgesetz Maria Theresias (1768) hielten an der traditionellen Auffassung fest, daß nur die unbescholtene Frau »Tatobjekt« sein könne. Als Strafe drohte dem Vergewaltiger Tod durch das Schwert.

Ende des Jahrhunderts wurde Vergewaltigung nicht mehr mit dem Tode, sondern mit Zuchthausstrafe belegt. Die umfangreichen Ausführungen über Notzuchtverbrechen im Allgemeinen Preußischen Landrecht vom 12. 02. 1794 faßte der Enzyklopädist und Arzt Johann Georg Krünitz so zusammen: »Wer eine unschuldige Frauensperson durch Getränke oder andere Mittel ihrer Sinne beraubt, um sie zur Wollust zu miß-brauchen, soll, wenn er auch seinen Zweck nicht erreicht hat, mit drey= bis sieben monathlicher, wenn aber die Schandtath wirklich verübt worden, mit vier= bis sechsjähriger Zuchthaus-strafe belegt werden.«[71]

Auch die Vergewaltigung Minderjähriger wurde damals ver-folgt, jede sexuelle Handlung an unter 12jährigen strikt als Not-zucht bestraft. Aber auch die Minderjährigen mußten erst ein-mal beweisen, daß der sexuelle Akt tatsächlich gegen ihren Willen geschehen war. Und dabei konnte sich die Tortur bis in den Gerichtssaal fortsetzen, wie der Fall eines 12jährigen Mäd-chens zeigt. Sie beschuldigte eine »Kanzleydiener«, bei dem sie als Kindermädchen arbeitete, sie dreimal vergewaltigt zu haben. Doch das Gericht glaubte ihr nicht. Es ließ sich nicht beein-drucken von ihrer Aussage, sie habe große Schmerzen erlitten und auch Blut in ihrem Hemd gehabt und verspüre immer noch Schmerzen beim Urinlassen. Dem Gericht war suspekt, daß das Mädchen nicht exakt angeben konnte, auf welche Art sie verge-waltigt worden war. Denn ihre Aussagen variierten: Mal gab sie das Bett, dann den Stuhl als Tatort an. Mal hielt er ihren Mund mit beiden Händen, mal nur mit einer Hand zu und stieß mit den Fingern der anderen Hand in ihre Scheide. Diese Aussagen des Mädchens wurden als widersprüchlich angesehen, ihr seeli-scher Zustand während der Tat nicht berücksichtigt. Deshalb ordnete das Gericht eine ärztliche Untersuchung an. Der Arzt stellte eine Erweiterung am Scheideneingang und ein zerstörtes Hymen fest. Diese Tatsache wurde jedoch vom Gericht nicht als ausreichender Beweis einer Vergewaltigung akzeptiert. Denn erstens wurde es nach Meinung des Gerichts nicht deutlich, ob die Zerstörung des Jungfernhäutchens und die »widernatürliche« Weite der Scheide durch den Penis oder mit den Fingern entstanden sei. Und außerdem: »Hat der Beklagte aber würklich seinen penem in ihre vunam gebracht, so kann solcher doch nicht sehr tief eingedrungen seyn, wiedrigen falls eine weit grössere Verwüstung dieser bey diesem Mädchen noch sehr engen und zarten Theile geschehen seyn müste.«[72] Das Gericht kam lediglich zu dem Schluß, daß es zwar zu einem Geschlechtsakt gekommen war, »wobei ein gewisses Maß an gewaltsamem Eindringen notwendig war«.[73] Jedoch konnte es nicht davon überzeugt werden, daß »das Eindringen des Penis« gegen den Willen des 12jährigen Mädchens vorgenommen worden war.

Es gab Rechtsgelehrte, die darüber räsonierten, ob eine Frau überhaupt gegen ihren Willen zum Geschlechtsakt gezwungen werden könne, denn sie hätte sich ja mit Schreien, Treten, Kratzen und Beißen wehren können. Außerdem wurde den Frauen ein heimliches Einverständnis und sexuelle Erregung unterstellt. Selbst wenn es sich um die Vergewaltigung einer Scheintoten handelte – wie im folgenden Fall –, bekam die Frau einen Großteil der Verantwortung zugeschoben, war es doch ihre Schönheit, die den Mann um den »Verstand« brachte. Eine Geschichte, deren Authentizität zwar ungewiß bleibt, deren Tendenz zur Rechtfertigung sexueller Gewalt aber offensichtlich scheint:

Eine schöne junge Frau lag aufgebahrt im Wirtshaus ihrer Eltern. Da ergab es sich, daß ein junger Mann von vornehmer Geburt, der von seiner Familie gezwungen worden war, in den geistlichen Stand zu treten, in der Nacht die Tote zu Gesicht bekam – und »Einsamkeit, nächtliche Stille, alles vereinigt sich, das Blut des jungen Mannes in ein ungewöhnliches Feuer zu bringen. – Verdrängt sind auf einmal die heiligen Gelübde des Ordens, das Zurückschreckende des kalten Todes; – die Sinne zerrinnen ihm und – er umarmt mit glühender Wollust den schönen Leichnam!«[74] Am nächsten Tag erwachte zur allgemeinen Freude die totgeglaubte junge Frau und nahm ihr gewohntes Leben wieder auf. Doch nach nicht allzu langer Zeit merkte sie, daß sie schwanger war, woraufhin ihre Eltern sie in ein Kloster steckten. Der junge Mann, durch den Tod des Vaters von seinem geistlichen Gelübde entbunden, hörte von dem Wiedererwachen und dem Klostereintritt der schönen jungen Frau. »Unverzüglich eilt er in das Kloster, welches die unschuldig Büßende verbirgt, findet sie weit schöner im Leben als im vermeintlichen Tode und wählt sie mit Entzücken und freudiger Einwilligung der Eltern zu seiner Gattin.«[75]

Der Vergewaltiger wurde in diesem Falle nicht bestraft, schließlich heiratete er das Opfer, und außerdem trafen für ihn mildernde Umstände zu: Geblendet von der Schönheit der jungen Frau und getrieben von einem unerfüllten Geschlechtstrieb konnte der junge Mann nicht mehr als zurechnungsfähig gelten – und handelte nur der »Natur« gemäß.

Ein Beispiel für die unterschiedlichen Standpunkte von männlichen Gutachtern und Richtern und weiblichen Vergewaltigungsopfern bietet die Klage einer 22jährigen Frau um 1791. Die junge Frau bezichtigte einen Nachbarn, sie vergewaltigt zu haben.[76] Doch die Experten glaubten ihr nicht. Sie stützten sich auf den Gerichtsmediziner Johann Daniel Metzger, der die Ansicht vertrat, eine Notzucht sei nur unter drei Bedingungen möglich: Die Frau müsse entweder jung und schwach, durch ein Mittel betäubt oder von mehreren Personen überwältigt worden sein. Keine dieser Anhaltspunkte trafen in diesem Falle zu. Noch unglaubwürdiger wurde die Klage für die Richter, als die Frau behauptete, bei der Vergewaltigung nicht nur entjungfert, sondern auch geschwängert worden zu sein. Dies erschien den hinzugezogenen »Experten« unmöglich, vertraten sie doch die Auffassung, daß »Angst, Scham, Ekel und Abscheu« die Gebärmutter außer Betrieb setzten und deshalb eine Empfängnis unmöglich sei. Nur durch lustvolle Hingabe, trotz zugefügter Gewalt, könne eine Frau schwanger werden – das meinte man jedenfalls beobachtet zu haben.

Eine vergewaltigte Frau wurde nicht nur im Gerichtssaal beargwöhnt – auch in ihrer Familie war ihr Zuwendung und Unterstützung nicht immer sicher. Denn eine Vergewaltigung berührte in besonderem Maße männliche Ehrvorstellungen und

Besitzrechte. So konnte der Vater seine gewaltsam entjungferte Tochter kaum mehr verheiraten. Auch wurde die Frage gestellt, »ob ein Ehemann, dessen Ehefrau wider Willen von einem Dritten genothzüchtigt worden, deshalb mit Recht darauf bestehen könne, von ihr geschieden zu werden?«[77] Aufklärerische, um Verständnis und Milde ringende Wertvorstellungen prallten auf patriarchale Traditionen: »Es scheint sehr hart zu sein, wenn ein Ehemann deshalb eine unschuldige Person zu verstoßen das Recht haben sollte.«[78] Andererseits aber konnte man »keinem Mann zumuten, sich fremde Kinder ins Haus setzen zu lassen«.[79] Der Richter versuchte in einem solchen Fall, »den Ehemann durch vernünftige Zuredungen zur Beybehaltung seiner Frau zu bewegen«.[80] Doch zwingen konnte man den Ehemann nicht – und so hatte sein Scheidungswille Vorrang.

Folgen der Wollust

Der Staat regelt den Verkehr

Unfruchtbarkeit, Verhütung, Schwangerschaft und Geburt waren keine privaten Angelegenheiten, von Abtreibung und Kindesmord ganz zu schweigen. War die Liebe in den meisten Gesellschaftsformen schon immer ein »soziales Ereignis«, so regelte der merkantilistische Staat den Umgang und die Folgen der »Wollust« auch aus folgendem Grund streng: Da dieses damals vorherrschende Wirtschaftssystem auf dem Bestreben basierte, möglichst viele Güter im eigenen Lande zu produzieren und somit unabhängig von Importen zu sein, war man auf viele Arbeitskräfte angewiesen. Deshalb sollte eine Maximierung, eine ständige Vermehrung der Bevölkerung durchgesetzt werden.

Es war also nur folgerichtig, wenn »Unfruchtbarkeit« diskreditiert und Abtreibung und Verhütung nicht nur aus moralischen Gründen unter Strafe gestellt wurden. So polemisierte eine anonyme Schrift aus dem Jahre 1782 gegen Frauen, die selbst über die Anzahl ihrer Kinder entscheiden wollten: »Diejenigen Kinder, welche durch einen offenbaren Mord dem Staate entrißen werden, sind gerade die wenigsten. Eine weit größere Menge werden (ohne das je das Auge eines forschenden Publikums etwas davon gewahr wird), wenn sie kaum in dem Leibe der Mutter, sich zu bilden angefangen haben, wieder vernichtet.«[1]

Da folglich auch Schwangerschaft und Geburt unter bevölkerungs-maximierenden Gesichtspunkten betrachtet wurden, sorgte man für Erleichterungen und Hilfsangebote – wie zum

Beispiel Gebärhäuser für Schwangere aus der Unterschicht. Doch bedeutete das keineswegs, daß die bisherigen Helferinnen der Frauen in »Kindsnöten«, die Hebammen, bessere Ausbildungs- und Arbeitsbedingungen bekamen. Im Gegenteil: Die Hebammen wurden im Zuge der staatlichen Bevölkerungspolitik von den Ärzten verdrängt, die alles daransetzten, sich über den angestrebten Bevölkerungszuwachs zu profilieren. Dabei eigneten sie sich das bisher unter Hebammen weitergegebene Wissen an, entwickelten neue, nicht unbedingt hilfreichere Methoden – und waren die bisher mächtigen und zuweilen lästigen Gegenspielerinnen am Geburtsstuhl los.

Gesetze, die die Abtreibung, die vor- und außereheliche Schwangerschaft und den Kindesmord hart bestraften, wurden gegen Ende des Jahrhunderts entschärft. Die Gesetzgeber erkannten nun, daß rigide Bestrafungen einer Vermehrung der Bevölkerung nur schadeten. So wurde auch die Todesstrafe für Abtreibung nicht mehr vollstreckt, wobei die Abkehr von der Todesstrafe auch allgemein auf neue aufklärerische Überlegungen zurückging.

Unfruchtbarkeit

Die »Unfruchtbarkeit« wurde als altes Weib symbolisiert, in einem grauen Kleid auf einem klapprigen Maulesel reitend, mit einem Rautenkranz auf dem Kopf: »Dies unfruchtbare Weib ist unnütz auf Erden, drum mag die Mißgeburt zur Gruft geschickt werden«, hieß es.[2] Da solche Frauen nicht für Nachkommenschaft sorgen konnten, wurden Stimmen wie die des Arztes und Apothekers Ernst Benjamin Gottlieb Hebenstreit laut, die sogar ein Eheverbot für Frauen mit sichtbaren sogenannten körperlichen Mängeln forderten, zum Beispiel für »Frauenpersonen, bei welchen das Rückgrat und die Schenkel sehr merklich gekrümmt sind, und daher ein widernatürlich enges Becken, mithin die Unmöglichkeit, lebendige Kinder zu zeugen, vermuthet werden muß (…)«.[3] Auch Krankheiten wie Krebs oder bestimmte Knochenbrüche galten Ärzten als körperliche Ursachen für weibliche Unfruchtbarkeit – aber auch

Haßgefühle dem Ehepartner gegenüber und Abneigung gegen den Beischlaf.

Obwohl in erster Linie der Frau die Verantwortung bei ausbleibendem Kindersegen zugeschoben wurde, zog man auch die mangelhafte Zeugungsfähigkeit der Männer in Betracht. Daß diese nicht ausschließlich von einem erigierten Penis abhängt, war allerdings damals noch unbekannt.

Wenn Ehefrauen ihre Männer wegen Impotenz vor Gericht brachten, dann geschah dies oft einige Monate nach der Hochzeit, und fast immer präsentierten sie dabei weitere Bilder aus einer kriselnden Ehe: Auseinandersetzungen über die Hausgewalt oder Eifersucht. Die Anklägerinnen erhofften vom Gericht Hilfe; die Richter sollten entweder die Ehemänner dazu bringen, ihrer »Pflicht« nachzukommen oder aber die Ehe annullieren, denn der nichtvollzogene Beischlaf galt als legitimer Scheidungsgrund. Ausschlaggebend für dieses strikte »Entweder-Oder« war nicht die »sexuelle Gier und Unersättlichkeit« der Frauen, sondern die Vorstellung, daß eine Ehe ohne Beischlaf keine richtige Ehe war, spielte doch der Kinderwunsch eine entscheidende Rolle.[4]

Für die Männer war diese Angelegenheit mehr als peinlich, ihre Reaktion darauf unterschiedlich. Einige zogen sich zurück oder verschwanden spurlos, andere wiederum schoben alle Schuld an der Misere ihren Frauen zu. Manche Ehemänner erklärten den Vorwurf »Impotenz« mit der Annahme, daß ihre Frau nur nach einem Vorwand suche, den Gatten wieder loszuwerden, um einen anderen heiraten zu können – was vielleicht in manchen Fällen tatsächlich der Wahrheit entsprach. Andere Ehemänner verteidigten sich mit Entschuldigungen wie: »Sie habe ihm nie Gelegenheit gegeben«, oder wenn er wollte, wollte sie sich »nit bequemen«.

Die enorme Bedeutung des Kindersegens für ein Ehepaar verdeutlicht die in diesem Buch bereits schon mehrfach zitierte Pastorenfrau Margarethe Elisabeth Milow. Sie schrieb 1769, kurz nach ihrer Hochzeit in ihr Tagebuch: »Milow war der Mann für meine Seele, ich die Frau für seine. Eines nur machte Milow oft nicht sowohl traurig, als doch weniger heiter, als er sonst gewesen würde: Er glaubte nämlich, da ich noch immer nicht schwanger ward, wir würden keine Kinder bekommen, bot sogar seine ganze Philosophie auf, um sich deswegen zu trösten.«[5]

Schwangerschaft

Dann endlich, gut ein Jahr nach der Hochzeit, wurde Margarethe Milow schwanger: »In der Mitte des Monats März vermutete ich, daß ich sein möchte, und die Wehmutter, welche wir holen ließen, verwandelte diese Vermutung in Gewißheit. Hier war nun Freude, die Fülle bei Milow und in unserm ganzen Hause. Schwerlich kann die Ankündigung der Schwangerschaft einer Königin eine solche Freude verursachen, wie die meine.«[6]

Margarethe Milow sollte im Laufe ihres 25jährigen Ehelebens noch zehnmal schwanger werden. Zuletzt, im Alter von 38 Jahren, erlitt sie allerdings eine Fehlgeburt. Von ihren zehn Kindern überlebten acht, und das war keine ungewöhnlich hohe Kinderzahl für eine bürgerliche oder adlige Frau. Denn die Sterblichkeitsrate unter Säuglingen war hoch, und nur eine große Kinderschar sicherte den Fortbestand der Familie oder der Dynastie.

Frauen aus der Unterschicht hatten weitaus weniger Kinder. Denn schlechte körperliche Konstitution, Mangelernährung und Arbeitsüberlastung führten oft zu Fehlgeburten und geringerer Empfängnisbereitschaft. Deshalb forderte Johann Peter Frank, Professor für Innere Medizin in Wien und Begründer der wissenschaftlichen Hygiene, einen besseren Schutz für Schwangere. Ehemänner, die ihre schwangeren Frauen schwer arbeiten ließen, sollten nach seiner Meinung bestraft werden: »Kaum ist der Embryo in der Gebärmutter zu künftigem Elend empfangen, wie vielen unglücklichen Zufällen ist er nicht bald ausgesetzt! Dabei ist einzig und allein ihm an Glück in seinem Leben zugestanden, daß er so, ohne es zu wissen, zu einem unglücklichen Los vorbereitet wird. Auf einem ausgemergelten Boden gesät, hat die Frucht kaum die ersten Säfte durch die lebenspendenden Wurzeln des Mutterkuchens an sich gezogen, so wird sie schon, schwach wie sie ist, erschüttert und abgerissen, weil man dem schlecht ernährten Körper der Mutter unbillige Arbeiten aufbürdet; oder betrogen um die notwendige Nahrung, welkt sie unter Jammern und Seufzen der Mutter dahin, bevor sie überhaupt reif werden kann. Wie oft sehen wir nicht Schwangere zu Arbeiten gezwungen, die weit ihre Kräfte überschreiten, nur aus der schrecklichen Notwendigkeit, ihre Familie zu erhalten! Den Leib zur Erde gebückt, graben sie mit aller Kraft den Boden auf, heben Gräben aus, dreschen unter den glühenden Strahlen der Mittagssonne Getreide und werden durch gewaltige Lasten, mit denen sie Arme und Kopf beladen, zu Boden gedrückt. Wie oft sehen wir sie nicht bei der Arbeit auf den Reisfeldern, im sumpfigen Wasser bei jeder Witterung bis zu den Knien eingetaucht, mit gebeugtem Körper gleichsam kriechend das Unkraut aus der Erde und – welch Jammer! – nur allzu oft auf diese Weise auch ihre eigene Frucht aus der Gebärmutter reißen!«[7] Franks Mahnungen wurden jedoch kaum beachtet.

Die ersten Anzeichen einer Schwangerschaft wurden meist von den Frauen selbst gedeutet. Sie konnten dabei oft auf einen Erfahrungsschatz zurückgreifen, der von Generation zu Generation weitergegeben wurde. Allein das Ausbleiben der Mensis war ihnen noch kein untrüglicher Hinweis. Es mußten noch weitere Merkmale hinzukommen, wie das Anschwellen der Brüste, die Veränderung der Farbe der Brustwarzen, vermehrtes Auftreten von Leberflecken, erhöhte Müdigkeit, Melancholie, Übelkeit und Erbrechen.

Als die Ärzte etwa ab der zweiten Hälfte des Jahrhunderts auch die Kontrolle über das Geburtswesen weitgehend übernommen hatten, mußten sie feststellen, daß der alte Wissensfundus der Hebammen und Frauen richtige Beobachtungen enthielt. So erkannten nun auch sie Übelkeit und andere Unpäßlichkeiten als eindeutige Anzeichen einer Schwangerschaft. Ein absolut eindeutiges Schwangerschaftssymptom, über deren Bedeutung sich Frauen und Ärzte einig waren, waren die ersten Kindsbewegungen, die aber erst ab dem fünften Schwangerschaftsmonat gespürt werden können.

Da die Mediziner aus Rücksicht auf die Schamhaftigkeit der Frau meist auf Vaginaluntersuchungen verzichten mußten,

konnten sie eine exakte Schwangerschaftsdiagnose erst im fort-
geschrittenen Stadium einer Schwangerschaft stellen. Wenn sich
jedoch eine genauere Untersuchung nicht vermeiden ließ, dann
wurde der vor dem Arzt stehenden Frau die Kleidung lediglich
bis zu den Knien hochgeschoben. Mit solchen Untersuchungs-
methoden konnte natürlich kaum Licht ins Dunkel gebracht
werden.

Von heftigen körperlichen und seelischen Beschwerden während der Schwangerschaft berichtet die Pastorenfrau Margarethe E. Milow. Außerdem hing die Angst, bei der Geburt zu sterben, wie ein Damoklesschwert über ihr. Sie vertraute ihrem
Tagebuch an: »Auch rückte die Zeit meiner Entbindung immer
näher, wenigstens sagte die Wehmutter, ich würde nicht viel länger als Michaelis hingehen. Der Gedanke hieran, die Angst, die
größer war, als ich mir je habe merken lassen, die Zurüstungen
dazu, all das nahm mir die Zeit an die Wahl [ihr Mann hatte sich
für eine Stelle beworben, d. Autor.] zu denken.«[8]

Eine Schwangerschaft konnte allerdings leichter ertragen
werden, wenn ein liebender Mann, fürsorgliche Freundinnen
und Verwandte der Schwangeren zur Seite standen und die werdende Mutter keine großen finanziellen Sorgen plagten. Margarethe E. Milow wurde während ihrer Schwangerschaft von
ihrem Mann besonders umsorgt und geliebt. So durfte sie auf
Spaziergängen mit ihm und ihrem Bruder keinen Schritt zu
geschwind tun, aus Furcht, dem Kinde könne etwas geschehen.

Medizinische Ratgeber gaben nicht nur schwangeren Frauen
Ratschläge, sondern auch werdenden Vätern. Ihnen wurde
empfohlen, ihre sexuellen Begierden während der Zeit der
Schwangerschaft in Zaum zu halten – und sich, wenn es denn
doch sein mußte, zärtlich und rücksichtsvoll zu verhalten.
Manchmal verloren die schwangeren Frauen für ihre Männer
allerdings an Attraktivität. Herr Milow hatte plötzlich Augen
für andere Frauen. Seine Frau schluckte diese Kränkung und
gab sich ganz allein die Schuld: »Ich vernachlässigte mich, ging
immer im Nachtzeug (…). Mama hingegen war immer reinlich,
immer gleich gut angezogen, kein Wunder, daß sie auch hierin
in Milows Augen den Vorzug hatte.«

Unverheiratete Schwangere – ein Fall für die Gerichtsbarkeit

Nicht jede Schwangerschaft wurde freudig begrüßt. War die werdende Mutter unverheiratet, drohte ihr strafrechtliche Verfolgung und dazu noch die gesellschaftliche Ächtung und die Bestrafung durch die Eltern. Insbesondere bürgerliche und adlige Eltern hatten eine sehr rigide Einstellung zu vorehelichen Geschlechtsbeziehungen, denn schließlich sollte das in Generationen erworbene Vermögen nur an legitime Nachkommen vererbt werden.

Ein schwangeres Bürgermädchen verpatzte nicht nur sich, sondern auch ihrem unehelich geborenen Kind alle Chancen einer standesgemäßen Zukunft. War es ein Sohn, durfte er im Handwerk niemals ein zünftiges Mitglied werden. Dies galt selbst dann, wenn das Kind vorehelich gezeugt worden war, seine Eltern aber noch vor der Geburt geheiratet hatten. Auch einem vorehelich gezeugten Mädchen, welches später eine Ehe mit einem Handwerksmeister einging, konnte es passieren, daß sie von zünftigen Zusammenkünften ausgeschlossen wurde.

Manche der ungewollt schwangeren Töchter bürgerlicher und adliger Familien konnten sich bösem Klatsch und strafrechtlicher Verfolgung durch einen verschwiegenen Aufenthalt auf dem Land entziehen, wo sie das Kind heimlich austrugen und weggaben. Solche Zustände bilden den realistischen Hintergrund für einen Plot, wie er in vielen damaligen Geschichten erzählt wurde: das heimlich ausgesetzte Findelkind, nur mit Goldkettchen oder Tätowierung ausgestattet – an dem später seine »hohe« Abstammung erkannt wird. Eines der bekanntesten und bis heute prominentesten Findelkinder ist Mozarts Barbier und Diener Figaro aus seiner Oper *Figaros Hochzeit*. Figaro gesteht im Laufe der Handlung, daß er als Baby, mit einigen Erkennungszeichen ausgestattet, fremden Leuten auf die Türschwelle gelegt worden war. Diese wahre und zugleich rührende Geschichte rettet ihn vor der Ehe mit einer wesentlich älteren Frau: mit der Gouvernante Marzelline, die ein Auge auf ihn geworfen hatte. Doch nun muß sie in Figaro ihren Sohn erkennen – den Sproß einer illegitimen Verbindung.

Die perfekte Verheimlichung einer unehelichen Schwangerschaft vor dem gesellschaftlichen Umfeld schützte die Frauen jedoch nicht immer vor dem Zorn der eigenen Familie. Und manchmal geschah es sogar, daß sogar die Mütter selbst ihre ledig schwangeren Töchter vor Gericht brachten – wie im Falle der Frankfurterin Anna Margaretha Kleinfellerin. Ihre Mutter verklagte sie wegen begangener Unzucht, wohl auch deshalb, um ihre eigene Tugendhaftigkeit öffentlich zu beweisen.[9]

Mit zusätzlichen Schwierigkeiten hatten ledige Schwangere der Unter- und Armutsschicht zu kämpfen. Für sie war es durch die diversen für diese Gesellschaftsschicht verhängten Heiratsverbote oft noch nicht einmal möglich, durch eine schnelle Eheschließung mit dem Kindsvater alles wieder ins Lot zu bringen.

Ledige Mütter in spe hatten mit Spinnhausstrafen von einem Jahr und der Entrichtung des »Haubenthalers« zu rechnen. Der Name »Haubenthaler« leitet sich ab von dem Status der zu verheiratenden Frau, die unter die Haube kommen soll. Ein Schwängerer kam meist mit einer Geldstrafe davon.

Was eine Verurteilung wegen lediger Schwangerschaft im konkreten Fall für eine Frau bedeuten konnte, zeigt der Fall Magdalena Schär: Magdalena Schär aus Rothenbach wurde des Beischlafs mit dem Mahlknecht Christen Bigler und darauf erfolgter Schwangerschaft angeklagt. Leider konnte der Schwängerer nicht vor Gericht erscheinen – er war verschwunden. Nach diesem Prozeß galt Magdalena Schär in den Augen der Justiz und der Gesellschaft als »liederlich«. Deshalb war sie wohl auch ganz froh, als zwei Jahre später Michel Gruber ihr die Ehe versprach. Denn nur durch eine Heirat konnte sie der gesellschaftlichen Verurteilung entgehen. Jedoch war das Eheversprechen für Michel Gruber nur ein Vorwand, um ans Ziel seiner sexuellen Wünsche zu gelangen. Wieder wurde Magdalena Schär schwanger und angeklagt. Und wieder war der Schwängerer nicht zugegen. Aber im Gegensatz zum ersten Mal wußte man, wo er aufzufinden war: beim Militär. Es erging der Befehl, ihn dort zu der Sache zu befragen. Magdalena Schär hingegen wurde verurteilt, die Stadt zu verlassen; außerdem mußte sie verschiedene »Züchtigungen« über sich ergehen lassen.

Sie war nun gebrandmarkt als »liederliche Dirne«, die ein »Luderleben« führte – Freiwild für Männer. Als ein Jahr später der Wirt Johannes Hopf sie sexuell begehrte, versuchte sie, wenn schon nicht eine Heirat, so jedenfalls etwas Kapital aus dem erfolgten Beischlaf herauszuschlagen. Unter dem Vorwand einer angeblichen Schwangerschaft forderte sie 60 Kronen von ihm – wovon er 16 Kronen bereits gezahlt hatte, ehe die Erpressung aufflog. Magdalena Schär wurde abermals verklagt und diesmal zu Spinnhausarbeit verurteilt.[10]

Die harten Strafen, mit denen Unzucht belegt wurde, waren nicht unumstritten. Friedrich Wilhelm I. hatte bereits in der ersten Hälfte des 18. Jahrhunderts erkannt, daß Unzuchtsstrafen nur der Abtreibung und dem Kindesmord Vorschub leisten würden. Damit erschien ihm seine Politik des Bevölkerungswachstums gefährdet. Und deshalb verbot er zum Beispiel den Pfarrern, besondere Gebühren von ledigen Schwangeren zu verlangen. Auch sein Nachfolger Friedrich der Große setzte sich für die Entkriminalisierung der »Unzucht« ein und plädierte für die Abschaffung der Bestrafung für außer- und vorehelichen »Beyschlaf« und lediger Schwangerschaft. Trotzdem wurden die staatlichen Unzuchtsstrafen teilweise noch bis ins 19. Jahrhundert beibehalten.

Genaue Zahlen über illegitime Geburten liegen für das 18. Jahrhundert nicht vor. Aber einige Beispiele zeigen eine gewisse Tendenz: So lag der Anteil der illegitimen Geburten in Hamburg zwischen 1769 und 1788 bei durchschnittlich 9,1 %.[11] In Leipzig wurden von 1759 bis 1774 128 uneheliche Kinder geboren (16,22 %).[12] Und in Berlin kamen zwischen 1791 und 1800 auf 58 776 Geburten 6104 uneheliche Kinder (10,39 %).[13]

Hatte eine ledige Schwangere ihr Kind geboren, hieß es nun, den Kindsvater zur Alimentenzahlung zu bewegen. Denn freiwillig zahlte ein Vater nur selten. Deshalb mußte ihn die ledige Mutter verklagen, wobei sie sich selbst der Gefahr aussetzte, wegen vor- oder außerehelichen Geschlechtsverkehrs bestraft zu werden. Dieses Risiko gingen aber viele Frauen ein.

Ob jedoch Alimente zu zahlen waren, hing von der Glaubwürdigkeit und dem guten Leumund der ledigen Mutter ab. Zunächst mußte sie das Gericht davon überzeugen, daß der von ihr genannte Mann auch tatsächlich der Kindsvater sei. Und dann gab es Männer, die die Vaterschaft zwar nicht bestritten, nun aber jammerten, sie hätten kein Geld. Andere diffamierten die Frau als leichtfertig, als eine, die mit vielen Männern Unzucht getrieben hätte, so daß niemand sicher sein könne, daß ausgerechnet er der Kindsvater sei. Wieder andere leugneten schlichtweg, überhaupt mit der Klägerin Beischlaf ausgeübt zu haben. Aber selbst wenn der Klägerin geglaubt und der Kindsvater zur Alimentenzahlung aufgefordert worden war, zahlten manche Männer einfach nicht.

Hatte eine ledige Frau aber bereits ein uneheliches Kind, galt sie als liederlich, und der werdende Vater mußte für die Folgen seiner Unachtsamkeit nicht aufkommen. Bekam die Frau bereits zum dritten Mal ein uneheliches Kind, brauchte der Schwängerer noch nicht einmal zu befürchten, seinem Kinde jemals zu begegnen; mußte doch die Frau die Stadt verlassen.[14]

Glück hatten auch bürgerliche und adlige Männer, die eine »unberüchtigte« Dienstmagd, Arbeiterin oder andere Frau aus einer gesellschaftlich niederen Schicht geschwängert hatten. Diese Frauen besaßen zwar das Recht auf Alimente, doch wurde ihnen in einigen deutschen Landen nahegelegt, den Namen des wohlhabenden Kindsvaters zu verschweigen. Für diesen »Dienst« boten ihnen die Gerichte Schweigegeld von 30 bis 50 Reichsthalern an.

Als 1794 das Allgemeine Preußische Landrecht in Kraft trat, gab es für unverheiratete Mütter leichte Verbesserungen. Ihre gesellschaftliche Ächtung blieb aber bestehen. Der Schwängerer war nun verpflichtet, die Kosten der Schwangerschaft zu tragen. Der Einwand, die Geschwängerte könnte auch anderen Männern den Beischlaf gestattet haben, galt für den Schwängerer nicht mehr als Befreiung von seiner Zahlungsverpflichtung. Weitere Entschädigungsansprüche an die Frau hingen weiterhin davon ab, ob die Frau eine »unbescholtene Weibsperson« sei: »Hatte der Verführer diese unter dem Versprechen der Heirat geschwängert, so sollte er vom Richter unter Zuziehung eines Geistlichen aufgefordert werden, die Ehe tatsächlich zu vollziehen (§ 1047). Weigerte er sich aber, dann mußten der unehelichen Mutter ›der Name, Stand und Rang des Schwängerers, so wie überhaupt alle Rechte einer geschiedenen für den unschuldigen Theil erklärten Ehefrau desselben, beygelegt werden‹ (§ 1049). ›Dieser Rechte soll sie sich im bürgerlichen Leben, und bey allen Verhandlungen desselben, würklich zu erfreuen haben.‹ (§ 1050) (...) Die erstaunlich starke Stellung der nicht verheirateten Mutter, wie sie im ALR niedergelegt wurde, ist weniger auf großzügige Sexualmoral, als auf die ›Peuplierungs‹-Bemühungen Preußens zurückzuführen: Die Bevölkerungsverluste des Dreißigjährigen Krieges waren noch immer nicht ausgeglichen und das Volk als der ›eigentliche Reichtum‹ eines Landes entdeckt.«[15]

Aber nicht jede um ihre Alimente betrogene Frau ging vor Gericht; Angst und Scham hinderten viele daran, und oft nützte ein Gang vors Gericht auch nichts, weil der Kindsvater schon längst über alle Berge war.[16]

Verhütung

Angesichts dieser Konsequenzen, die unverheiratete Schwangere befürchten mußten, mag man sich vielleicht fragen, warum denn die Frauen und Männer nicht gleich verhütet haben. Und was machten Eheleute – oder fügten sie sich in ihr Schicksal und überließen Gott die Familienplanung? Gerade über die Verhütung ist wenig überliefert, über Methoden und ihre Anwendung erfährt man oft nur indirekt.

Es ist jedoch bekannt, daß einige protestantische Kreise in Deutschland Geburtenplanung praktizierten, denn sie konnten ihren Erziehungsvorstellungen, die die intensive Beschäftigung mit dem Kind forderten, nur mit einer geringen Kinderzahl gerecht werden.

Weit verbreitet war die Vorstellung, daß stillende Frauen nicht schwanger werden konnten. So hieß es 1741: »Die Erfahrung lehret, daß die meisten Frauen so lange verschonet bleiben, als sie die Kinder säugen.«[17] Allerdings handelte es sich hier wohl eher um einen frommen Wunsch als um eine sichere Verhütungsmethode. Dennoch scheint sie von Ehepaaren am häufigsten angewandt worden zu sein. Es ist hier allerdings die

Frage, ob dem Stillen eine empfängnisverhütende Wirkung zuzuschreiben war, oder der Tatsache, daß viele Eheleute, den ärztlichen Ratschlägen und dem Gebot des Allgemeinen Preußischen Landrechts folgend, während der Stillperiode ganz auf den Geschlechtsverkehr verzichteten. Denn von der sichersten Verhütungsmethode wußten wohl alle: der Enthaltsamkeit. Und gegen diese Methode hatte auch die Kirche nichts einzuwenden, wenn denn der Beischlaf nur der reinen Lust dienen sollte. Die katholische Kirche predigte Enthaltsamkeit ohnehin während der Fastenzeit und des Advents.

Es waren noch andere Verhütungsmethoden bekannt, die nach Meinung mancher heutiger Forscher und Forscherinnen allerdings hauptsächlich beim außer- und vorehelichen Geschlechtsverkehr angewandt wurden.

So versuchte mancher Mann den »Koitus interruptus«, der allerdings nach katholischer Lehrmeinung als Sünde galt. Benutzt wurden wohl auch Diaphragmen aus geschmolzenem Bienenwachs. Sie bestanden aus 1 cm dicken und im Durchmesser ca. 5 bis 10 cm breiten Platten, die vor den Muttermund geschoben wurden. Eine andere Verhütungsmethode war das Bestreichen des Muttermundes mit einer Paste aus Öl, Honig und Absinth, deren Inhaltsstoffe eine spermienabtötende Wirkung haben sollten. Auch Scheidenspülungen scheinen schon gebräuchlich gewesen zu sein. Der Penis wurde bereits im 16. Jahrhundert »eingetütet« und mit einem Bändchen versehen. Das Wort »Kondom« kam wohl in Deutschland zum ersten Mal 1788 auf, und zwar in Göttingen.

Solch ein Überzug bestand entweder aus Leinwand, Lämmerblinddarm, Fischblase oder Goldschlägerhäutchen. Getrocknet und mit Öl und Kleie bestrichen, behielten diese Kondome ihre Elastizität. Kondome waren teuer und somit ein Privileg der Reichen, und sie wurden hauptsächlich als Schutz gegen die Syphilis benutzt. Allerdings nutzten die Kondome nicht viel – weder gegen Syphilis noch gegen die Empfängnis. Und weil viele Penisüberzüge darüber hinaus meist auch noch rauh und relativ dick waren, bezeichnete die Baroneß Staël-Holstein das Kondom als einen »Panzer gegen das Vergnügen und eine Spinnwebe gegen die Gefahr«.

Geschlechtskrankheiten

Die Angst vor Geschlechtskrankheiten war nur allzu berechtigt. Ein Beispiel hierfür: 1789 mußten in der Berliner Charité 1255 geschlechtskranke Männer und 1528 geschlechtskranke Frauen behandelt werden[18].

Die Diagnose von Geschlechtskrankheiten gestaltete sich insbesondere bei Frauen schwierig. So wußte kaum eine Frau, daß Ausfluß die Folge einer Gonorrhöe sein konnte. Und selbst wenn sie es gewußt hätte, wäre ihr die eindeutige Diagnose immer noch schwergefallen – denn am undefinierbaren »weißen Fluß« litten ohnehin die meisten Frauen, ohne seine Ursachen zu kennen. Aus heutiger Sicht sind sicher auch die hygienischen Bedingungen dafür verantwortlich. Auch wurde über Geschlechtskrankheiten wohl nur selten offen geredet und dies nicht nur aus Unwissenheit, sondern auch aus Scham oder schlechtem Gewissen. Dies konnte tragische Folgen haben, wie der folgende authentische Fall beweist:

Ein Fuhrmann hatte sich nach einem heimlichen Seitensprung mit einer Gonorrhöe infiziert und dann auch seine Ehefrau angesteckt. Die Ehefrau litt zunächst an unregelmäßigen Monatsblutungen, die sie nicht mit einer Geschlechtskrankheit in Verbindung brachte. Schließlich hatte ihr Mann ihr weder seinen Seitensprung noch seine von ihm sehr schnell erkannte Gonorrhöe-Erkrankung gestanden, die er mit einer Quecksilberbehandlung auskurierte. Seine Frau hingegen erkrankte nach einigen Jahren unbehandelter Gonorrhöe an einer Beckenentzündung, wurde unfruchtbar und starb schließlich an den Spätfolgen der Geschlechtskrankheit.[19]

Abtreibung

Da die meisten bekannten Verhütungsmethoden nur selten wirklich schützten und viele Frauen und Männer ohnehin nicht verhüteten, blieb oft nur ein Ausweg: der Abbruch einer unerwünschten Schwangerschaft.

Ein uneheliches Kind bedeutete für Unterschichtsfrauen

meist den Verlust des Arbeitsplatzes. Es gab zwar Ausnahmen; so wurden in der zweiten Hälfte des Jahrhunderts auf ostpreußischen Gütern schwangere Dienstmägde wegen des Arbeitskräftemangels nicht mehr fristlos entlassen, sondern nach der Geburt ihres Kindes als Amme für den Nachwuchs der Herrschaft weiterbeschäftigt, jedoch gab es diese Möglichkeit einer Weiterbeschäftigung lediger Mütter nur selten. Und selbst wenn die Frauen durch die Geburt eines Kindes die Möglichkeit hatten, als Amme in den Dienst zu gehen, war diese Tätigkeit oft nicht von langer Dauer. Auffällig häufig versiegte, aus welchen Gründen auch immer, schon nach kurzer Zeit ihr »Arbeitskapital Milch« – wie aus den Ammenprotokollen der Hamburger Allgemeinen Armenanstalt hervorgeht. Und auch als Arbeiterin konnte sich eine unverheiratete Mutter nicht vor Verarmung schützen. Denn die Arbeitslöhne waren so gering, daß ein Kind damit kaum durchzubringen war.

So riskierte manche Frau einen Schwangerschaftsabbruch – oft unter lebensgefährlichen Bedingungen, von denen der Arzt Johann Daniel Metzger berichtete: »Dahin gehören Reize am Muttermund und Ertötung der zarten Frucht durch eigene Werkzeuge (…), Aderlässe am Fuß, Schnüren des Unterleibes, heftige Leibesbewegungen und harte Arbeit, Brech- und Niesmittel, Gifte, drastische Purgiermittel, wurmtreibende, die Reinigung oder den Urin treibende Arzneien u. a. m. (…) Vorzüglich aber setzen die Dirnen ihr Zutrauen auf gewisse (…) Arzneimittel, die einstmals als spezifische Abortiva galten, so wie der Sevenbaum (Sabina), der Lorbeerbaum, der Safran, der rote Beifuß (Artemisia) etc.«[20]

Insbesondere auf die Blätter des Sadenbaums, einer Wacholderart, richteten sich die Hoffnungen verzweifelter Frauen. Denn durch den hohen Anteil ätherischer Öle in seinen Blättern wurde sowohl ein Blutandrang im Becken als auch eine Reizung des Magentraktes bewirkt, was zu einem Abort führen konnte. Diese Abtreibungsmethode war nicht ungefährlich, denn eine zu hohe Dosierung konnte leicht zum Tode führen. Es gab aber keine allgemeingültige Rezeptur, weil die Wirkung stets von der individuellen Konstitution der Frau abhing. Die Abtreibungsmittel mußten sich die Frauen meist unter den schwersten

Bedingungen selbst beschaffen. Vielleicht war deshalb auch der Sadenbaum so beliebt, denn er stand an vielen öffentlichen Plätzen, in Parks und Baumschulen.

Wandte sich eine Frau in ihrer Not an eine Hebamme, machte diese sich strafbar, wenn sie half. Außerdem war sie verpflichtet, Frauen, die sich bei ihr entsprechenden Rat holen wollten, der Obrigkeit zu melden.

Damit es erst gar nicht zu einer Abtreibung kam, sollten Eltern, Hebammen, Apotheker und Dienstherren den Lebenswandel junger lediger Mädchen und Dienstmägde überwachen, galten diese doch als potentielle Abtreiberinnen. Seltener ans Licht der Öffentlichkeit kamen Abtreibungsversuche verheirateter Frauen, denn ihre Schwangerschaften waren schließlich legitim und ein Abort kein Grund für Argwohn, weil es sich dabei auch um eine Fehlgeburt handeln konnte. Außerdem erregte eine verheiratete Frau keinen Verdacht, wenn sie in der Apotheke nach einem Mittel gegen »verstockte Mensis« fragte[21], das auch als Abtreibungsmittel angewandt werden konnte.

Oft ging der Wunsch, das Kind abzutreiben, nicht nur von der Schwangeren selbst aus. Es sind diverse Fälle überliefert, in denen Schwängerer ihre Freundinnen zur Abtreibung zwangen, insbesondere dann, wenn der zukünftige Vater verheiratet war. Aber auch manche Mütter drängten ihre Töchter zur lebensgefährlichen Abtreibung, weil sie das »Gerede«, den »Schimpf und die Schande« fürchteten. Denn wie der Hamburger Pastor Nölting von der Kanzel predigte: »Eine Person, die, von den Trieben der Wollust beherrscht, schwanger und Mutter wird, muß ihr Kind als einen beständigen Vorwurf ihrer Unkeuschheit, und als eine fortdauernde Schande ihres Lebens ansehen.«[22]

Die Abtreibung einer lebendigen Frucht hatte mit dem Tod durch Ertränken bestraft zu werden – so legte es die Peinliche Gerichtsordnung Karls V. von 1532 fest, die ein einheitliches Strafrecht für das Heilige Römische Reich Deutscher Nation schaffen sollte – in dem bisher die unterschiedlichsten Landesrechte galten.

Kam es zu einer Anzeige, konnte man der Angeklagten allerdings nur schwer das Delikt der Abtreibung nachweisen, denn unter Strafe stand nur die Abtreibung einer vollentwickelten Frucht – in Gestalt eines kleinen Menschen –, was in der Frühphase der Schwangerschaft noch nicht der Fall ist. Auch konnte in der ersten Zeit der Schwangerschaft nicht zwischen einem Gewächs in der Gebärmutter, Mole oder »Mondkind« genannt, und einem Fötus unterschieden werden. Vor ähnlichen Problemen standen die Ankläger, wenn es um Mittel ging, die sowohl bei einer »verstockten« Menstruation als auch für eine Abtreibung wirksam waren. Daher war es in vielen Fällen gar nicht nachweisbar, ob beim Abortus ein Fötus, eine Mole oder eine verspätete Menstruation »abgegangen« war.

Noch bis zum letzten Jahrzehnt des Jahrhunderts kam es nur dann zu einer Verurteilung wegen Abtreibung, wenn die vollkommene Geburtsreife des Fötus augenscheinlich geworden war. Erst gegen Ende des Jahrhunderts erklärten Juristen und Ärzte den Fötus schon vom Zeitpunkt der Empfängnis an für lebendig. Deshalb hieß es in den Paragraphen 985 und 986 des Allgemeinen Preußischen Landrechts von 1794: »Weibspersonen, welche sich eines Mittels bedienen, die Leibesfrucht abzutreiben, haben schon dadurch eine Zuchthausstrafe auf sechs Monate bis ein Jahr verwirkt. Ist durch solche Mittel eine Leibesfrucht innerhalb der ersten dreyßig Wochen der Schwangerschaft wirklich abgetrieben worden, so soll die Thäterin mit Zuchthausstrafe auf zwey bis sechs Jahre belegt werden.« Frauen, die nach der 30. Schwangerschaftswoche den Abbruch vornahmen, erhielten eine Zuchthausstrafe von acht bis zehn Jahren. Nach Ansicht der Justiz mußten Frauen, die nach dem 7. Monat abtrieben, härter bestraft werden, weil dadurch dem Staat aller Wahrscheinlichkeit nach ein lebensfähiger Bürger verlorengegangen war. Die Abtreibung galt nun also während der gesamten Dauer der Schwangerschaft als Tötungsdelikt. Damit hatte das Zeitalter der Aufklärung auch die Weichen gestellt für das bis 1993 geltende Strafrecht zum Schwangerschaftsabbruch.

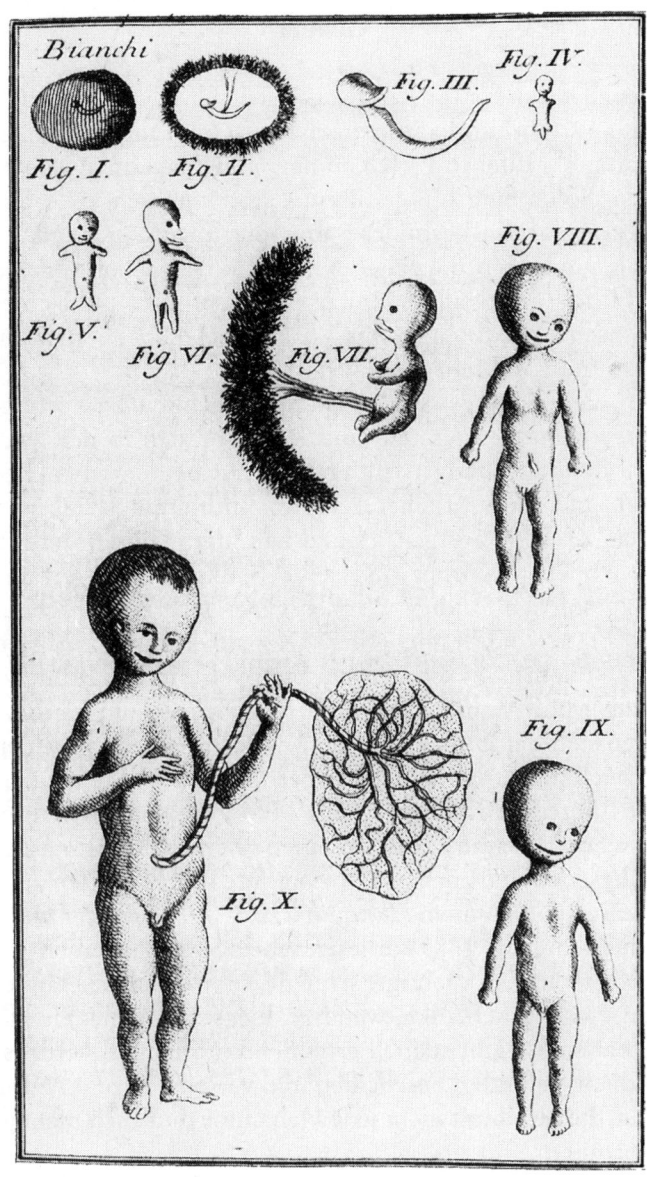

Wie sich das 18. Jahrhundert die Entwicklung des Fötus bis zu einem Alter von 2 1/2 Monaten vorstellte. Aus: Johann Astrucs, Theoretisch=practische Abhandlung von den Frauenzimmer=Krankheiten, *1776.*

Geburt

Frauen, die sich für ihr Kind entschieden hatten, entbanden bis weit ins 19. Jahrhundert hinein zu Hause – im allgemeinen unter tatkräftiger Hilfe von Hebammen und manchmal auch von Ärzten. Solch eine Unterstützung konnten sich viele Unterschichtsfrauen, insbesondere aber die unverheirateten, allerdings kaum leisten. Sie gebaren ihr Kind deshalb oft ohne jegliche Hilfe, ganz allein unter den denkbar schlechtesten hygienischen Bedingungen, so daß die Gefahr zu sterben bei Mutter und Kind sehr hoch war.

Um die Säuglings- und Müttersterblichkeit zu verringern, konnten arme verheiratete und ledige Frauen in der zweiten Hälfte des Jahrhunderts unter besseren hygienischen Bedingungen und mit ärztlicher Hilfe in Entbindungshäusern ihre Kinder zur Welt bringen. Hinzu kam der Wunsch der Ärzte, den weiblichen Körper und seine Funktionen zu erkunden. Und zu solchen Studienzwecken gaben sich bürgerliche oder adlige Frauen meist nicht her. Deshalb konnten auch sogenannte »unehrbare« Frauen beispielsweise in der Münchener, Göttinger und Mannheimer Gebäranstalt kostenlos entbinden, mußten sich dafür aber gefallen lassen, von Medizinstudenten abgetastet zu werden und als Experimentierobjekte zu dienen.

Die Bürgersfrau Margarethe E. Milow entband zu Hause mit Hilfe einer Hebamme, die auf einen reichen Erfahrungsschatz zurückgreifen und auch ganz bestimmte Eigenschaften aufweisen mußte, wie in einem *Handbuch zum Gebrauch der Hebammen* aus dem Jahre 1783 vorgeschrieben: Sie mußte einen gesunden Körper haben, tüchtige, schmale, schwielenlose Hände mit langen Fingern, schlanke, wendige, biegsame Arme. Sie mußte belastbar sein, nicht schnell ermüdend, höflich, unverdrossen, freundlich, geduldig, bescheiden und verschwiegen – Anforderungen, die bestimmt nicht jede Hebamme und auch nicht jeder Arzt erfüllten.

Letztere eroberten sich allmählich das Geburtswissen. Noch im 17. Jahrhundert vertrat der Hamburger Arzt Rodericus a Castro den Standpunkt, »daß diese Kunst den Mann schände«. Im Laufe des 18. Jahrhunderts übernahmen die Ärzte jedoch immer mehr die Aufgaben der Hebammen. Ohne deren Widerstand ging dieser »Machtwechsel« allerdings nicht vor sich. Streitschriften, Karikaturen und Satiren befaßten sich mit dem Pro und Kontra. Aber schließlich wurde die Ausbildung der Hebammen mehr und mehr von Ärzten übernommen. Von Hebammen selbst verfaßte Lehrbücher – wie das der Augsburger Hebamme Barbara Wiedemann von 1734 – verloren an Bedeutung.

Für die Hebammen bedeutete dies ein entscheidender Abstieg von der Selbständigkeit zum medizinischen Hilfsberuf. So wurde in der Berliner Charité eine Abteilung für die Entbindung »liederlicher Weibsstücke« eröffnet, in der Hebammen und Wickelfrauen von Ärzten unterrichtet wurden; auch in Göttingen bildeten Ärzte Hebammen aus. Und der dort leitende Arzt Georg Roederer polemisierte gegen die bei ihm lernenden Hebammen; er hielt sie schlichtweg für ungebildet. Dieser Arzt ist auch der Erfinder der Geburtszange, die von seinem Nachfolger, Benjamin Osiander, technisch weiterentwickelt und bei fast jeder zweiten Entbindung eingesetzt wurde. Alle Hoffnungen wurden auf technische Hilfsmittel gesetzt, das über Jahrhunderte gewachsene Wissen und die erfahrenen Hände der Hebammen waren nun nicht mehr gefragt. Ob Osiander allerdings mit seiner Zange mehr Erfolg hatte, darf bezweifelt werden. Denn es starben kaum weniger Säuglinge, dafür aber mehr Mütter.[23]

Die Zurüstungen für das Geburtslager in Entbindungshäusern und Hospitälern sind genau überliefert: Kaltes und warmes Wasser wurde herbeigeschafft, eine Bademulde, reines Öl oder Handsalbe, mehrere Handtücher, eine besondere Schürze, Nabelschere, Geburtszange, Ausdehnungs- und Aderlaßwerkzeuge, Verbandzeug, Hand- und Fußschlingen, Badeschwämme, blutstillendes Pulver und leinene Bändchen für den Nabelrest wurden bereitgelegt.

Wenn in den Häusern und Wohnungen der Gebärenden entbunden werden sollte, dann brachten Hebammen und Ärzte häufig einen zusammenklappbaren »Steinischen Geburtsstuhl« mit. Sobald die Preßwehen begannen, setzte sich die Gebärende auf diesen Stuhl, eine Helferin stellte sich hinter ihren Rücken und umschlang sie mit den Armen. Links und rechts von der Gebärenden standen oft je zwei Frauen, die ihr Mut zusprachen und der Hebamme oder dem Arzt halfen. Der Geburtsstuhl galt als segensreiche Erfindung: »Andernorts, so auch in Hamburg, hatte man die Notwendigkeit, Geburtsstühle zu schaffen, wohl eingesehen, zumal bei der Geburt sonst so häufig Hilfspersonal gebraucht wurde. Es ist ein großer Nachteil, wenn vier bis fünf starke Frauen erforderlich sind, um die Füße, die Schultern und den Kopf der Gebärenden zu halten (…).«[24] Das Sitzbrett des Gebärstuhles war vorn ausgeschnitten. So konnte die vor der Frau kniende Hebamme oder der Arzt das Kind ohne Hindernisse in Empfang nehmen. War kein Geburtsstuhl vorhanden, wurde der Frau auf ihrem Bett ein Geburtslager vorbereitet. Und trotz aller Prüderie mußte die Gebärende dort »mit bloßem Hinterteil und Schenkeln liegen, weil sie sonst nicht rein ins Wochenbett gebracht werden kann«.[25]

Unter der Geburt trug die Frau meist nur noch Hemdchen und Leibchen. Aber selbst dann war es nicht schicklich, die Geschlechtsteile zu entblößen: »Der Geburtshelfer hat ohnehin nicht nöthig, seine Augen zu Hülfe zu nehmen; alle seine Geschäfte bis nach völliger Geburt des Kindes muß er nach dem Gefühl, wie ein Blinder verrichten.«[26]

Während der Geburt durfte der Ehemann dabeisein, was allerdings nicht die Regel war. Oft stützte er seine Frau, oder seine Frau setzte sich in Ermangelung eines Geburtsstuhls oder eines anderen geeigneten Geburtslagers zur Geburt ihres Kindes auf seinen Schoß. Auch Wilhelmine von Bayreuth berichtete, wie ihr Vater, der spätere König Friedrich Wilhelm I. von Preußen, neben einer Kammerfrau als männliche Hebamme bei der Geburt der Prinzessin Anna Amalie half.

Wie eine werdende Mutter solch eine Entbindung empfand, beschreibt Margarethe Milow: »Die furchtbare Zeit meiner Entbindung rückte nun immer näher. Die Stunde der Angst schwebte wachend und träumend vor meiner Seele. Der Gedanke meines nahen Todes mischte sich in allem, in meine Freuden und Leiden, in Geschäften. Selbst nach dem Urteil des Arztes und fast aller, die mich genau kannten, hatte ich Ursache meinen Tod zu fürchten, das nicht, aber mir ihn vorzustellen. Es

Die Entbindung auf einem Steinischen Geburtsstuhl, 1790.

war das elfte Mal, und das bei meiner Schwäche, bei der Gefahr, in der ich fast jedesmal gewesen war.

Ich arbeitete also noch den 19. bis des Abends spät und ging sehr entkräftet zu Bette. Wie ich eine Stunde im Bette gewesen war und nicht hatte schlafen können, fühlte ich mit vielem Schreck, (dies kann ich nicht leugnen) die würkliche Annäherung meiner Entbindung. (…)

Um 12 kamen die Wehen stärker und öfterer und ein heftiges Fieber. Ich zitterte, daß die Bettstelle bebte. Ich sprach irre und zwischen durch kamen Ohnmachten, der Puls war fast gantz weg. Dies dauerte bis 3, da kamen die Wehen sehr stark, aber ohne daß ich fühlte, daß es näher zur Entbindung kam. Ich fragte Albers [den Arzt, d. Autor.] um 4, ob ich wohl um 6 schon sollte entbunden seyn. Er antwortete zweydeutig. Ich: ›O, wir wollen die Natur walten lassen, sie nicht überstürzen.‹ Dies verstand er so, als wolle ich nicht mit Instrumenten entbunden werden, und ich hatte nur sagen wollen, wenn es dann auch noch einige Stunden länger dauert. Aber je heftiger und schneller die Wehen kamen, je weniger fühlte ich baldige Errettung, bis Albers nach 5 sagte, ich könne so nicht entbunden werden, das Kind hat eine verkehrte Lage, sie müssen sich zu Instrumenten entschließen. Ich sagte bloß: ›Warum haben Sie das nicht längst gethan?‹ Hier nun ward ein anderes Lager zurecht gemacht, ich darauf gebracht, und diese Zurüstungen hatten etwas sonderhaftes. Die Instrumente wurden angelegt, aber so behutsam, daß ich wenig Schmertz davon empfand. Aber wie sie nun angezogen wurden – doch so schrecklich. Der Schmertz war so kurtz, war er doch nur 2 Mahl – und das Kind war da. Es schrie nicht und ich glaubte, es wäre tod. Da beruhigte man mich darüber, und es dauerte nicht lange, so hörte ich es schreyen.«[27]

Sogenannte »verkehrte Kindslagen« waren eine große Bedrohung für die werdende Mutter. Solche Entbindungen dauerten elendig lange, mußten oft mit Instrumenten beendet werden und führten dadurch häufig zu Verletzungen des Beckenbodens. Oft griffen die Hebammen in die Gebärmutter und versuchten, mit der Hand das Kind zu wenden. Gelang dies nicht, blieb als letzte Möglichkeit nur, das Kind zu töten, um das Leben der Mutter zu retten. Entweder wurden einzelne Körperteile des Kindes herausgeschnitten oder der Kopf geöffnet, sein Inhalt herausgeholt und dann der verbliebene Schädel entfernt, damit die Frau den Rest des kindlichen Körpers auf natürlichem Wege zur Welt bringen konnte. Und all dies ohne schmerzstillende Mittel. War ein Arzt zur Stelle, konnte in solch schwierigen Geburtslagen die Geburtszange zu Hilfe genommen werden, deren Benutzung nur Ärzten vorbehalten war.

Eva Lessing, die Ehefrau des Dichters Gotthold Ephraim Lessing, starb 41jährig nach so einer Zangengeburt eines Sohnes. Die Witwe eines Seiden- und Tapetenfabrikanten, die nach dem Tod ihres Mannes die Geschäfte noch jahrelang weiterführte, brachte in ihre Ehe mit Lessing vier Kinder aus dieser ersten Ehe. Lessings Brief vom 31. Dezember 1777 an seinen Freund, den Professor Eschenburg, ist ein ergreifendes Zeugnis

Dem HErrn über Leben und Tod hat es gefallen, des Cornelius Jacob Berenberg Ehe-Frau, Nahmens **Maria Cäcilia,** gebohrne Schulten, das Zeitliche mit dem Ewigen verwechseln zu lassen.

Es war Dieselbe den 10. Auguſt 1718. von wohlbekannten Chriſtlichen Eltern gebohren, und bald darauf durch die Heil. Tauffe mit Ihrem Heylande vereiniget, nachhero den 3. Februar 1750. an gedachten **Cornelius Jacob Berenberg,** verheyrathet, und in ſolcher höchſtvergnügten Ehe die Mutter von 2 Söhnen geworden, welche der ſeel. Frau Mutter in der Ewigkeit vorgegangen.

Sie ward den 26. October von einem todtgebohrnen Sohn entbunden, und befiel einige Tage darauf mit einem Fieber, woran Sie verwichenen Freytag Morgen um 1 Uhr, ſanft und ſelig verſchied, Ihres Alters 35 Jahre, 2 Monate und 23 Tage.

Addatur Votum.

Consolandi der hertzlichbetrübte Wittwer, Frau Mutter, reſpective Frauen Schwieger-Mütter, und Geehrtes Geſchwiſter, Sohn und übrige vornehme leidtragende Angehörige.

Todesanzeige des herzbetrübten Witwers für seine Frau, nach einer Totgeburt gestorben am Kindbettfieber im Alter von 35 Jahren. Familienarchiv Berenberg, Staatsarchiv Hamburg.

zärtlicher Gatten- und Vaterliebe: »Mein lieber Eschenburg, Ich ergreiffe den Augenblick, da meine Frau ganz ohne Besonnenheit liegt, um Ihnen für Ihren gütigen Antheil zu danken. Meine Freude war nur kurz: Und ich verlor ihn so ungern, diesen Sohn! denn er hatte so viel Verstand! so viel Verstand! – Glauben Sie nicht, daß die wenigen Stunden meiner Vaterschaft, mich schon zu so einem Affen von Vater gemacht haben! Ich weiß, was ich sage. – War es nicht Verstand, daß man ihn mit eisern Zangen auf die Welt ziehen mußte? daß er sobald Unrath merkte? – War es nicht Verstand, daß er die erste Gelegenheit ergriff, sich wieder davon zu machen? – Freylich zerrt mir der kleine Ruschelkopf auch die Mutter mit fort! – Denn noch ist wenig Hoffnung, daß ich sie behalten werde. – Ich wollte es auch einmal so gut haben, wie andere Menschen. Aber es ist mir schlecht bekommen.« Lessings Hoffen war vergebens, seine Frau starb nach tagelanger Bewußtlosigkeit am 10. Januar 1778.

Oft endete damals auch ein Kaiserschnitt für die Frau tödlich, da die Ärzte kaum Kenntnisse von operativer Hygiene besaßen. Doch kamen wohl nur etwa 10 % aller Kinder mit Hilfe solcher lebensgefährlichen und schmerzhaften Prozeduren auf die Welt. Häufig starben Frauen auch bei der Geburt eines toten Kindes, wie im Jahre 1758 die Schriftstellerin Meta Klopstock.

Das Wochenbett

Nach glücklich verlaufener Geburt mußte noch der Bauch umwickelt, die Nachgeburt aus der Gebärmutter gezogen und die »Scham« mit einem dreieckigen Stofftuch bedeckt werden. Die Frau konnte auch ihr Hemd zwischen die Beine ziehen, um sich so gegen Zugluft zu schützen.

Manchmal blieben allerdings Reste der Nachgeburt in der Gebärmutter zurück, oder es führten Infektionen – hervorgerufen durch unsaubere Geburtsinstrumente und Hände – zu Wochenbettfieber, an dem viele Frauen starben. Auch Margarethe E. Milow hatte nach ihrer ersten Entbindung ein sehr schweres Wochenbett erfahren müssen: »Ich wollte die Pflicht einer Mutter ganz erfüllen und also ganz natürlich mein Kind selbst stillen, legte es mit allen Freuden einer Mutter an meine Brust, that es einige Male, aber keine Milch wollte kommen; den andern Tag bekam ich Fieber, den Dritten wars noch ärger. Es mußte eine Amme kommen. Hierüber grämte ich mich so, daß ich den vierten, als den Tauftag, mit dem Tode rang. Die Hitze und Kopfschmerzen waren unbeschreiblich. Mein Mann weinte unaufhörlich, hing über mich und bat Gott, mich zu erhalten. Zweimal ward der Doctor in der Nacht gerufen, und ich rang mit dem Tode, bat Milow, dessen Angst größer war, wie meine, doch meine Schwester Sarah meines Kindes wegen wieder zu heiraten. Doch Gott wachte über mich und rettet mich diesmal, und ich genas zur unaussprechlichen Freude meines Mannes. Zwar kamen immer wieder Rückfälle, und vor dem 15. Tag war ich nicht recht gut.«[28]

Für Frauen aus der Unterschicht gab es nach der Entbindung weder ein Wochenbett noch einen Wöchnerinnenschutz. Um sich und ihr Kind am Leben zu erhalten, mußten arme Frauen sofort wieder beginnen zu arbeiten. Johann Peter Frank beobachtete, daß solche Frauen meist schon 14 Tage nach der Entbindung bis an die Knie im fließenden Wasser standen und ganze Tage wuschen und Leinwand auswrangen oder andere schwere Arbeit verrichten mußten. Die Württembergischen, Speyerischen und Badensischen Gesetzgeber sorgten indirekt für Wöchnerinnen, indem sie den in der Landwirtschaft tätigen Vätern während der ersten sechs Wochen nach der Entbindung ihrer Frauen alle Personalfrondienste, wie Jagen oder Botendienste, erließen.

Kindesmord

Manch eine Frau, die durch die Geburt ihres Kindes in eine extreme materielle oder seelische Notlage geraten war, wußte keinen anderen Ausweg, als ihr Neugeborenes zu töten. Dies zeigt der tragische Fall der 22jährigen Frankfurter Magd Susanna Margareta Brandt, die Goethe als Modell für das Gretchen in seiner Tragödie *Faust* diente. 1770 übernachtete der

Diener eines holländischen Kaufmannes in der Herberge, in der Susanna arbeitete. Er bedrängte sie, sie gab nach – und die Folge war eine Schwangerschaft, die sie zu verheimlichen versuchte. Die Wirtin wurde jedoch mißtrauisch, denn Susannas Leibesumfang nahm stetig zu, und gleichzeitig ließ ihre Arbeitsfähigkeit nach.

Nachdem Susanna ihr Kind ganz allein in einem Versteck zur Welt gebracht hatte, erwürgte und versteckte sie es in einem Stall und floh. Doch das Kind wurde gefunden und Susanna Margareta Brandt steckbrieflich gesucht. Sie stellte sich selbst und kam vor Gericht. Trotz eines Verteidigers, der Verständnis für ihre Situation wecken wollte, von ihrer großen Angst vor Schande sprach – plädierten die vier Syndici für die Todesstrafe. Susanna Margareta Brandt wurde am 14. 1. 1772 vor einem großen Publikum mit dem Schwert hingerichtet.

Ihr tragischer Fall beleuchtet die Not dieser Frauen, die sich nach der Geburt ihres ungewollten Kindes in einem psychischen Ausnahmezustand befanden. Um die Geburt zu vertuschen, fühlten sie sich oftmals gezwungen, das Kind am Schreien zu hindern. Und in ihrer Panik konnte es passieren, daß sie dabei das Kind erstickten.

Im 17. und in der ersten Hälfte des 18. Jahrhunderts wurden Kindsmörderinnen in vielen Gegenden zusammen mit einem Hund, einem Hahn, einer Schlange und einer Katze in einen Sack gesteckt und ertränkt. Ab der zweiten Hälfte des 18. Jahrhunderts war »nur noch« das Enthaupten mit dem Schwert üblich. Das Enthaupten und gelegentliche Aufspießen des Kopfes auf einen Pfahl sollte den Zuschauerinnen als abschreckendes Beispiel dienen.

In Augsburg wurden zwischen 1620 und 1786 15, in Frankfurt zwischen 1562 und 1696 18, in Nürnberg von 1503 bis 1743 67[29] und in den Herzogtümern Schleswig und Holstein von 1689 bis 1720 23 Kindsmörderinnen hingerichtet.[30] 46,36 % aller überhaupt hingerichteten Frauen wurden wegen dieses Verbrechens bestraft.[31]

Es war jedoch nicht leicht, eine Frau der Kindestötung zu überführen. Denn viele Frauen nahmen die Anklage nicht ohne Widerspruch hin. Sie verteidigten sich. Auf die zentralen Fra-

146

gen, warum sie heimlich und ohne Hilfe geboren hätten und ob das Kind lebte, behaupteten die meisten Frauen, das Kind habe weder geschrien noch sich bewegt, im Höchstfalle habe es einmal gejapst und sei dann gestorben. Andere Frauen gaben an, ihnen wäre das Kind während der Geburt herausgestürzt und auf den Boden gefallen. Den Vorwurf einer heimlichen Geburt versuchten viele Frauen mit dem Argument der »Übereilung« zu entkräften. Sie seien von der Geburt überrascht worden, hatten mit einem weitaus späteren Geburtstermin gerechnet; so sei es nicht möglich gewesen, Hilfe zu holen. Tatsächlich waren Früh-, Tot- und Sturzgeburten nicht selten und die Argumente der Frauen also gar nicht abwegig. Die Todesstrafe durfte aber nur dann ausgeführt werden, wenn als sicher erwiesen galt, daß das Kind lebensfähig zur Welt gekommen war und die Mutter das Kind willentlich getötet hatte. Da diese Tatbestände oft nicht genau zu ermitteln waren, wurde in vielen Fällen anstatt der Todesstrafe die mildere Verdachtsstrafe verhängt.

Gegen Ende des 18. Jahrhunderts erkannten Juristen den engen Zusammenhang zwischen Unzuchtsstrafen und Kindesmord. Deshalb wurde nun der außereheliche Geschlechtsverkehr weniger streng bestraft. Verzweiflung, Scham und Furcht galten als schuldmildernde Umstände. Bei der Beurteilung, ob das Kind schon bei der Geburt tot gewesen sei oder erst nach der Geburt getötet wurde, wurde dem medizinischen Gutachter eine bedeutende Rolle zugewiesen. All dies führte zu einem Rückgang der Anklagen.

Die Mutterliebe

Für die meisten Menschen, egal aus welcher sozialen Schicht sie kamen, bedeutete die glücklich überstandene Geburt eines gewollten Kindes ein Geschenk Gottes. »Gott bewahrte mich vor jedem Übel und ich war fröhlich und heiter. Mein Mann war es auch im höchsten Grade, liebte mich unaussprechlich, umarmte mich so oft, weil er nun schon die Mutter zweier Söhne in mir umarmte«,[32] schrieb Margarethe E. Milow in ihr Tagebuch.

Wurden aus Ehepaaren Eltern, erhielt die Liebe oftmals eine neue Qualität. Und die hatte dann meist nichts mehr mit dem ersten Rausch der Liebe – wenn es ihn denn je gegeben hatte – gemein. Der Mann sah in seiner Geliebten nun die Mutter seiner Kinder, die Frau im einst feurigen Liebhaber den Vater, den Ernährer ihrer Kinder. Die Kinder galten als eisernes Bindeglied zwischen den Ehepartnern. Das hatte auch Margarethe E. Milow beobachtet, und sie erklärte »wenn die [Kinder] kommen kettet sich sein Herz an Eures, und so könnt Ihr völlig ruhig sein, dann hängt sein Herz wie Eures sich an sie, und sie binden Euch, jedes Kind bindet Euch fester.«[33]

Elternliebe gestaltete sich auch im 18. Jahrhundert unterschiedlich: Es gab Eltern, die ihre Kinder liebten, aber auch Eltern, die nur eine geringe emotionale Bindung zu ihren Kindern hatten. Eigentlich eine banale Feststellung, aber nur auf den ersten Blick. Denn damit widersprechen wir Thesen, die sich in den letzten Jahren durchgesetzt haben, wie: »im 18. Jahrhundert war es Mode, eine strenge und abweisende Mutter zu spielen« – eine Auffassung der französischen Professorin für Philosophie Elisabeth Badinter aus ihrem bekannten Buch *Die Mutterliebe.*

Daß viele Mütter ihre Kinder liebten, wird an den Bemühungen deutlich, die sie unternahmen, um ihre Kinder am Leben zu erhalten. Und solche Sorge war auch bitter nötig, schaute doch der Tod permanent durchs Fenster: »In der ersten Kindheit (…) ist das Gebiete des Todes, und nirgends ist die Hülfe der Aerzte mißlicher, als hier, wo sich ihr tausend Schwierigkeiten in den Weg legen. Darum sollten die Eltern billig nicht gleich von der Geburt anfangen, ihre Kinder als ein Eigenthum zu betrachten, von dessen Besitz sie gewiß wären: denn es ist allzu wahrscheinlich, daß sie sie nicht behalten.«[34] Nur etwa die Hälfte aller Kinder wurde erwachsen, ein Viertel starb bereits vor dem ersten Geburtstag, das andere Viertel im jugendlichen Alter.[35] Hauptursachen für die hohe Säuglings- und Kindersterblichkeit waren mangelnde Hygiene, schlechte Ernährung, unzureichende medizinische Versorgung, aber auch fehlende Fürsorge für das Kind, bedingt durch Überlastung der Mütter. Pockenepidemien (erst ab 1796 war eine ungefährliche und sichere

Impfung mit Kuhpockenerregern üblich) und epidemisch auftretende Kinderkrankheiten wie Mumps, Masern, Keuchhusten führten außerdem häufig zum Tode. Rachitis, Schwindsucht, fiebrige Erkrankungen und Atrophien (Muskel-, Knochen- und Organschwund) infolge von Mangelernährung und schlechten Wohnverhältnissen taten ihr übriges.

Den Tod eines Kindes empfanden viele Eltern als eine Katastrophe. Auch für das 18. Jahrhundert sind einfühlsame Berichte von trauernden Müttern überliefert. Charlotte von Kalb trauerte um den Verlust von zweien ihrer vier Kinder: »Zwei Kinder habe ich schon beweint. O wie eisern sind deine Gesetze, Natur, die Mutterherzen! Durch ihre Seele drang ein Schwert, die Mutter wird mit dem Kinde begraben, und wie belebt durchdringt gleichsam die Seele wieder die nachwandelnde Gestalt, wie sie vormals that, als der Liebling noch in ihren Armen ruhte. Meine Phantasie hat noch erbleichte Bilder, die ihr den Schmerz gezeichnet hat.«[36] Charlottes Kinder, Adelheid Antoinette, geboren im April 1786, und Eleonore Susanne, geboren im September 1790, lebten nur einen Monat.

Weil viele Mütter fürchteten, ihre Babys nicht anders satt zu bekommen, gaben sie ihnen neben der Muttermilch noch Brei zu essen. Die Mütter wußten es nicht besser, taten es aus Fürsorge und Liebe, doch leider überlebten viele Säuglinge diese ungeeignete Babykost nicht.

Ebenfalls aus Fürsorge – und auch mit prekären Folgen – wurden Babys von ihren Müttern vom Hals bis zu den Zehen fest in Tücher gewickelt. Gegen diese Verpackungsmethode wetterte der Pädagoge Johann Heinrich Campe: »Weg mit dem einfältigen Vorurtheil, daß Kinder durch Versäumung des Wickelns lahm, hinkend, ausgewachsen oder buckelicht werden könnten! Umgekehrt, (…) gerade dadurch kommen so viel lahme, schiefe, bucklichte und ungestalte Menschen zum Vorschein.«[37] Solche Appelle hatten kaum Einfluß auf Wickeltraditionen, blieb doch die Sorge groß, daß ein ständig strampelndes Baby seine Gliedmaßen verformen würde.

Auch entgegen ärztlichen und pädagogischen Ratschlägen versuchten die Mütter ihre kleinen Schreihälse mit Schaukeln, einigen Mohnkrümeln und einem Schnuller – einem mit Brei

149

gefüllten oder in Schnaps getränkten Leinensäckchen – zu besänftigen. Entsetzt rief Campe: »Keine Kinder lassen sich bequemer warten, als die stets schlafen. Daher kennen die Ammen sehr genau die Tugenden der Lilien in den Kinderstuben, des himmlischen Theriacks, der Requies Nicolai, der Lachen=Knoblauch=Lattwerge, der weißen Mohnsaat und des Opiums, ja wenn sonst nichts zu haben ist, doch wenigstens des Wiegens und Summens, welches ein ganzes Register von heillosen Künsten ist, deren viele den Kindern die gefährlichsten Anfälle verursachen.«[38]

Vom Mutterschaftsmythos

Das Familienideal des ausgehenden 18. Jahrhunderts verlangte von einer Mutter, viele Kinder zu gebären, im Hause zu wirken und in Hinsicht auf ihr Leben keine anderen Vorstellungen zu entwickeln oder gar Forderungen zu stellen. Um Frauen von der »Natürlichkeit« dieser familiären Aufgaben zu überzeugen, wurde der Mythos von der »natürlichen« Mutter geschaffen, die trotz aller ihr auferlegten Beschränkungen als angeblich heimliche Herrscherin aufs Podest gehoben wurde: »Liebe und tugendhafte Bürgerinnen! Das Los eures Geschlechts wird es immer sein, über das unsere zu herrschen. Welch ein Glück, wenn sich eure keusche Macht nur in der ehelichen Verbindung äußert und sich nur zum Ruhme des Staates und zur allgemeinen Glückseligkeit auswirkt. (…) Welcher Mensch ist so barbarisch, daß er der Stimme der Ehre und der Vernunft aus dem Munde einer zärtlichen Gattin widerstehen könnte?«[39]

Diesem Mutterschaftsmythos waren in erster Linie bürgerliche Frauen unterworfen. Kaufmanns-, Ärzte-, Beamten-, Juristen- und Senatorenfrauen lebten in der häuslichen Stille, zurückgezogen nach moralisch-strengem Kodex. Die Plazierung der Frau auf dem »Sockel der Mutterschaft« verlieh ihr eine gewisse Anerkennung, vielleicht ein erhebendes Gefühl von Autorität, hatte sie sich doch ansonsten in die gesetzlich und religiös legitimierte Vorherrschaft ihres Gatten und Hausherrn zu fügen. Die Macht der Mutter über ihre Kinder war jedoch begrenzt, denn der Vater blieb oberste Kontrollinstanz. Er bestimmte letztendlich, wie seine Frau die Kinder zu erziehen hatte, konnte die Gattin maßregeln, wenn gegen seine Erziehungsmaxime verstoßen wurde. Diese patriarchale Erziehungsgewalt wurde auch in das Bürgerliche Gesetzbuch übernommen und war gültig bis 1959.

Mutter- und Vaterrolle

Die Aufgaben der Eltern bei der Kindererziehung waren laut Paragraph 66 des Allgemeinen Preußischen Landrechts exakt verteilt: der Vater kam für die Kosten, die Mutter für die Pflege auf.

In den durchweg von Männern aufgestellten Erziehungsmaximen wurden die Pflichten der Mutter fest umrissen. Sie durfte ihre Kinder nicht verzärteln und verwöhnen. Faulheit, Vergnügungssucht und Zuchtlosigkeit sollten Mütter durch strenge Erziehung vorbeugen. Körperdisziplin, Abhärtung, Entsexualisierung, das waren die Mittel, mit deren Hilfe einer angeblichen Verzärtelung durch die Mütter entgegengewirkt werden sollten. Doch gesetzliche Verordnungen und gestrenge Pädagogen mögen eine Seite der Realität sein, auf der anderen Seite gab es wohl genügend Frauen, die sich von solchen Vorschriften nicht beeindrucken ließen – und dies auch mit Billigung ihres Ehemannes. Aus einigen Berichten von Müttern über ihre Kinder sprechen fürsorgliche Liebe und Stolz, was darauf hindeutet, daß so manches Kind wohl nicht ganz so streng gehalten und vielleicht sogar verwöhnt wurde. So äußert sich die schriftstellernde und vierfache Mutter Lotte Schiller ganz entzückt über ihren vier Wochen alten Sohn Carl: »Mein kleiner Carl wird Sie recht freuen, er ist schon recht wohlgezogen und macht so ernsthafte Gesichter, als wenn er Pläne zu Trauerspielen in seinem Köpfchen herumtrüge. Er sieht Schillern und auch mir ähnlich, wahrscheinlich wird er blondes Haar bekommen, und hat blaue Augen. Ich bin nicht partheiisch, denke ich, aber ich habe noch nicht viele kleine Kinder gesehen, die so gefällig anzusehen sind, wie der kleine.«[40]

Das Stillen

Mutterliebe drückte sich auch durch die Bereitschaft zum Stillen aus. »Ich bin traurig, (daß) Brüderchen so ganz der Mutterbrust entwächst«,[41] schrieb 1795 Caroline von Humboldt an ihren Mann. Jedoch überließ der Staat den Müttern nicht die freie Entscheidung, ob sie nun stillen wollten oder nicht. In der zweiten Hälfte des 18. Jahrhunderts wurde das Stillen zur ersten Mutterpflicht erhoben. Unter dem allgemeinen, alle gesellschaftlichen Bereiche durchdringenden Motto: »Zurück zur Natur« wurde die Frau als Naturwesen entdeckt, das sogar mit säugenden Kühen und Ziegen verglichen wurde. Uneinsichtige Mütter sollten mit Versprechungen zu ihren »natürlichen Mutterpflichten« bewegt werden. Als Belohnung winkte ihnen die Liebe der Kinder und des Mannes. Ein französischer Arzt behauptete sogar, daß sich die Milch in die übrigen Körperteile ergieße, wenn sie zurückgehalten werde.[42]

Das Ideal des »Selbststillens« hatte sich gegen Ende des Jahrhunderts so weit durchgesetzt, daß es kaum empörte Kritik gab, als der Schriftsteller Gottfried August Bürger seine nicht stillen wollende Frau Marie Christiane Elisabeth öffentlich als egoistisch und vergnügungssüchtig beschimpfte: »Selbst gute und billige Personen (…) können dir doch das nicht verzeihen, daß du dein erstes und einziges Kind so deiner unerhörten Eitelkeit, so deinem übermäßigen Hange zu schwärmenden und lärmenden Vergnügungen aufzuopfern im Stande warest. Ein Kind, das bis jetzt ganz allein von der Milch einer gesunden und starken Mutter hätte genährt werden und dabei auf das Beste hätte gedeihen können, das sollte sich schon wenige Wochen nach seiner Geburt an Kleister gewöhnen, damit die üppige Mutter nur seiner bald los werden und desto ungehinderter sich auf dem Tummelplatz wilder Vergnügungen herumwälzen könnte. Daß dir die Milch darüber vor der Zeit vergehen mußte, das war wohl kein Wunder. Denn so wie die Milch desto häufiger sich einstellt, je mehr dem Kinde die Brust gebothen wird; so muß sie auch desto mehr vergehen, je seltener das Kind daran kommt.«[43]

Auch Pastoren predigten über das Stillen und redeten den

Müttern ins Gewissen, wie der Hamburger Pastor Nölting: »Die erste heilige Pflicht also ist, daß sie [die Mutter] ihrem Kind, was unter ihrem mütterlichen Herzen lag, auch die mütterliche Brust gebe. Nichts, als offenbare Unmöglichkeit, oder augenscheinliche Gefahr, daß sie ihre Gesundheit unwiederbringlich aufopfern und ihm eine zu schwache Nahrung mittheilen würde, kann eine gut denkende Mutter abhalten, von der so deutlichen Regel der Natur eine Ausnahme zu machen. Die, welche gewissenlos genug sind, aus Nebenursachen ihrem Kind die Mutterbrust zu entziehen, folglich Gott zu widerstreben und dadurch seiner weisen Einrichtung zu spotten, mögen bedenken, wie sie das einst vor ihm, der nicht mit sich spotten lässt, verantworten wollen.«[44]

Die dauernden Auseinandersetzungen über das Stillen versuchte 1794 das Allgemeine Preußische Landrecht durch eine eindeutige gesetzliche Regelung zu unterbinden: Es verpflichtete gesunde Mütter, ihre Kinder zu stillen; und die Väter hatten über die Dauer der Stillzeit zu bestimmen (ALR, Teil 2, Titel 2867 und 68). Gleichzeitig empfahlen Ärzte während der Stillzeit lieber ganz auf den Beischlaf zu verzichten, denn das Sperma würde sonst die Milch gerinnen lassen.

Aber trotz aller Machtworte und Drohgebärden stillten viele Frauen ihre Kinder nicht – und dies geschah meist nicht aus Sorge um die Schönheit ihres Busens, wie ihnen ja vielfach vorgeworfen wurde. Es gab existentiellere Gründe: So durften Arbeiterinnen nicht an ihrem Arbeitsplatz stillen, und vielen Frauen fehlte einfach die Kraft, ihrem Kind die Brust zu geben – so daß Ammen die Stillarbeit übernehmen mußten.

Aber auch oftmals tödlich verlaufende Erkrankungen der Brust, wie Krebs, machten die Arbeit einer Amme notwendig. Die 43jährige Pastorengattin Margarethe Elisabeth Milow erschrak zutiefst, als sie an einem Winterabend gegen Ende des Jahres 1791 zum ersten Mal »Schmertz in der Brust und auch die Verhärtung«[45] spürte. Die Diagnose war schnell gestellt: Brustkrebs.

Margarethe Milows Arzt setzte Blutegel an, riet aber schon bald zur Operation. Doch die Angst vor solch einer gefährlichen Operation ohne Narkose war groß, deshalb zögerte Frau

Milow und nahm zunächst jede andere vermeintliche Hilfe dankbar an – selbst die eines Quacksalbers, der vorgab, Krebs »ohne Messer zu kurieren«: »Er legte das Pflaster auf und ich fuhr nach Wandsbek mit dem Versprechen, des anderen Tags wieder zu kommen. Kaum aber war ich im Wagen, als sich die fürchterlichsten Schmertzen einstellten. Diese dauerten 5 Stunden. (...) Die ersten 5 Tage war der Schmertz groß, nachher sehr mäßig. Den 28sten Juli ging die Brust offen. Der Mensch behauptete, den Krebs heraus genommen zu haben. Es war aber nichts wie die Brandhaut gewesen. (...) Meine Brust war nun offen, eiterte aber nur wenig und blieb noch fast 5 Wochen offen. Da heilte sie und nun war alles wieder wie es vorher war, außer, daß ich einige Knoten unterm Arm bekommen hatte.«[46]

Margarethe Elisabeth Milow ließ sich erst 14 Monate nach der gestellten Diagnose operieren. Die Operationen wurden meistens in den Häusern der Patientinnen oder im Haus des Arztes durchgeführt. Krankenhäuser mied das Bürgertum wegen der dort herrschenden miserablen hygienischen Bedingungen. Auch Margarethe E. Milow begab sich zur Operation in das Haus einer Freundin. Dort erwartete sie eines Morgens die Ärzte: »Ich machte meine Taschen los, zog mein Leibchen aus und setzte mich, die zitternden Knie, fürchtete ich, möchten Grasmeier [ein Arzt, d. Autor.] hindern, er hielt sie zwischen den seinen fest. Seip [ein weiterer Arzt, d. Autor.] hielt den rechten Arm in die Höhe, der Gehülfe stand hinter ihm, die Köster hielt die linke Hand, die Kruse das Brett mit den Messern und den übrigen Sachen. Ich machte die Augen zu, und es war geschehen. Ich öffnete die Augen und sah die blutige Brust liegen. Er wartete etwas, ich schloß wieder die Augen und der 2te Schnitt geschah. Es dauerte länger und ich fragte, ›Ists bald vorüber?‹ – und auch das wars bald. Er forderte Kohlen, und ich fragte mit Angst, Sie wollen doch nicht die Adern zubrennen? Nachdem nun alles verbunden war, ward ich übel, mußte mich übergeben (...).«[47] Mittels zweier halbmondförmig angelegter Schnitte, die ein Oval oder einen Kreis bildeten, versuchten die Ärzte, die Geschwulst herauszulösen. Danach unterbanden sie die Adern. Bei Flächenblutungen gossen sie kaltes Wasser auf oder legten Eichenschaum auf die Wunde, um die Blutung zu stillen; die Anwendung des Glüheisens – wie bei Margarethe E. Milows Operation geschehen – wurde von vielen Ärzten abgelehnt. Die Ärzte entfernten auch die Lymphknoten in der Achselhöhle. Nach einem Hautschnitt wurde der Knoten freipräpariert und mit spitzen Haken herausgehebelt.

Margarethe Elisabeth Milow überlebte die Operation, besiegte aber nicht den Krebs. Sie starb 20 Monate nach dem Eingriff.

Das Ziel nicht erreicht

Alte Jungfern

»Wo krieg ich einen Mann, bey diesen schweren Zeiten, der mich, für andern Leuten, nach Wunsch ernehren kann? Wo krieg ich einen Mann, den ich ans Herze drücke, und mich an ihm erquicke, kommt mir die Sehnsucht an? Wie schwer, wie schwer ist doch, das so verhaßte Joch der strengen Einsamkeit, das ich nun muß so lange ziehen!«[1] klagte die unverheiratete Frau Alga aus dem komischen Zwischenspiel *Buffonet und Alga oder die Manns=tolle alte Jungfer*, das 1727 in der Hamburger Oper am Gänsemarkt aufgeführt wurde. Hier handelte es sich zwar nicht um den authentischen Bericht einer sogenannten alten Jungfer, sondern um Satire. Es durfte gelacht werden auf Kosten der einsamen Alga, die nun endlich den verlotterten Soldaten Buffonet erhören wollte, der sie seit Jahren vergeblich »belagert« hatte. Doch Algas Monolog enthält typische Vorurteile gegen unverheiratete Frauen, die zur Zielscheibe von Spott und Verachtung wurden, weil sie das »Klassenziel« Ehe nicht erreicht hatten.

Als »alte Jungfer« galten ledige adlige oder bürgerliche Mädchen ab Mitte Zwanzig. Sie lebten meist bei ihren Eltern oder im Hause des Bruders und wurden dort selbstverständlich in familiäre Aufgaben eingespannt. Als unverheiratete Tanten beaufsichtigten sie zum Beispiel die Kinder ihrer verehelichten Geschwister, fungierten als Anstandsdamen für die heranwachsenden Nichten oder als abschreckende Beispiele für heiratsunwillige junge Frauen.

Die Hamburger Professorentochter und vertraute Freundin

Lessings, Elise Reimarus, die sich mit pädagogischen Aufgaben beschäftigte und manchmal auch ihrem Vater bei seiner gelehrten Tätigkeit zur Seite stand, blieb unverheiratet, weil sie glaubte, die an sie gerichteten Heiratsanträge würden nicht ihr gelten, sondern nur ihrem Namen. Unglücklich über die Ehelosigkeit scheint sie allerdings nicht gewesen zu sein: »Es ist, allgemein betrachtet vielleicht kein Stand glücklicher als der Stand eines unverheirateten Frauenzimmers, und ganz gewiß keiner so unglücklich, als derjenige einer Frauenperson, die eine schlechte Heirat trifft.«[2]

Für Elise gab es wichtigeres als die Ehe: »Der Umgang und das Gespräch eines edelgesinnten Freundes, die Philosophie und die Liebe zu den Wissenschaften, was für drei wichtige Glückseligkeiten des menschlichen Lebens!«[3] Als aber ihrem Bruder 1762 die Ehefrau starb, hatte Elise familiäre Pflichten zu übernehmen. Von nun an mußte sie Ersatzmutter für die beiden Kinder ihres Bruders sein.

Die rechtliche Stellung erlaubte unverheirateten Frauen nur in den seltensten Fällen ein »selbstbestimmtes« Leben. Im Allgemeinen Preußischen Landrecht von 1794 hatten Frauen zwar ebenso wie Männer die Möglichkeit, aus der väterlichen Gewalt entlassen zu werden – doch gab es für sie keine juristischen Mittel, dies auch real einzuklagen. Söhne konnten gegen den Willen des Vaters die Errichtung eines eigenen Hausstandes durchsetzen, die Töchter aber waren auf die Großzügigkeit des Vaters angewiesen. Der Zeitgenosse Ernst Brandes beschrieb die alltägliche Realität: »Wie äußerst dependent ist nicht die Lage der Unverheyratheten des andern Geschlechts? Aller Selbständigkeit beraubt sogar bey den geringfügigsten Handlungen des Lebens dürfen sie kaum der frischen Luft genießen, als unter der Bedeckung, dem Schirme einer Verheyratheten oder eines sehr nahen männlichen Verwandten. Fast in allem werden sie wie völlig unmündig betrachtet, und wenn auch dieser Zwang bey bejahrten Mädchen etwas nachläßt, wie eng ist doch die Freyheit dieser beschränkt gegen den Zustand der jüngsten, eben verehelichten Frau?«[4]

Auch Alga klagte auf der Bühne über solche Einschränkungen. Alles, was sie wollte, war ein Mann, der sie ökonomisch und emotional versorgen konnte. Aber wie sollte Alga einen Mann – einen anderen als Buffonet – kennenlernen, wenn sie als volljährige Frau, wie sie sagt, »strenge bei ihren Eltern leben muß«? Ihre Einsamkeit, ihre zurückgezogene Lebensweise war die allgemein erwartete Bedingung für ihre öffentlich beglaubigte Jungfräulichkeit – Alga mußte ihre Tugend bewahren, durfte sich zum Beispiel nicht an öffentlichen Treffpunkten amüsieren. Den dort angeblich lauernden »Liebs=Reitzungen« mußten die Ledigen auch aus Sorge um ihr Seelenheil ausweichen: »Diser Stand (…) ist sehr gefährlich wegen der Keuschheit, welcher eines theils unter Verlust der ewigen Seeligkeit muß gehalten werden.«[5] Sexuelle Wünsche durften ledige Frauen nicht ausleben.

»Die jungen Jahre fliehen, man wird doch endlich alt, und meine noch so ziemliche Gestalt, wird mit dem Jungfern=Cranz so nach und nach verwelken. Kein Mittel findet sich, wie ich mit Ehren mich, will in den Weiber=Orden heben (…).«[6] Alga bediente das Klischee der sexuell unbefriedigten und deshalb lüsternen älteren Frau, ihre Sorge um die »verwelkende Attraktivität«, ihre Sehnsucht nach Liebe wurde lächerlich gemacht – und sie trug an ihrem Unglück allein die Schuld: »Ach, mit Verdruß, gedenk ich nun erst dran, wie mancher sonst um einen Kuß, wo zwanzig mal vor meine Thüre kam, eh ich ein einzigmahl ihn mit zu Bette nahm. Bot einer mir wohl gar den Ehestand an, nun aber sitz ich hier, und muß versauren.«[7] Mit der Gestalt Algas wurde eine Mixtur altbekannter Weisheiten vermittelt, die auch in der Unterhaltungsliteratur verbreitet waren: Nur junge Frauen seien attraktive Heiratskandidatinnen; wer keinen Ehemann abbekomme, habe selber schuld, sei zu häßlich, zu wählerisch oder eigensinnig.

Auf der Opernbühne war er ebenso häufig zu hören, wie in anderen literarischen Texten und vermutlich auch in der Realität: der Vorwurf nämlich, daß viele Frauen den Männern gegenüber zwar widerborstig, abweisend und spröde seien – es aber heimlich um so schlimmer trieben. So ein doppeltes Spiel wird auch Alga, der angeblich »mannstollen alten Jungfer« aus dem Opern-Intermezzo unterstellt, die zwar heimlich bis zu einem gewissen Grade auf männliche Avancen eingeht, aber keinem ganz gehören will. Sie sei sogar soweit gegangen, daß sie auch mal einen besonders hartnäckigen Verehrer »mit zu Bette nahm« – für eine ehrbare Bürgerstochter kaum vorstellbar. Daß sich aber hinter Algas ansonsten ablehnendem Verhalten mehr als ein kokettes Spiel verbergen konnte – wie echte Antipathie, oder andererseits Angst vor einem unehelichen Kind und dem Verlust ihres guten Rufes – das wurde in diesem Bühnentext nicht reflektiert und hätte ja auch den Spaß an diesem Opernabend verdorben.

Algas umständliche, zögernde Suche nach einem Mann, ihr Wunsch, umsichtig wählen zu dürfen, wird zudem als überflüssiger Eigensinn dargestellt, wenn sie sagt: »Ein jedes Mädgen will sich paren, und jede denkt mit ihren Waren, im Anfang trefflich hoch hinaus: Im zwolften Jahr denkt jedes Kind: kein andrer als ein Edelmann koemmt bei mir an, Indes, zwey Jahr hernach, (ach leider) erseufzt man sich einen Rath, wann noch 2 Jahr verflossen sind, so wünschet man von grund der Seelen: ach käme doch ein Advokat! Und wann wir diesen auch verfehlen, so heists: Ach wär' es nur ein Schneider, sonst wird doch endlich gar nichts draus!«[8]

Alga mußte auf einen Mann warten, der ihr einen Heiratsantrag machte – und mit ihm zufrieden sein, sei er auch so tölpelig wie ihr alter Freund, der Soldat Buffonet. Unklar bleibt in diesem Intermezzo, warum Algas Eltern die Existenzgrundlage ihrer Tochter nicht auf andere Weise gesichert hatten. Denn es gab viele bürgerliche und adlige Väter, die ihre unverheirateten Töchter in »Damenstifte« einkauften. In diesen Versorgungsanstalten, die nach der Reformation unter anderem die katholischen Nonnenklöster ablösten, lebten Frauen nach strengen Regeln: züchtig, gottesfürchtig und keusch, meist schwarz gekleidet und mit Stricken oder Nähen beschäftigt, wer es sich leisten konnte, mit Dienstpersonal. Und wer die oft sehr hohen Eintrittsgelder in die Stiftung nicht bezahlen konnte, versuchte es vielleicht mit folgender Anzeige: »Wenn eine Witwe ohne Kinder, oder eine andere stille Frauensperson, welche mit Meublen versehen ist, Neigung haben möchte, zur Ersparung der Miethe mit einem anderen Frauenzimmer zusammen zu wohnen, die kann das Nähere davon im Adreß-Comptoir erfahren.«[9]

Starb eine unverheiratete bürgerliche Frau, wurde sie in den Todesanzeigen mit »Jungfer« betitelt. Die obligatorische männliche Autorität vertrat in diesem Fall der Vater, dem zum Beispiel 1780 in den *Hamburger Adreß-Comptoir-Nachrichten* gleich mitgedacht wurde: »Den 18.ten: Jungfer Cornelia, sel. Herrn Oberalten Raetje Richters Tochter, an Brustfieber, alt 50 Jahr, 9 Monate und 4 Tage.«

Geschiedene Frauen

»Seit 3 Wochen bin ich, nach vielen Contestationen, Szenen, – nach manchem Schwanken, und Zweifeln – endlich von V. geschieden, und ich wohne allein – aus diesem Schiffbruch, der mich von einer langen Sklaverey befreit, habe ich nichts gerettet, als eine sehr kleine revenue, von der ich nur äußerst sparsam leben kann (…). Jezt bin ich was ich längst hätte sein sollen lieber Freund! jezt bin ich glücklich, und gut – keine Gruseley mehr, keine Beschämung vielleicht würden Sie mich auch nicht mehr so hart finden, ich lebe in Frieden mit allem was mich umgiebt!«[10] – so beschrieb die schriftstellerisch tätige Dorothea Veit ihre Erleichterung nach ihrer Scheidung am 11. Januar 1799 von dem Berliner Bankier Simon Veit, mit dem sie als 15jährige verheiratet worden war.

Simon Veit hatte gehofft, daß sich die Ehezwistigkeiten mit der Zeit legen würden. Doch weit gefehlt – da half kein Weinen, kein Hoffen und Flehen. Auch die Kinder waren für Dorothea Veit kein Scheidungshindernis. Obwohl nach den Scheidungsgesetzen Mütter kein Recht auf ihre Kinder besaßen, selbst dann nicht, wenn die Frauen »unschuldig« geschieden wurden, erklärte sich Simon Veit dazu bereit, den jüngsten Sohn, den sechsjährigen Philipp, bis zu seinem zehnten Lebensjahr bei Dorothea zu lassen. Falls sie sich jedoch in dieser Zeit wieder verheiraten sollte, mußte Philipp zurück zu seinem Vater. Ihr knapp zehnjähriger Sohn Jonas blieb beim Vater.

Dorothea mußte erhebliche finanzielle Einbußen hinnehmen. Die Scheidungsgesetze erlaubten weder die Rückgabe ihrer Mitgift, noch die ihres väterlichen Erbes. Simon Veit zeigte sich großzügig; er überließ ihr von ihrem eigenen Geld 1000 Reichstaler, ihr restliches Vermögen wurde für die Kinder in Pfandbriefen etc. angelegt. Mit den daraus gezahlten Zinsen und den Alimenten für den jüngsten Sohn konnte Dorothea bescheiden leben.

Ähnlich erging es der Schriftstellerin Friederike Sophie Caroline von Beulwitz. Sie ließ sich 1793 nach neunjähriger Versorgungsehe von Wilhelm von Beulwitz, Vizekanzler am Schwarzburg-Rudolstädtischen Hof, scheiden, um 1794 ihren Geliebten Wilhelm von Wolzogen, Kammerherr, Oberhofmeister und Geheimrat am Weimarischen Hof, zu heiraten. Und auch ihr Lebensstandard sank rapide – wie dies bei den meisten geschiedenen und verlassenen Frauen der Fall war.

Scheidungen bei Frauen aus der Unterschicht waren seltener. Denn ein Ehedrama lösten viele Ehemänner dadurch, daß sie sich einfach aus dem Staub machten und sich weder durch Ermahnungen der Armenpflege noch durch Gerichtsbeschluß dazu bewegen ließen, zurückzukommen oder wenigstens etwas Unterhalt für Frau und Kinder zu zahlen – selbst dann nicht, wenn die Ehemänner die finanziellen Mittel dazu besaßen.[11] So geriet eine verlassene Frau aus der Unterschicht unweigerlich in völlige Verarmung.

Eine Scheidung war damals wesentlich schwerer durchzusetzen als heute. Im Laufe des 18. Jahrhunderts setzte jedoch eine Liberalisierung der Scheidungsmöglichkeiten ein. So bestimmte Friedrich II. von Preußen, daß ab 1751 »Feindschaft unter den Eheleuten« als Scheidungsgrund gelten konnte. Und 1794 wurde eine generelle Regelung des Rechts auf Scheidung im Allgemeinen Preußischen Landrecht verankert, das aber nur den Protestantinnen und Protestanten zugestanden wurde.

Als Scheidungsgründe galten, wie auch schon in früheren Gesetzen, Sodomie (worunter man auch Homosexualität verstand) und Nichterfüllen der ehelichen Pflichten. Eine Ehefrau verhielt sich ehewidrig, wenn sie ihrem Mann zum Beispiel bei einem berufsbedingten Ortswechsel nicht folgen wollte. Schließlich war die Frau durch die Heirat zur Haushälterin des Mannes geworden, die ihm auch in der Fremde seine Knöpfe annähen mußte.

Auch bei Wahnsinn, »abscheuerregenden« körperlichen Gebrechen, Impotenz und Unfruchtbarkeit konnte geschieden werden. Die kirchliche Ermahnung »In guten wie in schlechten Tagen zusammenzuhalten« galt nicht für den Gesetzgeber. Bezogen sich die »schlechten Tage« auf psychische oder physische Erkrankungen, die es unmöglich machten, Kinder zu bekommen, dann griff das Recht auf Scheidung. Kein selbstverständlicher Scheidungsgrund war hingegen Gewalt in der Ehe. Bei prügelnden Ehemännern und sich laut und handgreiflich streitenden Ehepaaren schritt die Obrigkeit nur selten ein. Es mußten sich schon massive Gewaltszenen abgespielt haben, damit geschieden wurde.

Die liberaleren Scheidungsgesetze gegen Ende des Jahrhunderts waren nicht unbedingt Ausdruck eines größeren Verständnisses für eheliche Konflikte. Friedrich der Große, während dessen Regierungszeit die Liberalisierung durchgesetzt wurde, war der Überzeugung, daß ein sich hassendes Ehepaar kaum noch Kinder zeugen würde. »Dagegen wird ein solches Paar geschieden, und das Weib heyratet dann einen andern Kerl, so kommen doch noch eher Kinder davon.«[12]

Trotz liberalerer Gesetzgebung traf auch eine schuldlos geschiedene Frau die gesellschaftliche Verachtung. Es ist deshalb kein Wunder, daß eine Scheidung der äußerste Schritt aus einer unerträglichen Ehe war – dennoch nahm in der zweiten Hälfte des Jahrhunderts die Zahl der von Frauen eingereichten Scheidungen zu. So wie bei Therese Marie Forster-Huber, die sich 1793 nach achtjähriger Ehe von ihrem Mann Georg Forster scheiden ließ. Forster litt unsäglich. Besonders die Trennung von seinen beiden Töchtern Therese und Klara machte ihm sehr zu schaffen. »Ich herze Röschen und Klärchen; um eine Stunde ließ ich mir einen Finger abnehmen, wenn ich sie damit erkaufen könnte. Komm auch Du an mein blutendes Herz, liebe Therese.« (An Therese Forster am 23. 05. 1793.)[13]

Im Dezember 1792 hatte Therese mit ihren Kindern ihren Mann verlassen und angeblich aus politischen Gründen nach Neuchâtel in die neutrale Schweiz übergesiedelt, wohin der französische Bürger Forster wegen der strengen französischen Ausreisebestimmungen nicht nachreisen konnte. Therese kam nicht zurück, sie liebte schon seit einigen Jahren Ludwig Ferdinand Huber, einen kursächsischen Legationsrat aus Mainz. Kurz nach der Scheidung starb Georg Forster an einer Erkältung und an einem alten, nun wieder ausgebrochenen Leiden: der skorbutischen Gicht. Drei Monate später heiratete Therese den mittlerweile arbeitslos gewordenen Huber.

Einen ähnlichen Weg beschritt die Schriftstellerin Sophie Friederike Maria Mereau-Brentano geb. Schubart. Sie ließ sich 1801 nach achtjähriger unglücklicher Ehe von ihrem Mann, dem Juristen und Professor in Jena, Friedrich Karl Ernst Mereau, scheiden. Kinder waren nicht geboren worden und somit auch nicht aufzuteilen. Sophie war bereits eine geachtete Schriftstellerin, die sich ihren Lebensunterhalt selbst verdienen konnte. Zwei Jahre später, am 29. 11. 1803, heiratete Sophie den Dichter Clemens Brentano. Er hatte sie inständig um die Ehe gebeten – außerdem erwartete sie von ihm ein Kind.

Dem Karlsruher Hofgericht wurden in den Jahren 1760–1766 und 1769–1771 177 Scheidungsklagen vorgebracht – 96 davon von Frauen. 36 Ehefrauen klagten, weil der Ehemann sich aus dem Staub gemacht hatte. Nur elf Ehemännern war es passiert, daß ihnen die Ehefrauen weggelaufen waren. Wenn solches geschah, sah mancher keinen anderen Ausweg, als ein Zeitungsinserat aufzugeben. So inserierte am 24. November 1747 ein gewisser Carl Peter Melling im *Hamburger Relations Courier*, »seine Ehefrau, Beata Margaretha Melling, geborne Richters« habe ihn »im Jahre 1740 bößlich und treulos verlassen, und sich darauf von hier wegbegeben«. Jetzt habe er beschlossen, »da seine Umstände ihm länger ausser der Ehe zu leben nicht verstatten wollen, eine Ehe-Scheidungs-Klage gegen dieselbe anzustellen«. Nur leider war ihm »der Ort des jetzigen Aufenthalts seiner Frauen nicht bekant«.

Die zweithäufigsten Begründungen, die Frauen dem Karlruher Gericht für ein Scheidungsbegehren angaben, waren Ehestreitigkeiten (32 Frauen- zu 17 Männerklagen). Aber nur siebenmal sprachen die Richter dafür auch eine Scheidung aus. Außerdem brachten als Scheidungsmotiv Frauen auch begangene Grausamkeit, Liederlichkeit, Faulheit, Pflichtvergessenheit, Treulosigkeit, Unduldsamkeit, Unhäuslichkeit, Trunk-sucht, Unfähigkeit in der Wirtschaftsführung und Mangel an Zustimmung von seiten des Ehemannes vor.

Beim Scheidungsgrund »Ehebruch«, der von Ehemännern und Ehefrauen fast gleich häufig angegeben wurde (17 Män-ner-, 16 Frauenklagen), schieden die Richter häufiger, nämlich in 24 Fällen; fünf Paaren rieten sie zur Versöhnung.[14]

Nicht jede Frau, die mit einem Scheidungsbegehren vor Gericht zog, wollte auch unbedingt geschieden werden. Man-che hofften, daß die Richter die angeklagten Ehemänner zur Raison bringen würden,[15] denn die Richter schieden nicht leicht, sie sprachen lieber ins Gewissen, erteilten Ratschläge. Bei den erwähnten 177 Karlsruher Scheidungsklagen kam es nur 77mal zur Scheidung, in 33 Fällen wurde eine Trennung von Tisch und Bett verordnet, in 23 Fällen blieb die Entscheidung offen, und neun Paare versöhnten sich.[16]

Witwen

»Die Prophezeiung, daß ich bald wieder heirathen würde, ver-lachte ich«, schrieb Isabella von Wallenrodt, nachdem ihr Mann Gottfried Ernst von Wallenrodt 1776 gestorben war, »denn ich hatte mir fest vorgenommen, meines Mannes Wunsch zu erfül-len, und keine zweite Wahl zu treffen. Es war leicht, mich in die-sem Vorsatz zu befestigen, denn ungemein süß, dünkte mir die Unabhängigkeit, die ich genoß. Ich wiederhole es, daß ich mei-nem Mann jede Pflicht willig leistete, mich keiner entzog, allein, es war ja auch natürlich, daß ich's dennoch fühlte, es sei eine Last, die ich trüge, und wer ermüdet nicht endlich dabei? (…) So war ich also bei dem redlichsten und treuesten Manne, der so gut mit mir umging, und dem Anscheine nach, mir in allem den Willen ließ, doch Sclavinn; ich schätzte den, dessen Ketten ich trug, unendlich, ich liebte ihn, aber den Druck fühlte ich doch.«[17]

Isabella von Wallenrodt hatte trotz ihrer Witwenschaft das Glück, finanziell abgesichert zu sein. Da es keine Rentenversi-cherung und erst erste Ansätze von Witwen- und Pensionskassen gab, konnten nur vermögende Witwen ein wirtschaftlich relativ unabhängiges Leben führen. Frauen in Finanznöten hingegen blieb oft nur eine Wiederverheiratung. Doch auf dem Heiratsmarkt waren die meisten Witwen, die in der Hauptsache zwischen 40 und 70 Jahre alt waren[18], nicht gefragt. Selbst die jungen unter ihnen fanden nur schwer einen Ehepartner, denn potentielle Ehemänner, seien sie auch selbst Witwer, bevorzugten meist ledige Frauen, weil diese keine eigenen Kinder mit in die Ehe brachten – ein für viele wichtiger Kostenfaktor. Außerdem erhoffte sich so mancher Witwer von einer kinderlosen Stiefmutter eine intensivere Betreuung seiner Kinder.

Wer heiratete also schon eine arme Frau, die, in der Mitte ihres Lebens, oft nicht einmal mehr ihre volle Arbeitskraft mit in die neue Ehe einbringen konnte? So blieben die meisten Witwen allein – im Gegensatz zu vielen Witwern, die sich häufig schon wenige Monate nach dem Tod ihrer Frau wiederverheirateten.

Für Handwerkerwitwen sah die Sache allerdings oft anders aus. Viele Zünfte erlaubten der Meisterwitwe nur für kurze Zeit, den Betrieb ihres verstorbenen Mannes allein weiterzuführen. Nach Ablauf eines Jahres hatte sich die Witwe wiederzuverheiraten, und zwar mit einem Gesellen, wenn sie den Betrieb halten wollte. Durch diese Zunftregelung bekam mancher junge Geselle die Chance, Meister zu werden.

Witwen, die nicht materiell abgesichert waren, hielten sich meist, soweit es ihre Kräfte zuließen, mit Erwerbsarbeit über Wasser. Von Ruhestand keine Spur. Aus einer Volkszählung, die Mitte des Jahrhunderts in Altona durchgeführt wurde, erhalten wir einen Einblick in den Tätigkeitsbereich alter alleinstehender Frauen. Viele von ihnen strickten und spannen noch mit 80 Jahren. Andere verdienten ihr Geld als Wasserträgerinnen (bis etwa zum 60. Lebensjahr) oder arbeiteten als Händlerinnen und Köchinnen (bis etwa zum 70. Lebensjahr), Schulfrauen und Krankenwärterinnen.[19] Konnten die alten Frauen wegen Altersschwäche oder sonstiger Gebrechen nicht mehr erwerbstätig sein, verarmten sie völlig und waren auf die Hilfe wohltätiger Einrichtungen und Armenanstalten angewiesen. Dieses Schicksal traf weitaus mehr Frauen als Männer. Nur ein Beispiel: Im

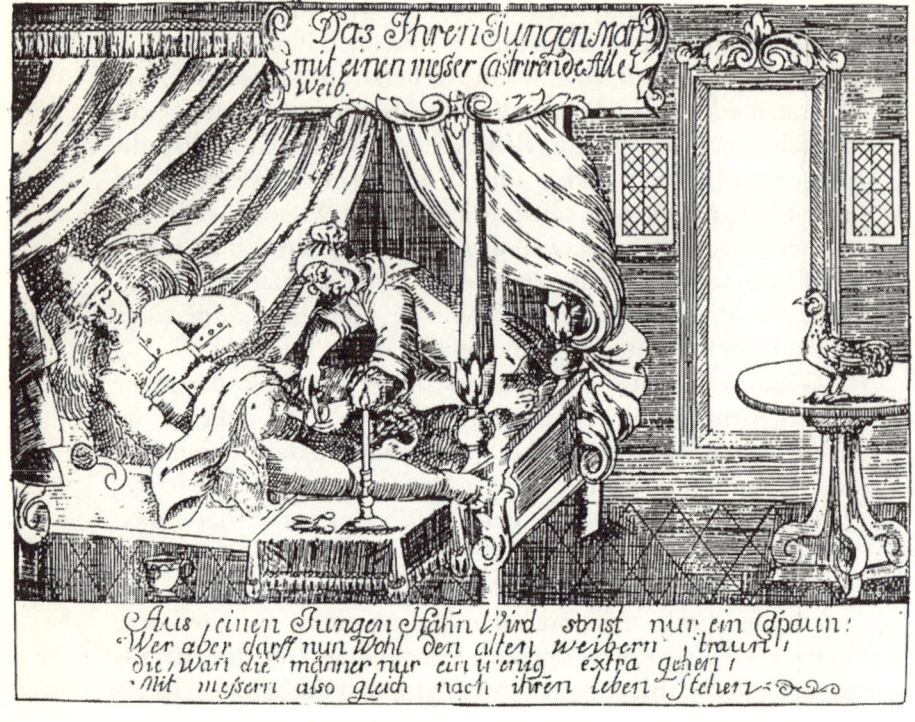

Das Ihren Jungen Man
mit einen meßer Castrirende Alte
weib

Aus einen Jungen Hahn Wird sonst nur ein Capaun:
Wer aber darff nun Wohl den alten weibern trauet,
die, Wan die männer nur ein wenig extra gehen,
Mit meßern also gleich nach ihren leben stehen:

Die alte lüsterne Frau, die den jungen Mann seiner Männlichkeit
beraubt – ein beliebtes Motiv in Satire- und Spottgedichten. Doch
die Realität forderte manchmal den Spott heraus: So mußten
Handwerkerswitwen einen jungen Gesellen heiraten, wenn sie
ihren Betrieb weiterführen wollten. Die Obrigkeit fand solche
Pamphlete nicht besonders witzig, fand sich doch dieses Blatt in den
Akten des Hamburger Senats (1631–1805), der sich hier mit einer
»Generalverordnung gegen mündliche, schriftliche oder gedruckte
Pasquille und anstößige Sachen« beschäftigte. Staatsarchiv Hamburg.

April 1796 wurden von der Hamburger Armenanstalt neun
Männer und 25 Frauen im Alter von 80 bis 90 Jahren, 15 Männer und 70 Frauen im Alter von 70 bis 80 Jahren, 21 Männer und
81 Frauen im Alter von 60 bis 70 Jahren, 16 Männer und 80
Frauen im Alter von 50 bis 60 Jahren unterstützt.[20]
    Bürgerswitwen hofften auf die Unterstützung durch ihre

166

verheirateten Kinder, bei denen viele ihren Lebensabend verbrachten, oder sie wohnten mit ihren unverheirateten Töchtern zusammen. Der Herausgeber des *Musenalmanachs* und Übersetzer antiker Texte, Johann Heinrich Voß, wollte seine alte Mutter in seinem Haus aufnehmen und schrieb ihr: »Ich vereinige meine Bitten mit den Bitten Ihrer Tochter, daß Sie uns die Freude nicht versagen, Ihre alten Tage bei uns zu verbringen. (…) Jezt habe ich Gottlob mein Brot, und wohne hier sehr angenehm und vergnügt. Wie könnte ich's denn vor Gott verantworten, wenn ich meine alte Mutter, die mich gesäugt und zur Gottesfurcht angehalten hat, in der traurigen Einsamkeit und im Mangel sizen ließe? Kommen Sie, liebe Mutter, Sie sollen's hier gut haben, völlige Freiheit zu thun und zu lassen, was Sie wollen (…).«[21]

Doch nachdem die alte Dame diese Einladung angenommen hatte, kam es zu Auseinandersetzungen. Das vielfach sehnsüchtig beschworene Zusammenleben mehrerer Generationen unter einem Dach barg im Alltag erhebliches Konfliktpotential. Auch Ernestine Voß, die sich zunächst über den Einzug ihrer Schwiegermutter gefreut hatte, bekam doch im Laufe der Zeit diverse Schwierigkeiten mit ihr: »Gegen Ende Septembers kam sie bei uns an, heiter und rüstig (…). Da gab es denn für mich ganz ungewohnte Übungen in Geduld und Selbstbeherrschung. Allmählig sezte sich unser Verhältnis zu einander sehr leidlich, besonders seitdem es Voß gelang, seiner Mutter begreiflich zu machen, daß sie selbst die meiste Schuld trage bei dem, was ihr unbehaglich sei, und sie zum ruhigen Nachdenken zu bringen, daß es nicht in unserer Gewalt stehe, ihr die Art Unterhaltung zu verschaffen, nach der sie sich oft sehnte«, schrieb Ernestine Voß 1778.[22]

Wer sich wegen Alters und Gebrechlichkeit nicht mehr allein versorgen konnte und keine Möglichkeit besaß, bei seinen Kindern unterzukommen, dem boten sogenannte Gotteswohnungen Unterkunft. Wohlhabende und spendenwillige Bürger vermachten Hospitälern umfangreiche Testamente und Stiftungen, oder sie ließen einige ihrer Immobilien zu Gotteswohnungen umfunktionieren. Auch Bruderschaften fühlten sich zur Versorgung der Witwen und Waisen ihrer verstorbener Mitglieder verpflichtet. Jedoch konnten arme Witwen die oft hohen Eintrittsgelder für milde Stiftungen nicht bezahlen, in denen es neben freier Wohnung, einen jährlichen Geldbetrag, Feuerung, manchmal jährlich ein Paar Schuhe und zu Weihnachten ein Geldgeschenk gab. Arme alte Frauen, die wegen ihrer Gebrechen nicht mehr arbeiten konnten, fanden ihre letzte Zuflucht in den städtischen Hospitälern, wie in dem allgemeinen Krankenhaus Hamburgs, dem Pesthof.

Ehemalige Hospitäler, die im Laufe der Zeit zu Altersheimen für Arme umfunktioniert worden waren, boten den Frauen zwar keine abwechslungsreiche Speisekarte, aber bewahrten sie doch vor dem Verhungern. So erhielten die Frauen aus dem Hamburger Hiobshospital täglich ein Pfund Brot und 14tägig ein Pfund Butter und außerdem »Küchenspeise« und Bier.[23]

Die Hausordnungen in diesen Häusern wurden sehr rigide gehandhabt. Herrenbesuch über Nacht und auch die Hühner- oder Taubenhaltung waren verboten. Denn Hühner störten den Gottesdienst und Tauben beschmutzten das Dach. Häufiger Gottesdienstbesuch, reinliche Kleidung sowie saubere Wohnzellen waren vorgeschrieben. Schelten und Fluchen, »Voll. saufen« oder »Tabak rauchen« wurde untersagt. Klopfte der Wirt an die Zellentür, mußte ihm geöffnet werden.

Über die Zustände im »Armen=Wittwen=Haus« zu St. Jürgen in Hamburg ist in einem dicken, in braunes Leder gebundenen Buch zu lesen. In dieses Haus sollten nur arme evangelisch-lutherische Witwen von gutem Leumund aufgenommen werden. Im Laufe der Zeit wurden allerdings auch ledige Frauen zugelassen.

Ein umfangreiches Kapitel dieses Buches ist den Mißbräuchen im »Armen=Wittwen=Haus« gewidmet. Danach scheint es in dieser Stiftung wie in Sodom und Gomorrha zugegangen zu sein: »Mann, Weib, Schwester und Bruder, Mutter und Sohn wohnten in einer einzelnen Zelle zusammen und gingen ohne Scheu miteinander zu Bette.« Nur fünfzehn von den fünfzig Hausbewohnerinnen besuchten den Gottesdienst. »Von der vorgeschriebenen Ordnung des Hauses wollten die meisten gar nichts wissen. Ja! Es war schon zu der Extremität gekommen, daß von dem jetzigen Vorleser, der, seiner Pflicht gemäß, auch

Intermezzo

Eine Liste, die Bände spricht: Die »Gescheiterten« aus dem Armen=Wittwen=Haus zu St. Jürgen in Hamburg aus dem Jahre 1745; charakteristische Lebensläufe aus 50 Zellen. Eine Auswahl:

No 5. Maria Eckholtz, 56 Jahre. Sie für sich ist guter Art; sie hat aber eine Tochter von 19 Jahren bei sich, die kränklich und bleich von Gesichte ist.

No. 8. Catharina Hartmans. Sie sei so faul, daß sie nicht aus ihrer Zelle ginge und zum Gottesdienst erscheine.

No 16. Margret Cordes. Sie hat seit acht Jahren ihre Zelle nicht bewohnt und sich bei ihren Kindern in der Stadt aufgehalten. Ihre Zelle war verschlossen.

No 17. Margret Flügge, 64 Jahre. Sie hat einen Sohn und eine Tochter, ist aber nicht im Haus.

No. 22. Barbara Alers, ein gar versoffenes Weib. Sie hatte sich in der Weihnachtswoche 1744 ganz nackend vor Mann- und Weibspersonen prostituiert.[25]

No 23. Sophia Hansen, 77 Jahre, keine Kinder. Diese erscheint niemals beim Gottesdienst.

No. 24. Lucia Riege. Sie sei eine Furie und mit niemanden zufrieden.

No 28. Elisabeth Sülar, 52 Jahre, Grünhökersche. Hat ihre Tochter, ein erwachsenes Mädchen bei sich. Ist ein gottloses, teuflisches Weib. Sie pocht immer auf ihren Grünhöker-Korb, daß derselbe einen güldenen Boden habe. Gehört gar nicht unter die bedürftigen Weiber. Sie kleidet ihre Tochter mit Silber, auch wohl Gold auf der Mütze, mit seidenem Leibchen. Sie geht mit Zauberei um. Von ihr wird erzählt, daß ihre Tochter, meist abends spät zu Hause gekommen, da die Pforte geschlossen gewesen. Und als der Wirt sie nicht so schnell durch sein Haus passieren lassen wollte, habe sie nach ihrer Mutter geschrien. Diese habe darauf entsetzlich geflucht: den Wirt für einen Almosenfresser gehalten.

No 42. Elisabeth Leusch, 63 Jahre. Pfleget gerne zu saufen.

wohl ausser der ordentlichen Zeit, ihnen vorlas, sie sich verneh-
men lassen, daß sie die Ordnung nicht wolten vorlesen hören,
damit sie nicht verpflichtet wären, sich darnach zu verhalten.«
Unaufhörliches Gezänk soll durch das ehrwürdige Haus
geschallt haben. »Es ging so schändlich daher, daß das, von den
gottseligen Vorstehern betitelte Armen=Wittwen=Haus nun
schon den Namen eines armen Hur=Hauses bekommen
hatte.«[24]

Ein Ort sexueller Anfechtungen

Dienstmädchen

Ein stürmischer Winterabend des Jahres 1725 – der Theatersaal der Hamburger Oper am Gänsemarkt füllt sich. Damen und Herren in festlichen Roben machen es sich in den weich gepolsterten Sesseln bequem, rücken ihre Kleidung zurecht, naschen Konfekt, klappen ihre Fächer auf und blättern im Libretto. Alle erwarten mit Spannung den Beginn der Oper *Der Hamburger Jahr-Marckt oder der glückliche Betrug* von Johann Philip Praetorius. Lustig soll das Stück sein, Licht bringen in diesen naßkalten, frostigen Novembertag. Und Praetorius' Oper verspricht Lachsalven, geht es doch auch um ein Dienstmädchen – in Hamburg Lütjemaid genannt –, die in einem Gasthof arbeitet und neben der vielen Hausarbeit noch andere Pflichten zu erfüllen hat: Die Lütjemaid Gesche wird zur unfreiwilligen Prostituierten. Ihr Freund Lucas, ebenfalls ein Angestellter des Hauses, versucht Gesche dazu zu bringen, einem Gast sexuell zur Verfügung zu stehen. Doch mit dem Edelmann von Nr. 4 will Gesche sich nicht einlassen. Ein Bühnendialog wie aus dem Leben?

Gesche: »Er sieht mir so verschoren aus.«

Lucas: »Gesche, halt die Schnauze! Der Kerl hat Geld, Du bist ein passendes, gut herangewachsenes Mädchen. Er ist verliebt, Du mußt ihn nur ein bißchen umgarnen. Ich meine, daß bei ihm noch ein Taler zu verdienen wäre.«

Gesche: »Mein guter Lucas, Du siehst ja, daß ich es brauche. Wir Mädchen haben einen Haufen Mühe, aber der Lohn ist gering; wir kriegen ja oft im Jahr nicht mal einen Rock auf die Knochen, das Umhangsgeld kommt aus der Mode; das Brautstück hat in diesen Zeiten nicht mehr viel zu bedeuten. Was soll es sein? Wir sollen ja aufgeputzt sein, sonst sagen die Leute: das Mädchen ist ein Schwein.«

Aria: »Wenn nicht das Poussieren und die Liebe zuweilen Accedentzchen gäbe, so würde die Kleinmagd arm dran sein. Die Kammern zu fegen, die Betten zu machen, die Dielen zu scheuern, sind tägliche Sachen, aber nur – sie bringen nicht viel ein.«[1]

Der Szenenapplaus ist gewiß, waren doch hier viele der im Bürgertum verbreiteten Vorurteile gegen das Dienstpersonal bestätigt worden. Oft galten Dienstmädchen in den Augen ihrer Herrschaft als sittenverderbt, verschwenderisch und putzsüchtig. Durch satirische Schriften wurde dieser Eindruck nur noch bestärkt, wie folgendes fiktives Gespräch zwischen drei jungen Mägden bestätigt. Sie suchen einen Liebhaber und künftigen Ehemann und scheinen sich in ihrer Sexualmoral von ihrer Herrschaft zu unterscheiden. Dies wird den Dienstmädchen zum Verhängnis, die verspottet und entlassen werden:

»Jungfer Mannlieben:
Ach! Was hat nicht heut zutage, ein Mägden, das da liebt für Plage, spricht man nur mal mit einem Mann, so stehts der Herrschaft gleich nicht an. Und wie soll mans denn anfangen, wenn man will einen Mann erlangen, wir müssen uns ja an sie machen, ob gleich die Spötter drüber lachen.

Jungfer Hanngen:
Was klagest Du Schwester, Du hast ja einen guten Dienst (...)

Jungfer Mannlieben:
Da irrst Du sehr Hanngen, wenn Du glaubst, daß ich noch im
Dienste bin, mein Herr hat mir samt der Lütjemagd abgelohnt.

Jungfer Hanngen:
Warum denn das liebe Schwester (...)?

Jungfer Mannlieben:
Das will ich Dich gerne zu gefallen thun. Dir ist ja bekannt, daß ich bei den K. bey angesehenen Leuten diente: Als sie nun neulich verreist waren, so lebte ich unds Lütjemagd im Hause

Satirische Zeichnung eines Hamburger Dienstmädchens, das zum Ball gehen will, 1797.

allein in Einsamkeit. Dieser einsamen Lebensart wurden wir aber bald müde, wir ließen deswegen unsere Bräutigams zu uns kommen, um Zeitvertreib mit ihnen zu haben. (…) Als wir nun neulich mit unsern Bräutigams ganz vergnügt beym Thee saßen, und mein Bräutgam mir eben folgendes Liedchen vorsang (…); er hatte noch nicht völlig ausgesungen als unvermuthet meine Herrschaft ins Haus trat. Vor Schreck konnte keiner von uns ein Wort reden, und gleich darauf rief uns der Herr zu sich, und gab uns unsere Demission. (…)

Jungfer Hanngen:

Ich muß Dir von meinem Schmerz auch etwas wissen lassen, hör mir nur zu. Ich habe Monsieur Christian über Jahr und Tag zu meinem Verlobten Bräutigam gehabt und ihm vieles angewendet, in der Absicht, daß er mich dafür dereinst zu seiner Frau machen sollte, und da die Heyrath vor kurzem vor sich gehen sollte, so hat er sich aus dem Staube gemacht (…).

Jungfer Rosimine:

(…) Mein letzter Dienst, den ich gehabt habe, war in einem großen Hause, wo viele Domestiken waren, ich und das Lütjemagd hatten beyde ein sehr grauriges [ängstliches, d. Autor.] Naturell, wir klagten solches unsern beiden Haus Knechten, und diese versprachen, uns des Nachts Gesellschaft in unsrer Kammer zu leisten. Wir ließen solches geschehen, und wir schliefen einige Nächte ohne Grauen ganz ruhig. Als nun neulich in der Nacht das Kind meiner Madame sehr unruhig war, so rief sie auf mich, weil ich nun im sanften Schlafe lag, und von meinem Wächter, dem allerliebsten Niclas träumte, so antwortete ich im Schlafe: Leewe Froo verschone sie. Auf dieses kommt sie in unsere Kammer, und da findet sie den: Was hierauf weiter erfolgt ist, könnt ihr leicht erachten. Soviel muß ich euch zuletzt noch sagen, daß wir des Morgens darauf unseren Abschied bekamen. (…)«[2]

Die satirisch gemeinten Klagen dieser drei Dienstmädchen liefern ein durchaus realistisches Bild ihrer harten Arbeitsbedingungen. Und so wird praktisch eine junge Frau, die Männer begehrt, als Jungfer »Mannlieben« lächerlich gemacht. Kein Thema sind in dieser Satire die sexuellen Übergriffe der Herrschaft auf die Dienstmädchen, die aber auch sonst eher verharmlosend und angeblich humorvoll verpackt präsentiert werden.

Die Geschichte der außerhäuslichen Erwerbsarbeit ist eng verknüpft mit der Geschichte der sexuellen Belästigung am Arbeitsplatz, mit der Degradierung der Frau zum Lustobjekt und der Abwertung der Frau als Arbeitspartnerin des Mannes. Denn eigentlich hatte die Frau ihr Lebensglück in der Ehe zu suchen, durch die sie materiell versorgt werden sollte. Als Gegenleistung dafür gebar und versorgte die Frau Kinder und besorgte die Hauswirtschaft – so sah zumindest das ständeübergreifende Ideal aus. Abgesehen davon, daß nicht alle das Ziel »Ehe« erreichten oder erlangen wollten, mußten Frauen aus der Unterschicht oder dem Kleinbürgertum oft trotz Ehe einer Erwerbsarbeit nachgehen. Allerdings hatten Ehefrauen weder das Recht, sich eigenständig eine Arbeit zu suchen, noch konnten sie über ihren Lohn frei verfügen. Der Ehemann mußte die Erlaubnis zur Erwerbsarbeit geben, und ihm gehörte auch der Lohn, den die Frau nach Hause brachte. Kam es zu einer Scheidung, blieb das von ihr erarbeitete Vermögen beim Ehemann.

Mit der Aufnahme einer außerhäuslichen Tätigkeit begaben sich Frauen aus dem ihnen vorgeschriebenen begrenzten Terrain – nach »draußen«, auf die Straße, auf öffentliche Plätze, in fremde Wohnungen. Hier waren sie der Kontrolle und des Schutzes des Ehemannes oder eines männlichen Verwandten entzogen. Und hier bestand die Gefahr, daß sie zu, wie wir heute sagen würden, rein sexuellen Wesen reduziert und somit erniedrigt wurden. Solche Erfahrungen mußten auch viele Dienstmädchen machen. Die meisten von ihnen waren ledig und kamen aus der Unterschicht oder dem verarmten Bürgertum und verstanden ihre Arbeit nicht als »Lebensberuf«, sondern als Warte- und Verdienstzeit, in der sie sich ein »kleines Heiratsgut erwarben«, also Geld sparten, bis sie den richtigen Mann zum Heiraten gefunden hatten.

Hökerinnen

Vielleicht hatte einer unserer Opernbesucher vor der Vorstellung noch schnell für seine Begleiterin einen kleinen Strauß Veilchen gekauft – bei einer jungen Blumenfrau. Auch diese blieben nicht von moralischer Abwertung verschont.

Hökerinnen entsprachen nicht dem Bild der sittsamen zu Hause sitzenden Hausfrau – zu »öffentlich« war ihr Berufsfeld und entsprechend auch ihr Ruf. So lästerte man ungeniert über die Fischhökerinnen, hielt sie für sittenlose, pöbelnde Fischweiber – die tatsächlich berühmt für ihre freche und auch anzügliche Redeweise waren und damit dem Ideal der zart und gesittet sprechenden Weiblichkeit widersprachen. Die Blumenmädchen galten als potentielle Prostituierte. So soll der Hamburger Jungfernstieg zur Börsenzeit der »Paradeplatz« der Mädchen gewesen sein, die von ihrer sogenannten »Nicht-Jungfernschaft« lebten. Gemeint waren hauptsächlich die Blumenverkäuferinnen aus den umliegenden Vier- und Marschlanden, die auf der Straße Blumen anboten. Diese meist sehr jungen Mädchen in ihrer kurzen Vierländer Tracht verdienten allerdings mit dem Blumenverkauf allein nur wenig Geld, so daß wohl die eine oder andere tatsächlich gezwungen war, neben den Blumen auch sich selbst zu verkaufen. Viele männliche Autoren dieser Zeit nahmen weibliche Armut allerdings mit einem ausschließlich lüsternen Blick wahr. Sie sahen nur den kurzen Rock oder das tiefe Dekolleté der Hökerinnen.

Manufakturarbeiterinnen

Zahlreiche Bürger entrüsteten sich über leichtbekleidete Arbeiterinnen in Kattundruckereien, Tabakmanufakturen und Bügelstuben, nicht ohne auch hier einen voyeuristischen Blick zu riskieren. Und ein Hamburger Arzt äußerte sich Ende des Jahrhunderts hinsichtlich unehelicher Kinder: »Besonders verdanken sie ihre oft nur ephemere Existenz den Kattunfabriken, die der größte Verderb für die Sitten der ärmeren Mädchen sind.«[3]

Das moralisierende Naserümpfen, der ätzende Spott richtete sich gegen eine relativ große Gruppe erwerbstätiger Frauen. Nach vorsichtigen Schätzungen arbeiteten in einzelnen Regionen Deutschlands bereits 40 bis 50 % der Bevölkerung im gewerblichen Bereich – und darunter ein Großteil Frauen. Besonders im Textilbereich wurden aufgrund der technischen Entwicklung viele Arbeitsgänge in zahlreiche kleinste Arbeitsschritte zerlegt, die dann als »typische Frauenarbeiten« galten. Manche Arbeiterinnen fertigten Kunstblumen für die Hüte der Bürgerinnen, nähten Kleider, strickten und webten wunderschöne Strümpfe, die wohl so manche Theaterbesucherin unter ihrer festlichen Robe trug. Frauen und Männer arbeiteten zwar in unterschiedlichen Bereichen, leisteten beide gleichwertige gesellschaftlich notwendige Arbeit, doch erhielten Frauen etwa 40 bis 60 % weniger Lohn als Männer. Sogenannte Frauenarbeit hatte kein Renommee – »ein Kerl haut lieber eine halbe Stunde Holz, als daß er eine Viertel-Stunde das Haus ausfegt«.[4]

Besonders schlimmen Verleumdungen waren die Spinnerinnen in den Spinnstuben ausgesetzt, die die Manufakturen mit Garn belieferten. Dort herrschte eine Atmosphäre wie im Gefängnis. Die Spinnerinnen, zum größten Teil alleinstehende Frauen vom Lande, wurden mit Geldvorschüssen zu dieser Arbeit gelockt und somit abhängig vom Unternehmer. Sie schufteten unter den elendsten Bedingungen zu einem Hungerlohn und konnten dennoch niemals ihre Schulden an den Spinnstubenbesitzer zurückzahlen. Polizeiverordnungen unterstützten diese menschenverachtenden Arbeitspraktiken. So war es den Unternehmern erlaubt, die Spinnerinnen abends und nachts in die Spinnstuben einzuschließen. 1787 erklärte dazu die Polizei: »Die bekannte Lebensart der Spinnerinnen, daß sie des Tages etwa arbeiten, des Abends aber auf den Straßen umher laufen und betteln und Hurerey auf den Straßen treiben, nötiget den Spinnhalter zu diesem Zwang. Sie kommen kretzig oder gar venerisch oder auch schwanger in die Spinnerey zurück. Bey der Menge des Volkes steckt eine die andere an, und dies ist gerade die erste Quelle der Entstehung der bittersten Armuth (…).«[5]

Nicht alle Arbeiterinnen fügten sich widerstandslos. Aufstände oder Demonstrationen waren zwar die Ausnahme – wie etwa 1769 der erfolglose Streik der Arbeiterinnen einer Batistmanufaktur in Österreich.[6] Aber es gab auch subversive Methoden des Arbeitskampfes wie Diebstahl von Arbeitsmaterialien[7] oder den häufigen Stellenwechsel. Die Reaktion ließ aber nicht lange auf sich warten. Die Preußische Regierung legte eine einheitliche Lohnrate fest; damit waren alle Versuche, durch Stellenwechsel Lohnerhöhungen durchzusetzen, zunichte gemacht.

Ammen

Auch eine Amme, die manch einer Frau im Publikum erst den Opernbesuch ermöglichte, weil sie in der Zwischenzeit auf das Kind aufpaßte und bei Bedarf stillte, mußte mit Anfeindungen rechnen. So wurde den Ammen gern unsittliches Verhalten unterstellt. 1787 wetterte der Regierungs- und Obergerichtsadvokat Schrader aus Pinneberg gegen die große Anzahl der Frauen vom Lande, die sich in der Stadt als Amme verdingten und dort einen guten Lohn erhielten. Der Regierungsadvokat meinte beobachtet zu haben, daß junge Mädchen aus ihrer unehelichen Mutterschaft ein Geschäft machen würden: »Die Mädchen glauben, (…) ihre Unschuld theuer genug an den Mann gebracht zu haben, wenn sie für diesen Preis die Aufwartung, Pflege und reichliche Belohnung einer Stadtamme erlangen können.«[8]

Die Realität sah allerdings ganz anders aus: Als Amme arbeiteten zwar meist arme ledige Frauen, die gerade ihr erstes Kind geboren hatten – aber sie werden sich kaum vorsätzlich ein Kind angeschafft haben, um dann als Amme arbeiten zu können. Da die Väter dieser Kinder fast ausnahmslos aus der Armutsschicht kamen, konnten die Frauen von ihnen keine große finanzielle Unterstützung erhoffen. So erschien der Ammendienst für Mütter aus der Unterschicht relativ lukrativ, allerdings durften die Ammen ihr eigenes Kind nicht mit zu ihrer neuen Arbeitsstätte nehmen, was eine »Ammenkette« in Gang setzte. Die relativ gutsituierte Amme gab ihr Kind »in die

Kost«. Leisten konnte sie sich aber nur eine arme Mutter, die eine große Anzahl Kinder an die Brust nahm, um so ihren Lebensunterhalt bestreiten zu können. In diesen Pflegestellen starben viele Kinder an Unterernährung und mangelnder Fürsorge.

Sängerinnen

Von diesen Aspekten des Arbeitslebens sah unsere Opernbesucherin heute abend nichts auf der Opernbühne. Zwar hatte sie vor einem Jahr eine Oper gesehen, in der eine Amme vorkam, doch die wurde von einem älteren Sänger gespielt, der zotige Witze riß und prahlte, daß er über hundert Kinder an seiner Brust gesäugt habe. Ein beliebter Theaterspaß – alte Frauen von Sängern parodieren zu lassen –, aber zum Glück gab es ja auch noch die »richtigen«, die schönen und jugendlichen Sängerinnen. Ihre Schönheit und Anmut, ihr Gesang und Vortrag erschienen der männlich dominierten Kultur unverzichtbar.

In einer anonym veröffentlichten Schrift über die Hamburger Oper[9] ließ sich der Schriftsteller und Herausgeber des *Hamburger unparteiischen Correspondenten* und des *Weltbürgers*, Johann Friedrich Lamprecht, ausführlich über die Opernsängerinnen aus. Lamprechts Kritik verrät viel über Frauenbilder und Beschränkungen weiblicher Lebenswelten. Die Opernsängerin hatte das ideale Frauenbild zu verkörpern, zu dem auch Jugendlichkeit gehörte. Wenn diese fehlte, erntete sie nur Hohn und Spott: »Madame Monza, eine Italiänerin, mit dem Beinahmen die Alte, ist eine lebendige Satyre auf alle Sängerinnen, die jemahls in der Welt gewesen sind, und unter uns, ihr Mann, welcher das Schneiderhandwerk nicht eben so gar gründlich gelernet, ist ein desto ungeschickterer Verfechter der italiänischen Music.«[10] Eine Ausnahme machte er bei der Madame Kayserinn, die er aus der publikumswirksamen Verspottung alter Frauen ausklammerte. Ihr attestierte er: »Bleibet ungeachtet ihres Alters noch immer die Vornehmste.«[11] Außerdem lobte er ihre Arbeit für die Oper.

Schönheit war der Leisten, an dem auch die Tochter der

Madame Monza gemessen wurde: »Mich wundert, wie sie sich der Schaubühne hat widmen können, da sie doch keinen einzigen von den Vortheilen hat, die den theatralischen Personen unentbehrlich sind. Ein ungestalter Leib ist überall unangenehm, am meisten aber auf dem Theater. Doch sie wird noch fürchterlicher, sobald sie nur anfängt zu singen. (…) Man sagt, daß sie gegen unser Geschlecht sehr zärtlich seyn soll, und hierin bestehen vielleicht alle ihre Verdienste.«[12]

Zu den selbsternannten Richtern über weibliche Tugend zählte zu Beginn des Jahrhunderts auch der Schriftsteller und Librettist Christian Friedrich Hunold alias Menantes, der in seinen satirischen Schriften insbesondere über die »Opernfrauenzimmer« lamentierte: »Gewiß ist, daß schöne und dabey vollkommen keusche Oper=Personen haben wolen, fast weisse Raben und schwarze Schwäne in Teutschland suchen heisset.«[13]

Bühnenkünstlerinnen galten oft genug als Freiwild. Ein Jagdopfer war um 1695 die vierzehnjährige Christina Charlotta Buxberg, Sängerin an der Hamburger Oper. Sie war von dem Bürger und Besitzer des Opernhausgrundstückes, einem gewissen Herrn Willers, geschwängert worden. Und da er ihr die Ehe versprochen hatte, verlangte er von ihr, ihren Opernvertrag zu kündigen. Der Mutter Christinas, der Komödiantin Sara Buxberg, war das jedoch gar nicht recht, denn sie hatte, quasi als Altersversorgung, in die Gesangsausbildung ihrer Tochter investiert und erhielt deshalb von ihr einen Teil der Gagen. Nun fürchtete die Mutter um ihre materielle Grundlage und wollte sich nicht damit abfinden, daß ihre Tochter bei Willers lebte. Deshalb beschuldigte sie den Bürger der Verführung.

Bürger Willers schlug zurück. Da auch Christinas Mutter eine Komödiantin war und damit nicht als ehrbare Bürgerin galt, konnte er Mutter Buxberg ungestraft als »Diebin« und »Vetel« verleumden und sich als Wohltäter der jungen Christina aufspielen, die er vor dem sündhaften Leben einer Komödiantin bewahren wollte. Denn die im Opernvertrag enthaltene Ermahnung zu einem anständigen Leben konnte in einem Opernhaus »so wenig nützen als das Feuer in der Pulver=Cammer«. Selbst »der Opern=Patron ließ zu, daß die Sing Mädgen in der Opern=Cammer in junger Manns=Persohnen

Gegenwart und Gelächter biß auff das blosse Hembd sich in Manns= und Weibs=Kleider auß= und ankleiden müssen (...).«[14]

Hier wird das Los vieler Opernsängerinnen deutlich, ihre soziale Mißachtung und Abhängigkeit von der absoluten Macht des Operndirektors. Christina Buxberg hatte sich vertraglich »auf immer und solange die Oper in Hamburg bestehe« verpflichten müssen. Die rüden Geschäftspraktiken hinter den Kulissen drohten durch diesen Fall publik zu werden. Wohl aus Angst vor der Blamage machte der Operndirektor den Vertrag ungültig, zerriß ihn und forderte die junge Sängerin Christina auf, das gleiche zu tun. Sie tat es nicht (und so blieb wenigstens eines der Schriftstücke für die Nachwelt erhalten).

In Christinas Vertrag war ihr immerhin eine Gage zugesichert worden. Es ist bekannt, daß Sängerinnen nicht immer gemäß vertraglicher Vereinbarungen bezahlt wurden. Und die Einkünfte der Frauen waren oft knapp bemessen. Auch wenn immer wieder Berichte von Traumgagen damaliger Primadonnen aufblitzten und Vergleiche mit Einkünften von Kaiserinnen und Königinnen gezogen wurden, erreichten doch manche Kastraten in diesen Gehaltsstufen weit höhere Gagen. Sehr häufig wurden Sängerinnen schlechter bezahlt als Sänger.

Viele Karrieren waren erst durch die oft eigennützige Förderung mächtiger Fürsten und Bürger möglich. Diese Tatsache lieferte immer wieder Stoff für satirisch-erotische Texte, in denen Sängerinnen als Prostituierte diffamiert wurden.

Aber auch in einer Vielzahl von theatergeschichtlicher Literatur mit wissenschaftlichem Anstrich wird der Mythos von der Sängerin als Kurtisane aufgebaut. So hieß es 1927 über die Sängerinnen des 18. Jahrhunderts: »Die galante Lüsternheit und affektierte Zierlichkeit des Rokoko erobern sich das Theater, die ihre Stoffe der Pornographie entlehnt und die Orgien des Privatlebens öffentlich in Szene setzt. Die Damen des Theaters erwerben sich den Ruf, die anmutigsten Maitressen zu sein.«[15]

Auch Sophie Arnould, eine Primadonna dieser Zeit, wurde als Kurtisane beschrieben. Sie soll an der königlichen Tafel ausgerufen haben: »Wir, meine Damen, sind Huren. Aber die Femmes de qualité – ihre Gegenspielerinnen – sind es um diese Zeit nicht minder. Ihr Kaufpreis war lediglich ein anderer und wurde durch Eheverträge geregelt.«[16]

Die Hof- und Theatersängerin Karoline Jagemann berichtete in ihren Lebenserinnerungen über sexuelle »Nebentätigkeiten« und den Gehorsam, der von Sängerinnen erwartet wurde. Karoline Jagemann wurde von Herzog Karl August umworben. Zunächst wollte sie keine mätressenartige Liaison. Doch wurde sie immer wieder, auch von höchster Stelle, bedrängt, den Wünschen des alternden Herzogs nachzugeben; das Wohl des Landes hinge von ihr ab.[17] Jagemann, die einigen als »intrigant und machtbesessen« galt[18], mußte diplomatisch vorgehen. Einerseits war sie abhängig von der Gunst des Herzogs, andererseits schmeichelten ihr der Erfolg und die Anerkennung. Schließlich wurde sie, von 1801 bis 1828, die offizielle Mätresse des Herzogs, gebar vier Kinder und konnte entscheidenden Einfluß auf das Weimarer Theater nehmen. Zwar war ihre gesellschaftliche Stellung als Fürstenmätresse zwiespältig, aber sie schaffte es, »sich bei dem alternden Karl August eine feste Stellung auszuhandeln, und damit die Sozialprobleme der Schauspielerinnen traumhaft, wenn man das Los ihrer berühmten und der vielen wenig bekannten Theaterkolleginnen betrachtet, zu lösen«.[19]

Die Kirche, als eine Trägerin der Gesangsausbildung, bot Mädchen keine Chance – trauriges Resultat des übereifrig befolgten Wortes des Apostels Paulus: »Die Frau schweige in der Kirche«. Durch diese Maßnahme sollte auch die Furcht vor der Verführung des Mannes durch die Frauenstimme gebannt werden. Doch es gab auch Männer, wie den Musikschriftsteller und Komponisten Johann Mattheson, die diese Angst nicht teilten. Er war einer der ersten, die sich theoretisch und praktisch gegen den Ausschluß der Frauen aus der Kirchenmusik wandten: »a propos, vom Frauenzimmer! Es stehet nicht zu begreiffen, warum man diesem schönen Geschlechte verbieten will, das Lob Gottes, an dem dazu gewidmeten Orte, öffentlich in seinem Munde zu führen? Sagt einer: Die Person singt in der Opera; so singen ja die Männer auch allda. Sagt der andere: Sie ist zu hübsch; so müssen nur alle artigen Gesichter aus der Kirche bleiben. Sagt der dritte: Sie singt gar zu lieblich; so hat man

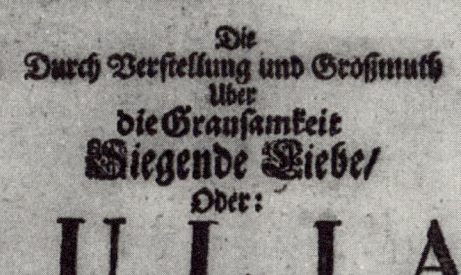

Libretto der Oper Die durch Verstellung und Grossmuth Über die Grausamkeit Siegende Liebe / Oder: JULIA *von 1717.*

ja Ursache, Gottes Wunder in der Menschenstimme zu preisen. Summa ich bleibe (…) bei den Worten, daß wir die Gaben Gottes mit Füßen treten, unter nichtigem, heuchlerischem Vorwand kein Frauenzimmer zur Kirchen=Music lassen, und den Gottesdienst also seines besten Schmucks berauben.«[20]

Schauspielerinnen

Auch Schauspielerinnen wurden häufig als Prostituierte diffamiert. Verwickelt und skandalträchtig gestaltete sich unter anderem Elise Bürgers Bühnenlaufbahn als Dramatikerin und Schauspielerin. Zur Bühne ging sie erst nach der Trennung von ihrem Mann, dem 22 Jahre älteren berühmten Autor und Verfasser der Lügenschichten des Barons von Münchhausen, Gottfried August Bürger. Bürger, der sich als Opfer seines »verlogenen, heuchlerischen Eheweibes«[21] öffentlich bemitleiden ließ, diffamierte ihre Tätigkeit als Schauspielerin, indem er diese als unmoralische und sittenverderbte Arbeit hinstellte. Sie habe sich in den »Dienst des Publicums« gestellt, würde zur beständigen Mätresse oder Ehefrau nicht taugen, doch einen »ein- oder zweimahligen Versuch in dieser Qualität« könne er guten Gewissens empfehlen.[22] Dies waren Vorurteile über den Schauspielerstand, wie sie 1786 auch den Theaterdichter Joachim Perinet leiteten: Er ärgerte sich über die wandernden Komödiantinnen und Komödianten, die in Wien zu Marktzeiten ihre Zuschauer von Bretterbuden aus mit Burlesken, rüpelhaften Verkleidungsszenen und Hanswurst-Obszönitäten ergötzten: »Die Späße einer Bretterbude gefallen manchem jungen Herrn (…), weil er da mit der Schauspielerinn, oder, was sie seyn soll, hinter den Koulissen von einer alten Bettlache seinen Theatergeschmack prüft.«[23]

Die vielfältigen Bemühungen, die »Tugend« der wandernden Theatertruppen bürgerlichen Maßstäben anzupassen und so das Ansehen des Schauspielerstandes zu heben, konnten die alte Gleichsetzung Schauspielerin = Prostituierte nicht aufheben. Schauspielerinnen waren, ähnlich den Opernsängerinnen und allen anderen öffentlich tätigen Frauen, Vorurteilen ausgesetzt:

184

heimlich begehrte, aber öffentlich verdammte Projektionsmodelle bürgerlicher Wünsche nach Normübertretungen. Den Schauspielerinnen fehle angeblich die »natürlich weibliche« Schamhaftigkeit und sie seien Meisterinnen der Täuschung – eine Eigenschaft, die Frauen gern zugesprochen wurde. Doch von den tatsächlichen, oft wenig glanzvollen Lebensbedingungen von Schauspielerinnen las man kaum.

Caroline Neuber, Chefin einer Theatertruppe, kämpfte erbittert gegen den unseriösen Ruf und führte ein scharfes, an bürgerlichen Normen orientiertes Reglement in ihrer Truppe ein. Die Entscheidung für den Beruf einer Schauspielerin bedeutete eben keineswegs den bewußten Abschied von der bürgerlichen Norm.

Nachwort

Dorothea von Schlözer, erste Doktorin der Philosophischen Fakultät in Göttingen, hatte bereits als Jugendlliche bemerkt, daß etwas faul war im Verhältnis zwischen den Geschlechtern. 1785 schrieb sie selbstbewußt an ihre Freundin Luise Friederike Michaelis: »Liebes Mädchen, ich will Dir vieles berichten, was wir 15jährige Mädchen sonst in der Welt nie so früh erfahren, und auch in keinem Buche steht, was ich aber schon seit mehreren Jahren untervier Augen von guter Hand habe: Weiber sind nicht in der Welt, blos um Männer zu amüsieren. Weiber sind Menschen wie Männer: eines soll das andere glücklich machen. Wer blos amüsirt sein will, ist ein Schlingel, oder verdient nur ein Weib von schönem Gesicht, das er in vier Wochen satt ist.«[1]

Solche Einsichten aus der Feder eines jungen Mädchens wurden auch von Frauen mit Lebenserfahrung geteilt. Die 38jährige Charlotte von Kalb schrieb 1799 an Jean Paul: »Ich kenne nichts Trivialeres, als die Vorstellung unserer meisten Aufklärer, auch Dichter, über die Frauen – Wieland, Falk u. a. m. (…)«

Sie spielte damit auf die verbreiteten sogenannten »Testamente« vieler Aufklärer an: Texte, in denen die durchweg männlichen Autoren unter anderem ihr Frauenbild und ihre Vorstellungen sogenannter »natürlicher« und somit vorbildhafter Weiblichkeit kundtaten. Sehr zum Verdruß von Frau von Kalb, die, in einer Konvenienzehe verheiratet, fünf Kindern das Leben geschenkt hatte und selbst literarisch interessiert und versiert war – ihr Roman *Corinna* wurde 1851, nach ihrem Tod, veröffentlicht. Auch kannte Frau von Kalb viele Protagonisten des Literaturbetriebes nicht nur aus Büchern und Briefen – hatte sie sich doch sogar wegen Friedrich von Schiller scheiden lassen wollen. Ihre knappe zusammenfassende Analyse kam deshalb direkt aus einem der damaligen intellektuellen Zentren und verblüfft auch heutige LeserInnen:

»Ich muß einmal ein Testament für Töchter schreiben, wenn ich einmal so dumm bin, meine eigenen Irrtümer zu bekennen. Das Testament der Männer an die Töchter lautet ungefähr so: Ihr habt kein Recht ans Leben, keine Liebe gibt's für euch, ihr werdet verachtet oder genossen. Ihr müßt lieben und einen einzigen beglücken, aber ihr dürft weder Verstand noch Willen haben; keinen Wunsch, keine Freude und Teilnahme dürft ihr bezeigen, nicht euer Verlangen allein, auch das unsere wird euch in der Erinnerung als Schuld angerechnet.«[2]

Anmerkungen

In den Anmerkungen werden nur Kurztitel aufgeführt. Das Literaturverzeichnis enthält die vollständigen Angaben.

Womit alles beginnt: Unordentliche Begierden (S. 12–72)

1 Zit. nach: Bake, Kiupel, Milow, 1987, S. 45 f.
2 Zit. nach: Klughohn, Liebe, 1966, S. 254.
3 Liebesspiel befindet sich im Staatsarchiv Hamburg.
4 Zit. nach: Gaedertz, Opern, 1883, S. 125 f. Übersetzung des Zitats durch Peter Nissen und Birgit Kiupel.
5 Schindler, Publikum, 1976, S. 47.
6 Zit. nach: Michtner, Burgtheater, 1970, S. 433.
7 Zit. nach: Bake, Kiupel, Milow, 1987, S. 35.
8 Zit. nach: Bake, Kiupel, Milow, 1987, S. 12 f.
9 Ebd.
10 Zit. nach: Bake, Kiupel, Milow, 1987, S. 15 f.
11 Zit. nach: Bake, Kiupel, Milow, 1987, S. 20.
12 Pasquino, 1792.
13 Zit. nach: Bake, Kiupel, Milow, 1987, S. 20 f.
14 Zit. nach: Bake, Kiupel, Milow, 1987, S. 28.
15 Rousseau, Emile, 1971, S. 477.
16 Berlepsch, Glück, 1791, S. 63 ff.
17 Kersting, Prospekt, 1989, S. 374.
18 Gellert, Schriften, Teil 4, 1775, S. 288.
19 Zit. nach: Bake/Kiupel, Milow, 1987, S. 44.
20 Zit. nach: Bake/Kiupel, Milow, 1987, S. 72.
21 Zit. nach: Bake, Kiupel, Milow, 1987, S. 11.
22 Zit. nach: Bake, Kiupel, Milow, 1987, S. 29.
23 Zit. nach: Meise, die Unschuld, 1992, S. 61.
24 Vgl.: Meise, die Unschuld, 1992, S. 63.
25 Bake/Kiupel, Milow, 1987, S. 87.
26 Kolb, Wilhelmine von Bayreuth, 1920, S. 127.
27 Zit. nach: Kolb, Wilhelmine von Bayreuth, 1920, S. 137.

28 Markgräfin Wilhelmine von Bayreuth, 1959, S. 102.
29 Hamburgischer Reichspostillion, 1728.
30 Beneke, Hamburgische Geschichten, 1890, S. 378–408.
31 Vgl.: Verordnung vom 16. 12. 1806, Königlich-Bayerische Reg. Bl. Jg. 1807, S. 11 f. Zit. nach: Schwab, Grundlagen, 1967, S. 198.
32 Vgl.: Schwab, Grundlagen, 1967, S. 236 f.
33 Vgl.: Schwab, Grundlagen, 1967, S. 238.
34 Staatsarchiv Hamburg, Familienarchiv Kellinghusen.
35 Griesheim, Hamburg, 1760, S. 298.
36 Zit. nach: Janetzki, Henriette Herz, 1984, S. 61.
37 Zit. nach: Bake, Kiupel, Milow, 1993, S. 105.
38 Zit. nach: Drost, Johanna Schopenhauer, 1958, S. 155.
39 Zit. nach: Drost, Johanna Schopenhauer, 1958, S. 154.
40 Annonce eines Trauschemels im Hamburgischen Correspondenten vom 6. 12. 1771.
41 Voß, Johann Heinrich Voß, 1829–33, S. 14 ff.
42 Dem Herrn A. Mutzenbecher, 26. May 1778, Staatsarchiv Hamburg.
43 Zeugnisse kindlicher Liebe, Hamburg 1760.
44 Schöne Spielwerke, 1763.
45 Bey der Kempe=Dreyerischen Verbindung. Hamburg, den 26. September 1741. In: Dreyer, Gelegenheitsgedichte, Mitte 18. Jahrhundert.
46 Zit. nach: Drost, Johanna Schopenhauer, 1958, S. 154.
47 Reimarus, Lebensbeschreibung, 1814, S. 70.
48 Zit. nach: Schramm, Generationen, 1963, S. 161.
49 Familie Reimarus, 1744–1750.
50 Zit. nach: Gössmann, Frau und Wissenschaft, 1987, S. 145.
51 Heumann, Philosophus, 1724, S. 106–109.
52 Campe, Rath, 1788, S. 64 f.
53 Zit. nach: Andrea van Dülmen, Frauenleben, 1992, S. 103.
54 Zit. nach: Jolles, Helene Friederike Unger, 1930, S. 45 f.
55 Richey, Idioticon, 1753, S. 262.
56 Wilhelm Ludwig Wehrklein: Schriften 1772–1789. Zit. nach: Holenstein/Schindler, Geschwätzgeschichte(n), 1992, S. 90.
57 Zit. nach: Brinker-Gabler, Dichterinnen, 1978, S. 127.
58 Telemann, Socrates, 1987, 1. Akt, Szene 3, S. 62.
59 Ebd.
60 Ebd.
61 Vgl.: Lediard, Kundschafter, 1764, S. 353.
62 Lediard, Kundschafter, 1764, S. 355.
63 Sammlung Gesetze, Theil 4. 1767, S. 119.
64 Zit. nach: Beck, Frauen in Krise, 1992, S. 184.
65 Vgl.: Alder, Paradies, 1989, S. 207.
66 Zit. nach: Alder, Paradies, 1989, S. 208
67 Zit. nach: Bake; Kiupel, Milow, 1993, S. 136.

68 Sieveking, Georg Heinrich Sieveking, 1913, S. 445.
69 Zit. nach: Sieveking, Georg Heinrich, 1913, S. 447.
70 Ebd.
71 Zit. nach: Prokop, Melancholie, 1983, S. 49.
72 Ebd.
73 Louise Adelgunde Victorie Gottsched, Briefe. Hg. von Dorothee Henriette von Runckel, Teil 3. Dresden 1771/72, S. 167 ff. Zit. nach: Andrea van Dülmen, Frauenleben, 1992, S. 379.
74 Kahn, Melancholie, 1932, S. 20.
75 Zit. nach: Bake, Kiupel, Milow, 1993, S. 277 f.
76 Elise Reimarus, Gedanken, 1792.
77 Sieveking, Georg Heinrich, 1913, S. 33.
78 Pleticha, Weimar, 1983, S. 75.
79 Ebd.
80 Zit. nach: Andrea van Dülmen, Frauenleben, 1992, S. 214.
81 Zit. nach: Schmid, Lesen, 1985, S. 137.
82 Elisa von der Recke an Elisabeth von Medem 1771. Zit. nach: Schmölders, Briefe, 1987, S. 113.
83 Zit. nach: Andrea van Dülmen, Frauenleben, 1992, S. 219.
84 Vgl.: Bonnet: Lesbos und seine Mysterien, in: Bubenik-Bauer, Schalz-Laurenze, Frauen in der Aufklärung, 1995, S. 87 f.
85 Zit. nach: Meise, Unschuld, 1992, S. 67.
86 Vgl.: Sellert, Rüping, Studien- und Quellenbuch, 1989, S. 477.
87 Alle folgende Zitate zu diesem Fall aus: Trummer, Vorträge über Tortur in Hamburg, Hamburg, 1844, S. 65–95.
88 Vgl.: Lengerke, Homosexuelle Frauen, 1984, S. 126 ff.
89 Zedler, Universal-Lexikon, 1745
90 Ebd.
91 Onania, 1765, S. 519 ff.
92 Zit. nach: Kokula, Lesbisch leben, 1984, S. 12.
93 Vgl.: Castle, Terry: Culture of travesty. In: Rousseau/Porter, Sexual underworlds, 1987. S. 156–180.
94 Vgl.: Finder, Bürgertum, 1930, S. 383.

Liebe und Galanterie – ein ungleiches Paar? (S. 73–120)

1 Griesheim, Hamburg, 1760, S. 290.
2 Zit. nach: Carr, Mozart und Konstanze, 1986, S. 113.
3 Vgl.: Konrad, Staehelin, »Allzeit ein Buch«, 1991, S. 83 f.
4 Hensel, System, Teil 1. 1787, S. 279 f.
5 Griesheim, Hamburg, 1760, S. 290.
6 Reimarus, Wahrheiten, 1985, S. 409 ff.
7 Ebd.
8 Ebd.

9 Ebd.

10 Zit. nach: Rutschky, Schwarze Pädagogik, 1977, S. 332.

11 Zit. nach: Janetzki, Henriette Herz, 1984, S. 229 f.

12 Vgl.: Lipping, Bürgerliche Konzepte, 1986, S. 28.

13 Oest: Versuch, 1787, S. 286.

14 Oest, Campe: System. Zit. nach: Rutschky, Pädagogik, 1977, S. 309.

15 Zit. nach: Rutschky, Schwarze Pädagogik, 1977, S. 320.

16 Zit. nach: Rutschky, Schwarze Pädagogik, 1977, S. 332.

17 Warneken, Gehkultur, 1989, S. 177 ff.

18 Journal des Luxus und der Moden, Juni 1802, S. 344.

19 Journal des Luxus und der Moden, November 1789, S. 459 ff.

20 Zit. nach: Bake, Kiupel, Milow, 1993, S. 84.

21 Reinhard, Abhandlung, Teil 2. 1757, S. 87 f.

22 Journal des Luxus und der Moden, April 1787.

23 Tissot, Buch, 1799, S. 6–17.

24 Tissot, Buch, 1799, S. 26 f.

25 Tissot, Buch, 1799, S. 23 f.

26 Ebd.

27 Tissot, Buch, 1799, S. 26 f.

28 Zit. nach: Fuchs, Sittengeschichte. Bd. 2. 1910, S. 115.

29 Caroline von Dacheröden an Wilhelm von Humboldt, 26. 7. 1792. Zit.
   nach: Walter, Mägde Arbeit, 1985, S. 111.

30 Zit. nach: Pahlen, Mozart, 1983, S. 81.

31 Diderot, Frauen, 1772, S. 15.

32 Zit. nach: Schuller, Briefe, 1991, S. 275.

33 Ebd.

34 Schäferlied aus: Ziegler, Vermischte Schriften, 1739.

35 Schöne Spielwerke, 1763.

36 Fichte, Grundriß, 1776.

37 Hellwig, Heimlichkeiten, 1719, S. 197 f.

38 Tissot, Buch, 1799.

39 Haller, Albrecht von: Elemente physiologiae corporis humani.
   Bd. VII, Berlin 1759–1785, S. 977. Zit. nach: Meyer-Knees, Verführung, 1992, S. 42.

40 Heinse, die Kirschen, 1773, S. 32 ff.

41 Tissot, Buch, 1799.

42 Therese Forster an Caroline Böhmer, Neuchâtel, 25. 2. 1794. Zit.
   nach: Marbacher Magazin, 1993, S. 19 f.

43 Der Pfarrer Johann Christoph Beer: Angelika Wurtz. Das ist wahrer
   Grund, der wahren Buss, Tugend und Vollkommenheit. Dillingen
   1732. Zit. nach: Beck, Frauen in Krise, 1992, S. 204.

44 Vgl.: Beck, Frauen in Krise, 1992, S. 201 u. 204.

45 Zit. nach: Lehmann, Kulturgeschichte, 1955, S. 124 f.

46 Frank, System, Bd. 1. 1779, S. 477 ff.

47 Zit. nach: Fischer-Homberger, Krankheit Frau, 1988, S. 48.

48 Robert Wallace Johnson's Neues System der Entbindungskunst, 1782, S. 46 f.
49 Ebd.
50 Wöchentliche Gelehrte Nachrichten, 4. St. Freytag 23. 01. 1761.
51 Fried, Anfangsgründe, 1769, S. 224.
52 Fried, Anfangsgründe, 1769, S. 48 f.
53 Werner Seiffert, Christoph Martin Wieland. Briefwechsel. Ausgabe der Deutschen Akademie der Wissenschaften. Bd. 1. 1963, S. 401. Zit. nach: Andrea van Dülmen, Frauenleben, 1992, S. 377.
54 Ebd.
55 Heumann, Philosophus, 1724, S. 111 ff.
56 Knigge, Umgang, 1788, S. 157 f.
57 Fichte, Grundriß, Abschn. Paragr. 5 (1776).
58 Fichte, Grundriß, Abschn. Paragr. 3 (1776).
59 Zit. nach: Bake, Kiupel (Hg.), Milow, 1987, S. 100.
60 Vgl.: Sammlung Mandate, Teil 3. 27. Juni 1732, S. 1176–1180.
61 Vgl.: Sammlung Gesetze. Teil 5, 1768, S. 412.
62 Zit. nach: Urban, Prostitution, 1927, S. 14.
63 Santa Clara, Etwas für alle. Bd. 2. 1711.
64 Zit. nach: Fuchs, Sittengeschichte, Bd. 2. S. 412.
65 Zit. nach: Fuchs, Sittengeschichte, Bd. 2, 1910, S. 414.
66 Salzmann, Carlsberg 2. Theil. 1784, S. 87.
67 König, Versuch, Bd. 2. 1793, S. 271.
68 Gessner, Idyllen, 1917, S. 76 f.
69 Roussel, Pierre: Physiologie des weiblichen Geschlechtes, Berlin 1786, S. 172. Zit. nach: Meyer-Knees, Verführung, 1992, S. 47.
70 Selle, Christoph Gottlieb: Medicina Clinica oder Handbuch der medicinischen Praxis, Berlin 1788, S. 510 f. Zit. nach: Meyer-Knees, Verführung, 1992, S. 53.
71 Krünitz, Encyklopädie, Bd. 102. 1806, S. 719 f.
72 Pyl's Neues Magazin für gerichtliche Arzney Kunde und medicinische Polizey, 4. Sg. Berlin 1786, S. 127–130. Zit. nach: Meyer-Knees, Verführung, 1992, S. 166 ff.
73 Ebd.
74 Eros oder Wörterbuch über Physiologie und über die Natur- und Cultur-Geschichte des Menschen in Hinsicht auf seine Sexualität. Bd. 1. Berlin 1823, S. 322–323. Zit. nach: Meyer-Knees, Verführung, 1992, S. 120 ff.
75 Ebd.
76 Vgl.: Fischer-Homberger, Medizin, 1988, S. 216.
77–80 Krünitz, Encyklopädie, Bd. 102. 1806, S. 719 f.

1 Verschiedene Aufsätze über allerley Rechtsmaterien: Über die mann-
   heimische Preisfrage: Welches sind die besten ausführbaren Mittel,
   dem Kindesmord Einhalt zu thun? In: Juristischer Almanach auf das
   Jahr 1782. Gießen 1782, S. 61 f. Zit. nach: Stukenbrock, Aufklärung,
   1993, S. 96.
2 Pasquino, 1792.
3 Hebenstreit, Lehrsätze, 1791, S. 101.
4 Vgl.: Beck, Frauen in Krise, 1992, S. 193–198.
5 Zit. nach: Bake; Kiupel, Milow, 1987, S. 97.
6 Zit. nach: Bake/Kiupel, Milow, 1987, S. 97.
7 Johann Peter Frank, Akademische Rede vom Volkselend als der Mutter der Krankheiten (Pavia 1790). Zit. nach: Deppe, Regus (Hg.),
   Medizin, 1975, S. 154 f.
8 Bake/Kiupel, Milow, 1987, S. 102.
9 Vgl.: Habermas, Frauen und Männer, 1992, S. 136.
10 Vgl.: James, Frauenstrafen, 1982, S. 307–314.
11 Vgl.: Antrag des Armen=Collegii.
12 Vgl.: Süßmilch, Ordnung, 2. Aufl. Teil 3, Tabelle IX, 1761.
13 Vgl.: Caspar, Beiträge, Bd. 1. 1825, S. 162.
14 Vgl.: Sammlung Gesetze, 1768.
15 Alder, Paradis, 1989, S. 220 f.
16 Vgl.: Breit, »Leichtfertigkeit«, 1991, S. 142 ff.
17 Süßmilch, Ordnung, 1741, S. 123.
18 Vgl.: Formey, Versuch, 1796, S. 112 f.
19 Vgl.: Storch, Von Kranckheiten der Weiber, Bd. 8. Gotha 1746–1753,
   S. 243–244. Zit. nach: Shorter, der weibliche Körper, 1984, S. 299 f.
20 Johann Daniel Metzger, Kurz gefaßtes System der gerichtlichen Arz-
   neiwissenschaft. Königsberg, Leipzig 1793. Zit. nach: Fischer-Homberger, Medizin, 1988, S. 271 f.
21 Vgl.: Stukenbrock, Abtreibung, 1993, S. 106 f.
22 Nölting, Predigt 24. 4. 1780.
23 Vgl.: Kuhn, Chronik, 1992, S. 302 ff.
24 Brack, Gerätschaften, 1930, S. 38 f.
25 Osiander, Denkwürdigkeiten, 1794, S. 119.
26 Ebd.
27 Zit. nach: Bake/Kiupel, Milow, 1993, S. 194 f.
28 Zit. nach: Bake/Kiupel, Milow, 1987, S. 106.
29 Vgl.: Richard van Dülmen, Gericht, 1991, S. 112.
30 Vgl.: Ulbricht, Kindsmörderinnen, 1993, S. 55.
31 Vgl.: Richard van Dülmen, Gericht, 1991, S. 60.
32 Zit. nach: Bake/Kiupel, Milow, 1987, S. 119.
33 Zit. nach: Bake/Kiupel, Milow, 1987, S. 100.
34 Unzer, Handbuch, 1780, S. 57.

35 Vgl.: Shorter, Geburt, 1977, S. 232.
36 Charlotte von Kalb an Jean Paul. Weimar den 26. 3. 1796. Zit. nach: Walter, Mägde Arbeit, 1985, S. 148.
37 Campe, Über die früheste Bildung junger Kinderseelen. Hamburg 1785, S. 123. Zit. nach: Fornefeld-Prajitno, Kinderseelen, 1989, S. 90.
38 Ebd.
39 Jean-Jacques Rousseau über den Ursprung und die Grundlagen der Ungleichheit unter den Menschen, Berlin 1955, S. 32. Zit. nach: Prokop, Mutterschaft, 1989, S. 203.
40 Lotte Schiller an Fritz von Stein, Ludwigsburg den 8. 10. 1793. Zit. nach: Walter, Mägde Arbeit, 1985, S. 143.
41 Caroline von Humboldt an Wilhelm von Humboldt. Jena 1795. Zit. nach: Walter, Mägde Arbeit, 1985, S. 141.
42 Vgl.: Badinter, Mutterliebe, 1984, S. 155.
43 Zit. nach: Richard van Dülmen, Kultur und Alltag, 1990, S. 94.
44 Nölting, Predigt für Ehemänner, Ehefrauen und Frauen über die Werke unsers Herrn: Eine Frau, wann sie gebiehrt, hat Traurigkeit: denn ihre Stunde ist gekommen. Wann sie aber das Kind gebohrn hat, denkt sie nicht mehr an die Angst um der Freude willen, daß ein Mensch zur Welt gebohrn ist. Gehalten in der Hauptkirche zu Altona. Hamburg 24. 4. 1780.
45 Zit. nach: Bake, Kiupel, Milow, 1993, S. 287.
46 Zit. nach: Bake, Kiupel, Milow, 1993, S. 295 f.
47 Zit. nach: Bake, Kiupel, Milow, 1993, S. 307 f.

Das Ziel nicht erreicht (S. 156–170)

1 Buffonet und Alga oder die mannstolle alte Jungfer, (1727).
2 Zit. nach: Sieveking, Elise Reimarus, 1940, S. 88.
3 Ebd.
4 Ernst Brandes. Zit. nach: Andrea van Dülmen, Frauenleben, 1992, S. 311.
5 Das Delibirir Büchlein. Zit. nach: Andrea van Dülmen, Frauenleben, 1992, S. 304.
6 Buffonet und Alga oder die mannstolle alte Jungfer, (1727).
7 Ebd.
8 Ebd.
9 Altonaer Adreß Comptoir Nachrichten, No. 49, Mittwoch, 20. Juni 1798.
10 Zit. nach: Behler, Friedrich-Schlegel-Ausgabe, 1985, S. 223 ff.
11 Vgl.: Kritik an der Armenpolizei 1795.
12 Zit. nach: Alder, Paradies, 1989. S. 216.
13 Zit. nach: Einladung ins 18. Jh., 1988, S. 179.
14 Vgl.: Richard van Dülmen, Kultur und Alltag, 1990, S. 181.

15 Vgl.: Beck, Frauen in Krise, 1992, S. 210–212.
16 Vgl.: Richard van Dülmen, Kultur und Alltag, 1990, S. 181.
17 Das Leben der Frau von Wallenrodt in Briefen an einen Freund. Ein Beitrag zur Seelenkunde und Weltkenntnis. Bd. 1. Leipzig, Rostock 1797, S. 595 und 597. Zit. nach: Andrea van Dülmen, Frauenleben, 1992, S. 309 f.
18 Vgl.: Bake, Frauenerwerbsarbeit, 1984, S. 166. und Vgl.: Wunder, Sonn, 1992, S. 187.
19 Vgl.: Erste Volkszählung in Altona, Mitte 18. Jh. Staatsarchiv Hamburg.
20 Vgl.: Allgemeine Armenanstalt I: 86 Monatsberichte 1793–1798.
21 Abraham Voß, Johann Heinrich Voß, Bd. 3. 1833, S. 1 ff.
22 Ebd.
23 Vgl.: Neddermeyer, Statistik, 1847, S. 696 f.
24 Arme=Wittwen=Haus.
25 Staatsarchiv Hamburg, Senat, CL VII, Lit Q c, No 11, Vol 2.

Ein Ort sexueller Anfechtungen (S. 171–185)

1   Zit. nach: Gaedertz, Opern, S. 115 ff.
2   Sammlung kleiner Flugschriften, Mitte 18. Jahrhundert.
3   Rambach, Versuch, 1801, S. 263.
4   Guden, Polizey, 1768, S. 185.
5   Landesarchiv Potsdam Pr. Rep. 30 A, Tit. 3, Nr. 3 a. Zit. nach: Kuczynski, Studien, Bd. 18. 1963, S. 40.
6   Vgl.: Otruba, Anfänge, 1953, S. 132.
7   Vgl.: Erasmis, Kurtzer Auszug, 1731, S. 143.
8   Schrader, Beherzigungen, 1787, S. 459.
9   Vgl.: Lamprecht, Schreiben, 1736, Neudruck, 1937.
10 Lamprecht, Schreiben, 1736, Neudruck, 1937, S. 13.
11 Ebd.
12 Lamprecht, Schreiben, 1736, Neudruck, 1937, S. 14.
13 Menantes, Satyrischer Roman, 1706. Faksimiledruck, 1973, S. 69.
14 sub signa Beeidigter Opern-Contract veranlassend. 22. August 1695. Staatsarchiv Hamburg.
15 Bauer, Komödiantin, 1927, S. 33.
16 Zit. nach: Rabenalt, Voluptus, o. J. S. 49 f.
17 Vgl.: Geitner, Schauspielerinnen, 1989, S. 189.
18 Geitner, Schauspielerinnen, 1989, S. 171.
19 Becker-Cantarino, Der lange Weg, 1989, S. 338.
20 Mattheson, Critica Musica, 1725. PVIII., S. 320.
21 Gottfried August Bürger, Zit. nach: Kinder, Bürgers unglückliche Liebe, 1981, S. 174.

22 Ebd.
23 Maria Theresia und ihre Zeit, 1980, S. 398.

Nachwort (S. 187–188)

1 Schlözer, Dorothea von Schlözer, 1925, S. 317.
2 Charlotte von Kalb. Zit. nach: van Dülmen, Andrea, Frauenleben, S. 407 f.

Literaturverzeichnis

Alder, Doris: Freiheit, Gleichheit … und die »Natur« der Frau, in: Gerhard, Ute u. a. (Hg.): *Differenz*, 1990, S. 211 – 216.

Alder, Doris: Im »wahren Paradies der Weiber«? Naturrecht und rechtliche Wirklichkeit der Frauen im Preußischen Landrecht, in: Schmidt-Linsenhoff, Viktoria (Hg.): *Sklavin oder Bürgerin?*, 1989, S. 206–223.

Allgemeine Armenanstalt I: 4. Anlage No 42, 19. 3. 1801 (Ueber die Entbindungsanstalt). Staatsarchiv Hamburg.

Allgemeine Armenanstalt I: 86. Monatberichte 1793–1798. Staatsarchiv Hamburg.

Antrag des Armen=Collegii wegen der Versorgung der unehelichen Kinder. Staatsarchiv Hamburg, Senat CL VII, Lit Qa, No 3, Vol 12, Fasc 37.

Arme=Wittwen=Haus in St. Jürgen. Staatsarchiv Hamburg, Senat CL VII, Lit Qc, No 11, Vol 2.

Der Arzt. Eine medizinische Wochenschrift von Johann August Unzer, Bd. 3. Hamburg, Lüneburg und Leipzig 1769.

Aussteuer für Mademoiselle Johanna Maria Wass gegeben von ihrem Vater Michel Wass, und besorget von ihrer zweiten Mutter geb. Bostelmann den 21. August 1797. Staatsarchiv Hamburg, Familienarchiv Kellinghusen.

Badinter, Elisabeth: *Die Mutterliebe*. Geschichte eines Gefühls vom 17. Jahrhundert bis heute, München 1984.

Bake, Rita, Kiupel, Birgit (Hg.): *Margarethe Elisabeth Milow: Ich will aber nicht murren*, erste Aufl. Hamburg 1987.

Bake, Rita, Kiupel, Birgit (Hg.): *Margarethe Elisabeth Milow: Ich will aber nicht murren*, erweiterte Aufl., Hamburg 1993.

Bake, Rita: *Trotz Fleiß keinen Preis*. Historischer Stadtrundgang: Arbeits- und Lebensweise von Hamburger Frauen im 18. Jahrhundert. Landeszentrale für politische Bildung Hamburg 1992.

Bake, Rita: Trotz Fleiß keinen Preis. Frauenarbeit und Frauenarmut im 18. Jahrhundert, in: Schmidt-Linsenhoff, Viktoria (Hg.): *Sklavin oder Bürgerin?* 1989, S. 260–275.

Bake, Rita: *Unordentliche Begierden*. Liebe und Sexualität im bürgerlichen Frauenleben, in: 1789 – speichern & spenden, 1989, S. 68–78.

Bake, Rita: *Vorindustrielle Frauenerwerbsarbeit*, Köln 1984.

Bauer, Bernhard A.: *Komödiantin oder Dirne?* Leipzig 1927.

Beck, Rainer: Frauen in Krise. Eheleben und Ehescheidungen in der ländlichen Gesellschaft Bayerns während des Ancien régime, in: Richard van Dülmen: *Dynamik*, 1992, S. 137–213.

Becker, Dr.: *Der Rathgeber vor, bei und nach dem Beischlaf,* Leipzig 1816.

Becker, Peter: *Leben und Lieben in einem kalten Land.* Sexualität im Spannungsfeld von Ökonomie und Demographie. Das Beispiel St. Lambrecht 1600–1850. Frankfurt a. M. 1990.

Becker-Cantarino, Barbara: *Der lange Weg zur Mündigkeit.* Frauen und Literatur in Deutschland von 1500 bis 1800, Stuttgart 1989.

Becker-Cantarino, Barbara: Von der Prinzipalin zur Künstlerin und Mätresse. Die Schauspielerin im 18. Jahrhundert, in: Möhrmann, Renate (Hg.): *Die Schauspielerin,* Frankfurt a. M. 1989, S. 88–117.

Behler, Ernst (Hg.): *Kritische Friedrich-Schlegel-Ausgabe,* 3. Abtlg. Briefe von und an Friedrich und Dorothea Schlegel, Bd. 24. Paderborn, München, Wien 1985.

Beneke, Otto: *Hamburgische Geschichten und Denkwürdigkeiten.* Berlin 1890.

Benezé, Emil von (Hg.): *Karoline Schulze-Kummerfeld.* Lebenserinnerungen, Bd. 1. Berlin 1915.

Berlepsch, Emilie von: Über einige zum Glück der Ehe nothwendige Eigenschaften und Grundsätze, in: *Der Neue Teutsche Merkur* 1791.

Beweis sowohl aus Heiliger Schrift … Staatsarchiv Hamburg, Sammelband A2, o. J. ca. Anfang 18. Jahrhundert.

Brack, E.: *Über allerlei christliche Gerätschaften, so in Hamburg in früheren Zeiten im Gebrauche waren,* Hamburg 1930.

Breit, Stefan: *»Leichtfertigkeit« und ländliche Gesellschaft.* Voreheliche Sexualität in der frühen Neuzeit. München 1991.

Brinker-Gabler, Gisela: *Deutsche Dichterinnen vom 16. Jahrhundert bis zur Gegenwart,* Frankfurt a. M. 1978.

Brusniak, Friedhelm: Die Karriere der »Italiänischen Virtuosin Signora Dominichina Polone«, in: *5. Aroiser Barock-Festspiele,* Programmheft, Arolsen 1990.

Büsch, Johann Georg: *Schriften über das Armenwesen,* Hamburg 1792.

Bubenik-Bauer, Iris, Schalz-Laurenze, Ute: *Frauen in der Aufklärung,* Frankfurt a. M. 1995.

Buffonet und Alga oder die mannstolle alte Jungfer, Hamburg o. J. (1727). Staatsarchiv Hamburg.

Campe, Joachim Heinrich: Väterlicher Rath für meine Tochter, in: *Braunschweigisches Journal,* Bd. 2. 1788.

Carr, Francis: *Mozart und Konstanze,* Stuttgart 1986.

Caspar, Johann Ludwig: *Beiträge zur medizinischen Statistik und Staatsarzneikunde,* Bd. 1. Berlin 1825.

Chaufepie, P. S.: *Handbuch zum Gebrauch der Hebammen,* Altona 1783.

Dekker, Rudolf, van de Pol, Lotte: *Frauen in Männerkleidern.* Berlin 1990.

Dem Herrn A. Mutzenbecher und Demoiselle G. L. Wagener am Tage Ihrer Vermählung von zwey Freunden, Hamburg, den 26. May 1778.

Deppe, Hans-Ulrich, Regus, Michael (Hg.): *Seminar: Medizin, Gesellschaft, Geschichte.* Frankfurt a. M. 1975.

Diderot, Denis: *Enzyklopädie,* Bd. 11, Paris 1765.

Diderot, Denis: *Über die Frauen* (1772). Übersetzt v. Hans Magnus Enzensberger, Berlin 1991.

Dietz, Walter: *Die Wuppertaler Garnnahrung,* Neustadt/Aich 1957.

Dreihundert Jahre Theater in Braunschweig 1690–1990. Ausstellungskatalog. Braunschweig 1990.

Dreyer, Johann Matthias: *Gelegenheitsgedichte,* Hamburg, Mitte 18. Jahrhundert.

Drost, Willi (Hg.): *Johanna Schopenhauer, Jugendleben,* Barmstadt/Holst. 1958.

Duden, Barbara: »Ein falsch Gewächs, ein unzeitig Wesen, gestocktes Blut«. Zur Geschichte von Wahrnehmung und Sichtweise der Leibesfrucht, in: *Unter anderen Umständen,* 1993, S. 27–36.

Dülmen, Andrea van (Hg.): *Frauenleben im 18. Jahrhundert,* München 1992.

Dülmen, Richard van (Hg.): *Armut, Liebe, Ehre.* Studien zur historischen Kulturforschung, Frankfurt a. M. 1988.

Dülmen, Richard van (Hg.): *Dynamik der Tradition.* Studien zur historischen Kulturforschung, Frankfurt a. M. 1992.

Dülmen, Richard van: *Frauen vor Gericht.* Kindsmord in der Frühen Neuzeit, Frankfurt am Main 1991.

Dülmen, Richard van: *Kultur und Alltag in der Frühen Neuzeit,* München 1990.

Duerr, Hans Peter: *Intimität.* Frankfurt a. M. 1990.

Ebel, Wilhelm: *Quellen zur Geschichte des deutschen Arbeitsrechts* (bis 1849), Göttingen 1964.

Eckartshausen, Karl von: *Tagebuch eines Richters oder Beiträge zur Geschichte des menschlichen Elends,* München 1789.

Ehrmann, Marianne: *Philosophie eines Weibes.* o. O. 1784.

Eichler, Helga: Zucht- und Arbeitshäuser in den mittleren und östlichen Provinzen Brandenburg-Preußens, in: *Jahrbuch f. Wirtschaftsgeschichte,* Bd. I, 1970.

Einladung ins 18. Jahrhundert. Ein Almanach aus dem Verlag C. H. Beck im 225. Jahr seines Bestehens. Mit 19 Erstdrucken von Texten der Goethezeit. Hg. v. Ernst Peter Wieckenberg, München 1988.

Erasmis, Georg Christoph: *Kurtzer Auszug aus denen königl. Preuß. und Chur=Brandenburgische Landes=Recessen, Edikten, Reglements, Rescripten und Privilegeiis.* Erster Theil in sich haltend die Nachricht alter und neuester Verfassungen wegen Wolle und Wolle=Manufacturen … Berlin, Potsdam 1731.

Errichtung eines Ammen-Comtoirs, 1789–1791. Staatsarchiv Hamburg, Allgemeine Armenanstalt I, 115.

Erxleben, Dorothea Christiane: Ihr Leben und Wirken. Zu ihrem 270. Geburtstag am 13. November 1985. Städtische Museen Quedlinburg.

Familienarchiv Berenberg. Staatsarchiv Hamburg.

Familie Reimarus. Johanne Friederike Reimarus geb. Fabricius. Briefe von ihrem Mann Hermann Samuel Reimarus 1744–1750. Staatsarchiv Hamburg.

Faßmann, David: *Leben und Thaten des Königs von Preußen Friderici Wilhelmi,* Teil 1. Hamburg, Breslau 1735.

Fichte, Johann Gottlieb: *Grundriß des Familienrechts,* 1776.

Finder, Ernst: *Hamburgisches Bürgertum.* Hamburg 1930.

Fischer, Friedrich Christoph: *Über die Probenächte der teutschen Bauernmädchen,* Berlin und Leipzig 1780.

Fischer-Homberger, Esther: *Krankheit Frau,* 2. Aufl. Frankfurt a. M. 1988.

Fischer-Homberger, Esther: *Medizin vor Gericht.* Darmstadt 1988.

Formey, Johann Ludwig: *Versuch einer medicinischen Topographie von Berlin,* Berlin 1796.

Fornefeld-Prajitno, Dagmar: *Bildung junger Kinderseelen,* in: 1789 – speichern & spenden, 1989, S. 88–102.

Frank, Johann Peter: Akademische Rede vom Volkselend als der Mutter der Krankheiten (Pavia 1790), in: Deppe, Hans-Ulrich, Regus, Michael (Hg.): *Seminar: Medizin,* 1975, S. 149–165.

Frank, Johann Peter: *System einer vollständigen medicinischen Polizey.* 4 Bde; Bd. 1: 1779; Bde 2–4: 1780–1788; Bd. 5: 1813; Bd. 6: 1817–1819.

Frevert, Ute: Bürgerliche Familie und Geschlechterrollen. Modell und Wirklichkeit, in: Niethammer, Lutz u. a.: *Bürgerliche Gesellschaft in Deutschland,* Frankfurt a. M. 1990, S. 90–101.

Fried, Georg Albrecht: *Anfangsgründe der Geburtshilfe,* Straßburg 1769.

Fuchs, Eduard: Illustrierte Sittengeschichte vom Mittelalter bis zur Gegenwart, Bd. 2. Berlin 1910.

Gaedertz, Karl Theodor: Die Hamburger Opern in Beziehung auf ihre niederdeutschen Bestandteile, in: *Jahrbuch des Vereins für niederdeutsche Sprachforschung* VIII, Jg. 1882, Leipzig 1883.

Geitner, Ursula (Hrsg.): *Schauspielerinnen – der theatralische Eintritt der Frauen in die Moderne.* Bielefeld 1989.

Gellert, Christian Fürchtegott: *Sämtliche Schriften,* Teil 4. Reutlingen 1775.

Gemeinnützige Hamburger Anzeigen, 17. 9. 1763. Staatsarchiv Hamburg CL. VII, Lit Lb, No. 16. Vol. 6a. 3.

Gerhard, Ute; Jansen, Mechthild; Maihofer, Andrea; Schmid, Pia; Schultz, Irmgard (Hg.): *Differenz und Gleichheit.* Menschenrechte haben (k)ein Geschlecht, Frankfurt a. M. 1990.

Gessner, Salomon: *Idyllen,* Weimar 1917.

Gössmann, Elisabeth: Die Diskussion um Frau und Wissenschaft im 17./ 18. Jahrhundert, in: Huffmann: *Frauen in der Wissenschaft*, 1987, S. 141–161.

Goethe, Katharina Elisabetha: *Die Briefe der Frau Rath Goethe*. Gesammelt und herausgegeben von Albert Köster. Leipzig 1976.

Gossler, Oscar: *Johann Hinrich Gossler's Haushaltungsbuch von 1769 bis 1790*, Hamburg 1937, Manuskript.

Griesheim, Christian Ludwig von: Verbesserte u. vermehrte Auflage des Tractats: *Die Stadt Hamburg*, Hamburg 1760.

Guden, Phillip Peter: *Polizey der Industrie oder Abhandlung von den Mitteln, den Fleiß der Einwohner zu ermuntern*, Braunschweig 1768.

Habermas, Rebekka: Frauen und Männer im Kampf um Leib, Ökonomie und Recht. Zur Beziehung der Geschlechter im Frankfurt der Frühen Neuzeit, in: Richard van Dülmen: *Dynamik*, 1992, S. 109–137.

Hamburgischer Reichspostillion, Freytägisches, No. 13, vom 23. Januari 1728.

Hardach-Pinke, Irene: Weibliche Bildung und weiblicher Beruf: Gouvernanten im 18. und frühen 19. Jahrhundert, in: Bock, Gisela (Hg.): *Geschichte und Gesellschaft*, Jg. 18, Heft 4: Lebenswege von Frauen im Ancien régime, Göttingen 1992, S. 507–525.

Hassauer, Friederike: Weiblichkeit – der blinde Fleck der Menschenrechte?, in: Gerhard, Ute u. a. (Hg.): *Differenz*, 1990, S. 320–337.

Hauffe, Eberhard: *Wer in Liebesfrüchten wehlet*. Weimar, o. J.

Hebenstreit, Ernst Benjamin Gottlieb: *Lehrsätze der medicinischen Polizeywissenschaft*, Leipzig 1791.

Heinse, Wilhelm: *Die Kirschen*, Berlin 1773.

Hellwig, L. Christoph de: *Neu=entdeckte Heimlichkeiten der Frauenzimmer*, Franckfurth, Leipzig 1719.

Hensel, Johann Daniel: *System der weiblichen Erziehung, besonders für den mittlern und höhern Stand*, Teil 1, Halle 1787.

Hentze, Hilke: *Sexualität in der Pädagogik des späten 18. Jahrhunderts*, Frankfurt am Main, Berlin, Las Vegas 1980.

Heß, Ludwig von: *Eine Antwort auf die Preißfrage: Welches sind die besten ausführbaren Mittel, dem Kindesmord Einhalt zu thun?* Hamburg 1780.

Heumann, Christoph August: *Der politische Philosophus*. Das ist, vernunftmäßige Anweisung zur Klugeheit im gemeinen Leben, Frankfurt, Leipzig 1724.

Heuser, Magdalene: Jakobinerin, Demokratin und Revolutionär. Therese Hubers »kleiner winziger Standpunkt« als Weib um 1800, in: Schmidt-Linsenhoff, Viktoria (Hg.): *Sklavin*, 1989, S. 143–157.

Heyden-Rynsch, Verena von der: *Europäische Salons*. Höhepunkte einer versunkenen weiblichen Kultur, München 1992.

Hippel, Theodor Gottlieb von: Über die bürgerliche Verbesserung der Weiber, in: *Sämtliche Werke* Bd. 6. Berlin 1828.

Hippel, Theodor Gottlieb von: *Über die Ehe*, 1774. 2. Aufl. Berlin 1979.

Hoffmann, Freia: *Instrument und Körper*. Die musizierende Frau in der bürgerlichen Kultur. Frankfurt/M., Leipzig 1991.

D. Friedrich Hoffmanns Auserlesene Anmerckungen von Wunden, Abtreiben der Frucht, Vergiftungen und Liebes=Träncken, Sorau 1760.

Holenstein, Pia, Schindler, Norbert: Geschwätzgeschichte(n). Ein kulturhistorisches Plädoyer für die Rehabilitierung der unkontrollierten Rede, in: Richard van Dülmen: *Dynamik*, 1992, S. 213–240.

Honegger, Claudia: *Die Ordnung der Geschlechter*. Die Wissenschaften vom Menschen und das Weib 1750–1850. München 1996.

Huffmann, Ursula/Frandsen, Dorothea/Kuhn, Annette (Hg.): *Frauen in Wissenschaft und Politik,* Düsseldorf 1987.

Jaacks, Gisela: *Das Theater und sein Publikum*. Ausstellung der Vereins- und Westbank Hamburg 1976, Hamburg 1976.

Jaacks, Gisela: »Fröhlich, tätig und anspruchslos …« Zum Selbstverständnis der Frauen in der zweiten Hälfte des 18. Jahrhunderts, in: *Beiträge zur deutschen Volks- und Altertumskunde,* H. 22, 1983, S. 63–74.

Jacobi, Juliane: Der Polizeidirektor als feministischer Jakobiner. Theodor Gottlieb von Hippel und seine Schrift »Über die bürgerliche Verbesserung der Weiber« Berlin 1792, in: Schmidt-Linsenhoff, Viktoria (Hg.): *Sklavin oder Bürgerin?* 1989, S. 358–373.

Jacobsson, Johann Karl Gottfried: *Schauplatz der Zeugmanufakturen in Deutschland,* Bd. 4, Berlin 1775.

James, Barbara: Frauenstrafen des 18. Jahrhunderts in Lied, Bild und Redensart, in: *Jahrbuch für Volksliedforschung* 27, 1982, S. 307–314.

Janetzki, Ulrich (Hg.): *Henriette Herz. Berliner Salon*. Erinnerungen und Portraits, Berlin, Wien 1984.

Jerouschek, Günter: Zur Geschichte des Abtreibungsverbotes, in: *Unter anderen Umständen*, 1993, S. 11–27.

Johnson, Robert Wallace: *Robert Wallace Johnson's Neues System der Entbindungskunst, auf praktische Wahrnehmungen gegründet*. Aus dem Englischen. Hg. und mit einigen Anmerkungen begleitet v. D. Just. Christian Loder. Erster und Zweyter Theil, Leipzig 1782.

Jolles, Heinz (Hg.): *Helene Friederike Unger,* Briefe über Berlin, Berlin 1930.

Journal des Luxus und der Moden, Weimar 1786–1827.

Jütte, Robert: *Geschichte der Abtreibung*. Von der Antike bis zur Gegenwart, München 1993.

Junker, Almut: »Revolution in der Mode«, in: Schmidt-Linsenhoff, Viktoria (Hg.): *Sklavin oder Bürgerin?* 1989, S. 520–582.

Junker, Almut, Stille, Eva: *Zur Geschichte der Unterwäsche 1700–1960.* Eine Ausstellung des Historischen Museums Frankfurt a. M. 1988.

Kahn, Charlotte: *Die Melancholie in der deutschen Lyrik des 18. Jahrhunderts,* Heidelberg 1932. (Beiträge zur neueren Literaturgeschichte, H. 21.)

Kersting, Christa: »Prospekt fürs Eheleben«. Joachim Heinrich Campes: Väterlicher Rath für meine Tochter, in: Schmidt-Linsenhoff, Viktoria (Hg.): *Sklavin oder Bürgerin?* 1989, S. 373–391.

Kinder, Hermann (Hg.): *Bürgers unglückliche Liebe.* Die Ehestandsgeschichte von Elise Hahn und Gottfried August Bürger, Frankfurt a. M. 1981.

Klughohn, Paul: *Die Auffassung der Liebe in der Literatur des 18. Jahrhunderts und in der deutschen Romantik,* Tübingen 1966.

Knigge, Adolph von: *Ueber den Umgang mit Menschen,* Hannover 1788.

König, August Balthasar: *Versuch einer historischen Schilderung der Hauptveränderungen der Religion, Sitten, Gewohnheiten, Künste, Wissenschaften der Residenzstadt,* Bd. 2. Berlin 1793.

Kokula, Ilse: Lesbisch leben von Weimar bis zur Nachkriegszeit, in: *Eldorado.* Ausstellungskatalog, Berlin 1984.

Kolb, Annette (Hg.): *Wilhelmine von Bayreuth.* Memoiren, Leipzig 1920.

Konrad, Ulrich, Staehelin, Martin (Hg.): *»Allzeit ein Buch«*; die Bibliothek Wolfgang Amadeus Mozarts, Weinheim 1991.

Kritik an der Armenpolizei. Allgemeine Armenanstalt I, 1795, Staatsarchiv Hamburg.

Krünitz, Johann Georg: *Oekonomische Encyklopädie oder allgemeines System der Staats-, Stadt-, Haus- und Landwirtschaft,* Bd. 1–242, Berlin 1773–1853.

Krull, Edith: *Kunst von Frauen.* Das Berufsbild der bildenden Künstlerinnen in 4 Jahrhunderten, Leipzig 1984.

Kuczynski, Jürgen: *Studien zur Geschichte der Lage der Arbeiterin in Deutschland von 1700 bis zur Gegenwart,* Bd. 18, Berlin 1963.

Kuhn, Annette (Hg.): *Die Chronik der Frauen,* Dortmund 1992.

Lahnstein, Peter: *Report einer »guten alten Zeit«.* Zeugnisse und Berichte 1750–1805, München 1970.

Lamprecht, Jacob Friedrich: *Schreiben eines Schwaben an einen deutschen Freund in Petersburg von dem gegenwärtigen Zustande der Opera in Hamburg,* o. O. 1736, Neudruck Hamburg 1937.

Lediard, Thomas: *Der Deutsche Kundschafter (...)* Aus der zweyten Londoner Ausgabe von 1740 übersetzt. Lemgo 1764.

Lehmann, Friedrich R.: *Kulturgeschichte und Rezepte der Liebesmittel,* Heidenheim 1955.

Lengerke, Christine von: Homosexuelle Frauen, Tribaden, Freundinnen, Urninden, in: *Eldorado.* Ausstellungskatalog, Berlin 1984.

Lindemann, Margot: *Deutsche Presse bis 1815.* Berlin 1969.

Lipping, Margita: Bürgerliche Konzepte zur weiblichen Sexualität in der zweiten Hälfte des 18. Jahrhunderts. Rekonstruktionsversuche am Material medizinischer und pädagogischer Texte, in: Geyes, Johanna, Kuhn, Annette: *Frauenkörper, Medizin.* Düsseldorf 1986.

Lohn-Tabelle von 1774. Gefängnisverwaltung 242 – (I) A16, Staatsarchiv Hamburg.

Loux, Françoise: *Das Kind und sein Körper in der Volksmedizin,* Stuttgart 1980.

Maertens, Willi: Zwischen Patriot und Baß-Geige, in: *Ars Musica,* Kultur und Forschungsstätte Michaelstein, Jahrbuch 1990. Michaelstein-Blankenburg 1990.

Marbacher Magazin Nr. 65. Jg. 1993.

Markgräfin Wilhelmine von Bayreuth: *Memoiren,* Leipzig 1920.

Markgräfin Wilhelmine von Bayreuth und ihre Welt. Ausstellung im Neuen Schloß Bayreuth Sommer 1959. Bayerische Verwaltung der Staatl. Schlösser, Gärten und Seen, München.

Maria Theresia und ihre Zeit. Zur 200. Wiederkehr des Todestages. Ausstellung 13. Mai bis 26. Oktober 1980, Wien, Schloß Schönbrunn.

Martens, Wolfgang: *Die Botschaft der Tugend.* Stuttgart 1978.

Mattheson, Johann: *Critica Musica.* Unveränderter Neudruck der Originalausgabe, Hamburg 1722–1725, Amsterdam 1964.

Mauvillon, Jakob: *Mann und Weib nach ihren gegenseitigen Verhältnissen geschildert.* Ein Gegenstück zu der Schrift »Ueber die Weiber«. Leipzig 1791.

Meise, Helga: *Die Unschuld und die Schrift.* Deutsche Frauenromane im 18. Jh., Frankfurt a. M. 1992.

Menantes, Christian Friedrich Hunold: *Satyrischer Roman, oder allerhand wahrhaffte, lustige, lächerliche und galante Liebes=Begebenheiten,* Frankfurt, Leipzig 1706. Faksimiledruck, Bern, Frankfurt/Main 1973. (Nachdrucke deutscher Literatur des 17. Jahrhunderts.)

Menck, Ursula: *Die Auffassung der Frau in den frühen moralischen Wochenschriften,* Diss. Hamburg 1940.

Merbach, Paul: Das Repertoire der Hamburger Oper von 1718 bis 1750, in: *Archiv für Musikwissenschaft,* 6. Jg. 1924, Facs. Hildesheim 1964.

Merk, Heidrun: Von ehrbaren Frauenzimmern, honetten Weibspersonen und liebreizenden Mägden. Weibliche Lebenszusammenhänge in Frankfurt 1760–1830, in: Schmidt-Linsenhoff, Viktoria (Hg.): *Sklavin oder Bürgerin?* 1989, S. 275–294.

Meyer-Knees, Anke: *Verführung und sexuelle Gewalt.* Untersuchung zum medizinischen und juristischen Diskurs im 18. Jahrhundert. Tübingen 1992.

Meyer-Krentler, Eckhardt: Die Leiden der jungen Wertherin, in: *Zwischen Aufklärung und Restauration,* Festschrift für Wolfgang Martens zum 65. Geburtstag. Tübingen 1989, S. 223–248.

Michtner, Otto: *Das alte Burgtheater als Opernbühne,* Wien 1970.

Mitterauer, Michael: *Ledige Mütter.* Zur Geschichte unehelicher Geburten in Europa, Müchen 1983.

Möhrmann, Renate (Hg.): *Die Schauspielerin.* Zur Kulturgeschichte der weiblichen Bühnenkunst, Frankfurt a. M. 1989.

Möhrmann, Renate und Malte: Zur sozialen Stellung der Schauspieler, in:

300 Jahre Theater in Braunschweig 1690–1990, Ausstellungskatalog, Braunschweig 1990.

Morgenstern, Johanna Catharina: *Lesebuch für angehende weibliche Dienstboten.* Unterweisung für das weibliche Geschlecht aus den unteren Ständen, Halle 1789–90.

Nachrichten an Hamburgs wohltätige Einwohner, 1791. Allgemeine Armenanstalt I 23, S. 148. Staatsarchiv Hamburg.

Neddermeyer, Franz Heinrich: *Statistik und Topographie der Freien und Hansestadt Hamburg,* Hamburg 1847.

Nölting, Johann Hinrich Vincent: *Predigt für Ehemänner, Ehefrauen und Kinder über die Werke unseres Herrn,* Hamburg 24. 4. 1780.

Oehme, Johann August: *Sophia, oder weibliche Klugheit,* das ist: die Kunst, wodurch sich ein Frauenzimmer in ihrer Natur erkennen, bey erregten Kranckheiten selbst rathen und selbst sehr hoch bringen kann, Dresden 1742.

Oest, J. F.: Versuch einer Beantwortung der pädagogischen Frage: Wie man Kinder und junge Leute vor Leib und Seele verwüstenden Lastern der Unzucht überhaupt, und der Selbstschwächung insonderheit verwahren, oder sofern sie schon davon angesteckt waren, wie man sie davon heilen könne? Eine gekrönte Preisschrift, in: *Allgemeine Revision,* Hg. von J. H. Campe, Theil 6, Wolfenbüttel 1787, S. 1–286.

Onania, oder die Sünde der Selbst-Befleckung, Leipzig 1765.

Osiander, Friedrich Benjamin: *Denkwürdigkeiten für die Heilkunde und Geburtshülfe,* Göttingen 1794.

Otruba, Gustav: Die Anfänge und die Entwicklung der Industrie in Niederösterreich, in: *Unsere Heimat,* Jg. 24, Wien 1953.

Pahlen, Kurt: *Wolfgang A. Mozarts »Cosi fan tutte«,* München 1983.

Pasquino, Spottgedichte und Anekdoten, Hamburg 1792.

Pfeil, Sigurd Graf von: *Das Kind als Objekt der Planung.* Eine Kulturhistorische Untersuchung über Abtreibung, Kindestötung und Aussetzung, Göttingen 1979.

Pfranger, Albertine: *Auszüge aus dem Tagebuch einer trauernden Wittwe.* Nebst einer kurzen Biographie, Leipzig 1803.

Pleticha, Heinrich (Hg.): *Das klassische Weimar.* Texte und Zeugnisse, München 1983.

Pöllnitz,Karl Ludwig Wilhelm Freiherr von: *Das galante Sachsen,* Amsterdam 1735.

Prokop, Ulrike: *Die Illusion vom Großen Paar.* Bd. 1 u. 2. Frankfurt a. M. 1991.

Prokop, Ulrike: Die Melancholie der Cornelia Goethe, in: *Feministische Studien,* Heft 2, 1983, S. 46–78.

Prokop, Ulrike: Mutterschaft und Mutterschafts-Mythos im 18. Jahrhundert, in: Schmidt-Linsenhoff, Viktoria (Hg.): *Sklavin oder Bürgerin?* 1989, S. 174–206.

206

Protocollum der im Spinn=Hause sitzenden Gefangenen, Staatsarchiv Hamburg, Gfv. 242-1 (I), CL Bd. 6–8.

Quanter, R.: *Deutsches Zuchthaus – und Gefängniswesen von den ältesten Zeiten bis in die Gegenwart*, Aachen 1970.

Rabenalt, Arthur Maria: *Voluptus ludens*. Erotische Geheimtheater, München o. J.

Rachel, Paul (Hg.): *Elisa von der Recke*. Tagebücher und Briefe aus ihren Wanderjahren, Leipzig 1902.

Radbruch, Gustav, Gwinner, Heinrich: *Geschichte des Verbrechens*. Versuch einer historischen Kriminologie, Frankfurt a. M. 1990.

Ramazzini, Berhardino: *Die Krankheiten der Künstler und Handwerker*. Nach dem Italienischen des Berh. Ramazzini neubearbeitet von Ph. Patissier, Ilmenau 1823.

Rambach, Johann Jacob: *Versuch einer physisch-medizinischen Beschreibung von Hamburg*, Hamburg 1801.

Der Redliche Hamburger. 9. Stück vom 15. 3. 1766.

Reimarus, Elise: *Gedanken zur Erziehung*, Manuskript, 1792. Familie Reimarus. Staatsarchiv Hamburg.

Reimarus, Hermann Samuel: *Die vornehmsten Wahrheiten der natürlichen Religion*, Göttingen 1985.

Reimarus, Johann Albrecht Heinrich: *Lebensbeschreibung von ihm selbst aufgesetzt*, Hamburg 1814.

Reinhard, Christian Tobias Ephraim: *Satyrische Abhandlung von denen Krankheiten der Frauenspersonen*, Teil 2. Berlin, Leipzig 1757.

Rentschel, Petra: Lohnarbeit und Familienökonomie. In: Schmidt-Linsenhoff, Viktoria (Hg.): *Sklavin oder Bürgerin?* 1989, S. 223–247.

Reuter, Christian: »*Schelmuffsky*«. Abdruck d. vollst. Ausgab. von 1696, Halle a. S. 1885.

Richey, Michael: *Idioticon Hamburgense*, Hamburg 1753.

Richter, Arthur: *Ein deutsches Vorspiel verfertiget von Friederica Carolina Neuberin (1734) zur Feier ihres 200jährigen Geburtstags 9. März 1897.* Leipzig 1897.

Rieger, Eva: *Nannerl Mozart*. Leben einer Künstlerin im 18. Jahrhundert. Frankurt am Main 1990.

Röhl, Klaus Rainer: *Die verteufelte Lust*. Die Geschichte der Prüderie und die Unterdrückung der Frau. Hamburg 1983.

Rönne, L. v.: *Das Unterrichtswesen des Preußischen Staates*, Bd. 1., Berlin 1855.

Rousseau, G. S./Porter, Roy: *Sexual underworlds of the Enlightenment*. Manchester 1987.

Rousseau, Jean-Jacques: *Emil oder über die Erziehung*, Paderborn 1971.

Roussel, Pierre: *Physiologie des weiblichen Geschlechts*, Berlin 1786.

Ruhnke, Martin: Telemanns Hamburger Opern und ihre italienischen und französischen Vorbilder, in: *Hamburger Jahrbuch für Musikwissenschaft*, Bd. 5. Laaber 1981.

Rutschky, Katharina: *Schwarze Pädagogik,* Quellen zur Naturgeschichte der bürgerlichen Erziehung, Frankfurt am Main, Berlin, Wien 1977.

Salzmann, Christian Gotthilf: *Carl von Carlsberg oder über das menschliche Elend,* 2. Theil, Leipzig 1784.

Sammlung Hamburgischer Gesetze, Theil 4, 5. Hamburg 1767, 1768.

Sammlung Hamburgischer Mandate, T. 3, 27. Juni 1732.

Sammlung kleiner Flugschriften, Staatsarchiv Hamburg Mitte 18. Jh.

Samuel, Richard; Mähl, Hans-Joachim; Schulz, Gerhard (Hg.): *Novalis-Schriften.* Die Werke Friedrich von Hardenbergs Tagebücher, Briefwechsel, zeitgenössische Zeugnisse, Bd. IV, Darmstadt 1975.

Santa Clara, Abraham a: *Etwas für alle,* Bd. 2. Würzburg 1711.

Schindler, Otto: Das Publikum in der josephinischen Ära, in: Dietrich Margret (Hg.): *Das Burgtheater und sein Publikum,* Wien 1976.

Schleuning, Peter: *Das 18. Jahrhundert: Der Bürger erhebt sich.* Reinbek bei Hamburg 1984.

Schlözer, Leopold von: *Dorothea von Schlözer.* Der Philosophie Doktor. Stuttgart 1925.

Schmid, Pia: Säugling, Seide, Siff. Frauenleben in Berlin um 1800, in: Schmidt-Linsenhoff, Viktoria (Hg.): *Sklavin oder Bürgerin?* 1989, S. 247–260.

Schmid, Pia: *Zeit des Lesens – Zeit des Fühlens.* Anfänge des deutschen Bildungsbürgertums. Ein Lesebuch, Berlin 1985.

Schmidt-Linsenhoff, Viktoria: Künstlerinnen, Broterwerb und Dilettanterey, in: *Sklavin oder Bürgerin?,* 1989, S. 649–683.

Schmidt-Linsenhoff, Viktoria (Hg.): *Sklavin oder Bürgerin?* Französische Revolution und Neue Weiblichkeit 1760–1830. Historisches Museum Frankfurt am Main, Frankfurt am Main 1989.

Schmölders, Claudia (Hg.): *Deutsche Briefe von Liselotte von der Pfalz bis Rosa Luxemburg,* Frankfurt a. M. 1987.

Schnabel, Johann Gottlieb: *Der im Irr=Garten der Liebe herumtaumelnde Kavalier,* Warnungsstadt 1746.

Schneiders, Werner (Hg.): *Lexikon der Aufklärung.* München 1995.

Schöne Spielwerke beym Wein, Punsch, Bischof und Krambambuli, Hamburg und Leipzig 1763.

Schopenhauer, Johanna: *Ihr glücklichen Augen.* Jugenderinnerungen, Tagebücher, Briefe, Berlin 1978.

Schopenhauer, Johanna: *Jugendleben,* Wanderbilder, 1958.

Schrader, L. A. G.: Beherzigungen über die moralischen und politischen Folgen des Ammendienstes in größeren Städten auf die umherliegenden Distrikte., in: *Schleswig-Holsteinische Provinzial Berichte,* Bd. 1. 1787.

Schramm, Percy Ernst: *Neun Generationen,* Bd. 1. Göttingen 1963.

Schubart-Fikentscher, Gertrud: *Die Unehelichen-Frage in der Frühzeit der Aufklärung,* Berlin 1967.

Schuller, Marianne: Aus den Tagen der Briefe: Meta Klopstock, in: Vogel,

208

Barbara/Weckel, Ulrike (Hg.): *Frauen in der Ständegesellschaft,* Hamburg, 1991. S. 265–285.

Schwab, Dieter: *Grundlagen und Gestalt der staatlichen Ehegesetzgebung in der Neuzeit bis zum Beginn des 19. Jh.* Bielefeld 1967.

Selle, Christoph Gottlieb: Medicina Clinica oder Handbuch der medicinischen Praxis, Berlin 1788.

Sellert, Wolfgang, Rüping, Hinrich: *Studien- und Quellenbuch zur Geschichte der deutschen Strafrechtspflege,* Bd. 1. Aalen 1989.

Shorter, Edward: *Die Geburt der modernen Familie,* Reinbek bei Hamburg 1977.

Shorter, Edward: Der Wandel der Mutter-Kind-Beziehungen zu Beginn der Moderne. In: *Geschichte und Gesellschaft.* 1, 1975, S. 256–287.

Shorter, Edward: *Der weibliche Körper als Schicksal,* München 1984.

1789 – speichern & spenden. Nachrichten aus dem Hamburger Alltag. Katalog einer Ausstellung, Hamburg 1989.

Sieveking, Heinrich: Elise Reimarus in den geistigen Kämpfen ihrer Zeit. In: *Zeitschrift des Vereins für Hamburgische Geschichte* 39, 1940, S. 86–138.

Sieveking, Heinrich: *Georg Heinrich Sieveking,* Berlin 1913.

Steinbrucker, Charlotte (Hg.): *Briefe Daniel Chodowieckis an die Gräfin Christiane von Solms Laubach,* Straßburg 1928.

Steltzner, Michael Gottlieb: *Beschluß des Versuchs einer zuverlässigen Nachricht von dem kirchlichen und politischen Zustande der Stadt in der allerneuesten Zeit,* Zweythe Abteilung, o. O. 1739.

Stern, Carola: *»Ich möchte mir Flügel wünschen«.* Das Leben der Dorothea Schlegel, Reinbek bei Hamburg 1990.

Stukenbrock, Karin: *Abtreibung im ländlichen Raum Schleswig-Holsteins im 18. Jahrhundert,* Neumünster 1993.

Stukenbrock, Karin: Das Zeitalter der Aufklärung. Kindsmord, Fruchtabtreibung und medizinische Policey, in: Jütte, Robert: *Abtreibung,* 1993, S. 91–120.

Süßmilch, Johann Peter: *Die göttliche Ordnung in den Veränderungen des menschlichen Geschlechts aus der Geburt, Tod und Fortpflanzung desselben,* Berlin 1741; 2. Aufl 1761.

Telemann, Georg Philipp: *Der Geduldige Socrates,* 1987.

Tesdorpf, Oscar C. (Hg.): Mitteilungen aus dem handschriftlichen Nachlaß des Senators Johann Michael Hudtwalcker, geb. 21. September 1741, gest. 14. Dezember 1818, in: *Zeitschrift des Vereins für Hamburgische Geschichte,* Bd. 9. 1894.

Teufert, Eveline: *Notzucht und Nötigung.* Kriminalwissenschaftliche Abhandlungen, Bd. 14., Lübeck 1980.

Thiel, Erika: *Geschichte des Kostüms,* Berlin 1987.

Tissot, Wilhelm: *Besondere Entdeckungen von der Schönheit der Frauenzimmer,* Frankfurt, Leipzig 1783.

Tissot, Wilhelm: *Das curiose Buch für Menschen,* Altona 1799.

Trummer, Carl: *Vorträge über Tortur, Hexenverfolgungen, Femgerichte etc.* Bd. 1. Hamburg 1844.

Über die Entbindungsanstalt, Allgemeine Armenanstalt I, 4. Anlage No 42, 19. 3. 1801. Staatsarchiv Hamburg.

Ulbricht, Otto: *Kindsmord und Aufklärung in Deutschland,* Stuttgart 1990.

Ulbricht, Otto: Kindsmörderinnen vor Gericht, in: Blauert, Andreas, Schwerhoff, Gerd (Hg.): *Mit den Waffen der Justiz,* Frankfurt a. M. 1993, S. 54–86.

Unter anderen Umständen. Zur Geschichte der Abtreibung. Katalog zur Ausstellung im Deutschen Hygiene-Museum Dresden 1. Juli – 31. Dezember 1993, Berlin 1993.

Unzer, Johann August: *Dr. Johann August Unzer's medicinisches Handbuch,* Leipzig 1780.

Urban, Alfred: *Staat und Prostitution in Hamburg,* Hamburg 1927.

Urlichs, Ludwig (Hg.): *Charlotte von Schiller und ihre Freunde,* Bd. 1., Stuttgart 1860.

Verordnung der Züchtlinge und Armen 1711. Staatsarchiv Hamburg.

Voght, Caspar von: *Über Hamburgs Armenwesen,* Braunschweig und Hamburg 1796.

Voigt, Johann Heinrich: *Verbesserter=Julian= und schwedischer Gesprächskalender auffs 1723. Jahr,* Hamburg. Familienarchiv Georg Burmester (1692–1731) Lehrer am Johanneum. Staatsarchiv Hamburg.

Von der Antike bis zur Neuzeit – der verleugnete Anteil der Frauen an der Physik. Ausstellung vom 19. 10. bis 12. 11. 1993 im Foyer des Auditorium Maximum der Technischen Hochschule Darmstadt.

Voß, Abraham (Hg.): *Johann Heinrich Voß:* Briefe nebst erläuternder Beilage, Bd. I–III, Halberstadt 1829–33.

Voß, Ernestine: *Aufsätze,* Düsseldorf 1846.

Wächtershäuser, Wilhelm: *Das Verbrechen des Kindesmordes im Zeitalter der Aufklärung,* Berlin 1973.

Walter, Eva: *Schreib oft, von Mägde Arbeit müde.* Lebenszusammenhänge deutscher Schriftstellerinnen um 1800 – Schritte zur bürgerlichen Weiblichkeit. Hg. von Annette Kuhn, Düsseldorf 1985. (Geschichtsdidaktik, Studien, Materialien Bd. 30.)

Walter, Friedrich: *Geschichte des Theaters und der Musik am Kurpfälzischen Hofe,* Leipzig 1898.

Warneken, Bernd Jürgen: Bürgerliche Gehkultur in der Epoche der Französischen Revolution, in: *Zeitschrift für Volkskunde,* 1989, S. 177–187.

Weber, Rolf (Hg.): *Johanna Schopenhauer.* Im Wechsel der Zeiten, im Gedränge der Welt. Jugenderinnerungen, Tagebücher, Briefe, München 1986.

Wiegand, Justus Heinrich: *Über Geburtsstühle und Geburtslager,* Hamburg 1806.

Wöchentliche gelehrte Nachrichten zum Hamburger unpartheyischen Correspondenten, 4. St. Freytag 23. 01. 1761.

Wolf, Gerhard (Hg.): *O, mir entwischt nicht, was die Menschen fühlen.* Anna Louisa Karschin, Gedichte und Briefe, Berlin 1981.

Wunder, Heide: *»Er ist die Sonn, sie ist der Mond«.* Frauen in der Frühen Neuzeit. München 1992.

Zauber des Fächers. Eine Ausstellung im Altonaer Museum vom 18. 9. bis 10. 11. 1974, Hamburg 1974.

Zedler: *Großes vollständiges Universal-Lexikon aller Wissenschaften und Künste.* Bd. 1–64, Halle und Leipzig 1732–1754.

Zelm, Klaus: *Die Opern Reinhard Keisers,* München, Salzburg 1975. (Musikwissenschaftliche Schriften Bd. 8.)

Zeugnisse kindlicher Liebe bey dem Berenberg= und Colldorffschen Hochzeitsfeste, Hamburg 1760. Staatsarchiv Hamburg.

Ziegler, Christiane Mariane von: *Vermischte Schriften in gebundener und ungebundener Rede,* Göttingen 1739.

Personenregister

gebunden, 280 Seiten
+ 12 Seiten Bildteil

Russische Musen

Hier wird zum erstenmal die Geschichte russischer Frauen als Musen großer Künstler erzählt: Gala, die Éluard und später Dalí heiratete, Olga, die Picassos Frau wurde, die von Aragon untrennbare Elsa, Dina und Lidija, die Musen von Maillol und Matisse…

gebunden, 300 Seiten
+ 24 Seiten Bildteil

Der »Nähkreis«

Viele der glamourösesten, verführerischsten Filmidole der zwanziger bis fünfziger Jahre waren lesbisch oder bisexuell. Doch viele verbargen ihre Neigungen hinter Scheinehen, die nicht selten von den Studiobossen iniitiert wurden, um ihre Goldesel zu retten. Ein faszinierender Blick hinter die Kulissen Hollywoods und seine Doppelmoral.

Ernst Kabel Verlag